U0935403

广西人民出版社

图书在版编目（CIP）数据

诗化美质 / 陈立基著 . — 南宁：广西人民出版社，2020.12
ISBN 978-7-219-11023-2

Ⅰ. ①诗… Ⅱ. ①陈… Ⅲ. ①中华文化—文集 Ⅳ. ① K203-53

中国版本图书馆 CIP 数据核字（2020）第 098891 号

责任编辑 覃苹萍 庞 睿
文字编辑 李恩彤 陈 茜
责任校对 唐薇薇 梁小琪 李新楠 文 慧
封面设计 陈晓蕾
责任排版 潘艳营

出版发行 广西人民出版社
社　　址 广西南宁市桂春路 6 号
邮　　编 530021
印　　刷 广西民族印刷包装集团有限公司
开　　本 880mm × 1230mm 1 / 32
印　　张 14
字　　数 360 千字
版　　次 2020 年 12 月 第 1 版
印　　次 2020 年 12 月 第 1 次印刷
书　　号 ISBN 978-7-219-11023-2
定　　价 60.00 元

陈立基，广西北海市人。教育学博士。现任广西职业师范学院副院长。著有《诗化智慧》《鹏风翱翔》《硕人含章》《云之道远》《万里信步》《论奥林匹克运动发展观》《中国彩票市场发展研究》《体育魂》等。

自序

本书是《诗化智慧》的姊妹篇，《诗化智慧》重点介绍了中华优秀传统文化的智慧与美德，而《诗化美质》主要是介绍中华传统美学、美质和审美方面的内容。任何艺术的终极问题都是传播、弘扬真善美，《诗化美质》所研究的也不例外，主要是挖掘、传播、弘扬中华传统美学。

一、关于美与美质

美是指使人感到心情愉悦的人或者事物。“美，甘也，从羊从大。”（《说文解字》）“羊大为美”的思想体现中国古代先民将美与实用相结合的审美观念。美的基本形态是现实美和艺术美。现实美包括自然美、社会美、教育美。对于人而言，美，不仅包括外在美，还包括品德心灵的美。美质则是指各种美好、美丽、完美的素质和品质。美质是各类自然景色、艺术作品的重要特征。不同的自然景色、不同的艺术门类有着共同的或各有特色的美质。

二、关于诗与诗化

诗是中国文学诸多文体形式中形成最早、发展最为充分的文体。诗词是中华优秀传统文化的精华，尤其是唐诗宋词。唐诗宋词是历史的韵律、文明的节拍，是光耀后世的灯塔。我们试图用诗歌的语言来阐发所精选的传统艺术精华，故此书命名为“诗化美质”。所谓的“诗化”就是使语言、行为或动作具有诗意，以便增强表达的效果，让读者更容易理解。“诗化美质”就是把中华传统审美思想、理念、成就和知识寓于诗词之中，用诗词来阐发，利用诗词的文字美、韵律美、意境美和精神美使美学思想和理念更加具体、更加形象。这样可以增强传播、教化的效果，使世人更形象、生动地领略和接受中华传统审美的内涵和教诲。本书从中华传统美学成语或词语中选出200个条目来进行诗化，在评述的部分也引用优美的诗句来阐发，初衷重在育人，重在传承，重在效果，而不是学术的深究。

三、关于中华传统美学

中华传统美学反映的是中国传统的世界观、人生观和价值观在审美观、艺术精神和艺术创作上的体现，而不仅仅是感性的美学；西方美学关注的是审美的经验，属感性、情感、快感美学。中华传统美学以中国哲学为基础，而中国哲学思想以生命哲学为思考主题，将世界、人生视为一体，人超越外在的物质世界，融入宇宙的生命世界，天人合一，浑然一体。中华传统美学尤其重视由外在的审美感受返归心灵，超越外在的美感，更注重内在的审美感悟，从而体验万物，融通天地，获得心灵的适意，安顿生命。中华传统美学之精髓在于安身立命，超越具象，超越生命。

中华传统美学的思想源泉集中体现在儒、道、释的美学思想。儒、道、释成为我国传统美学思想的三大源流。“儒者在本朝则美政，在下位则美俗。”（《荀子·儒效》）儒家提倡和注重美学的社会功能。“天下归仁”是孔子的最高理想。因此，“仁”是孔子美学的基础。“里仁为美”“尽善尽美”“夫玉者，君子比德也”，都体现儒家美学注重现实美的思想。儒家还提倡和谐、适中、秩序、节制、平衡、安定的“中和之美”，倡导天地人和的和谐之美。道家提倡和关注美学的自然性，“道法自然”“天地有大美而不言”“大方无隅，大器晚成，大音希声，大象无形，道隐无名”都蕴含着丰富的自然美的思想。道家提倡朴素之美、含蓄之美、虚静之美、逍遥之美。释家主张心性之美，提倡通过心性修炼获得心性升华，摆脱人生烦恼，追求生命自觉的精神境界；提倡随缘自适、随遇而安的人生境界和审美境界。禅宗是一种人生态度的哲学，禅宗美学是一种生命美学、体验美学。中国古典美学的精神境界有以下三个层次。

（一）尽善尽美，美以安德

追求真善美的核心价值。中华传统美学讲究以真为美、以善为美、以美为美。真善美内涵则万变不离其宗，真善美精神永远是艺术创作和美学矢志不渝的追求。孔子认为美要与善结合才是美追求的最高境界。朱熹认为审美与内容美、形式美、德行美、人格美密切相关，强调美与善的统一，主张以善制美，美以安德。追求尽善尽美的大美是中华传统美学的崇高境界。

（二）天造地设，妙造自然

天造地设指自然景色、事物或艺术作品天然形成，合乎理想，没有人为加工雕琢。“圣人者，原天地之美而达万物之理，是故至人无为，大圣不作，观于天地之谓也。”（《庄子·知北游》）从诗词文赋到戏剧曲艺，从书法绘画到园林建筑，中华传统审美观念都在追求与自然的契合，以自然之美为美。天造地设是传统美学追求的最高原则。要求艺术创作必须以自然为最高标准，对人为的雕琢和加工进行规避，在师法自然原则下规避人为的秩序。

妙造自然是指艺术作品充满生气且灵动，巧妙地与大自然同化。妙造自然是艺术创作的表现形式，也是艺术创作的追求境界，更是难以言表的美质。“不到西湖看山色，定应未可作诗人。”妙造自然既是艺术创作的境界，也是艺术美质的来源。“自然”“中和”是中华传统审美的核心观念。自然是万物的本源，自然即天然，既包括自然变化、自然规律，又包括人的自然性情、自然欲望。唐代王维的《山水诀》说：“夫画道之中，水墨最为上，肇自然之性，成造化之功。”艺术创作应以自然为师，艺术情感表现要真切自然，艺术手法要摒弃人工雕琢，艺术风格要浑然天成，艺术境界要妙造自然、超越自然。

（三）出神入化，风月无边

出神入化指艺术作品达到高超的美学水准和神妙的艺术境界。“真所谓精能之至、出神入化者。”（《翰林记》）优秀的美学作品，会让人神情专注，精神自足，忘乎所以；会令人陶醉，使人沉迷，会摄人魂魄，从而达到身心融入作品，“化”入作品的境界。出神入化是艺术创作和艺术欣赏的最高境界。

风月无边指自然和人文风景非常优美，风光无限。“风月无边，庭草交翠。”（《六先生画像·濂溪先生》）风月狭义指风景，广义包含丰富、美妙的人文故事、传说、佳话和审美境界。无边即无限、难以形容、言不尽意之美。风月无边是景色的韵味，让审美主体的思绪和心情进入怡然自得的境界，以至景与情相契，意与景相合，从自然的审美上升为艺术的审美，从具象的审美上升为意境的审美，达到万化冥合、心凝形释的心灵追求。

四、关于中华传统美学的艺术创造的美感特质

中华传统美学表达美、创造美，对美质、美的特征、美的要素有着独特的认识、思想和理论。

（一）寄情于象，立象尽意

意象概念是中华传统美学的主要思想和表达美的重要形式。所谓的“象”指天象和象征，包括物象、心象。“仰以观于天文，俯以察于地理，是故知幽明之故。”（《周易·系辞上》）天上有日月星辰、风雷云雨，大地有山川河流草木，有人类及诸生物，人类的生存有着日出而作日落而息的诸多活动……宇宙自然的本质规律就在这一切现象中呈现出来，只要人们细心观察和感悟，就可以有所获得。物象是心象的基础，心象是物象的反映。所谓的“观物取象”“寄情于象”“寄意于象”都是以象为基础。所谓的“意”指对象的认识及由此产生的思想情感、想象空间和创作构想。

立象尽意指绘画、书法、诗词等艺术形象可以表达丰富复杂、内涵深邃的情意和思想。立象尽意是传统的审美哲学和思想，强调艺术形象要表现思想情感。“圣人立象以尽意”，古人用确立《易》象的办法来充分表达自己的意念。“象”指具体可感的形象；“意”指思想、情意。“象生于意，故可寻象以观意。”“象”对于“意”的表现，应注意以小喻大、以少总多、由此及彼、由近及远的特点：“其称名也小，其取类也大；其旨远，其辞文，其言曲而中，其事肆而隐。”（《周易·系辞下》）

唯有精湛的绘画笔法技艺才能体现立象尽意，从而产生“古画画意不画形，梅诗咏物无隐情”的效果。五代后梁荆浩提出：“夫画有六要：一曰气；二曰韵；三曰思；四曰景；五曰笔；六曰墨……气者，心随笔运，取象不惑；韵者，隐迹立形，备仪不俗；思者，删拨大要，凝想形物；景者，制度时因，搜妙创真；笔者，虽依法则，运转变通，不质不形，如飞如动；墨者，高低晕淡，品物浅深，文采自然，似非因笔。”（《笔法记》）

（二）纤秾合度，参差万象

纤秾合度，是指事物内外相称、肥瘦合度、浓淡恰当、大小称宜、高矮适中的美质。多姿多彩的自然世界构成浓淡相宜、复浅复深、交相辉映的美景；也只有妙笔生花、浓淡得宜的高超艺术，才能创造出纤秾合度的美质。审美的“合度”原则就是根据不同事物的时空、对象、地位等来选择合适的尺度。在各艺术门类里都十分注重“合度”的审美原则，比如绘画中注重“武洞清宫画人物，布置落墨广窄大小，莫不合度”（《宣和画谱》），书法创作强调“婆娑偃仰，无不合度”（《天下有山堂画艺》），舞蹈艺术讲究“身不虚动，手不徒举。应节合度，周其叙时”（《云门篇》）。

“万事云烟忽过，一身蒲柳先衰。而今何事最相宜，宜醉宜游宜睡。”（《西江月·万事云烟忽过》）除了追求“合度”，还强调“称宜”。“称”指对称，对称原则是把审美对象作为一个整体来审视，对人的内在素质与外表、艺术的内涵与表现、文辞的内容与形式，都有内外相称的要求，还有各种审美元素的相称。“宜”指相宜得当，无论是建筑、文章、书画、音乐、舞蹈，在布局、结构、体裁、文字、曲调、姿容等方面，都应该讲究相宜得当。

参差万象是指参差交错的各种事物或形态所构成的美质。清代张集馨的《道咸宦海见闻录》指出：“遍山皆青皮古松，不下数百株，太湖石亦高低错落有致，异鸟飞翔，哢音木杪，真蓬莱仙境也。”参差万象的美质是大自然和生命万物的本来面目，无论是自然万象还是人间万象都存在着精彩纷呈的各式美景，关键是如何发现、挖掘和表现这一美质。无论是诗歌、文学、绘画还是音乐，都存在参差万象、丰富多彩的美质。

在诗歌方面，唐代司空图将诗的风格分为雄浑、冲淡、纤秾、沉着、高古、典雅、洗练、劲健、绮丽、自然、含蓄、豪放、精神、缜密、疏野、清奇、委曲、实境、悲慨、形容、超诣、飘逸、旷达、流动二十四品，每品以十二句四言诗加以说明，形式整饬。在绘画方面，清代黄钺将绘画分为气韵、神妙、高古、苍润、沉雄、冲和、淡逸、朴拙、超脱、奇辟、纵横、淋漓、荒寒、清旷、性灵、圆浑、幽邃、明净、健拔、简洁、精谨、俊爽、空灵、韶秀二十四品格。在书法上，清代杨景曾归纳二十四书品：神韵、古雅、潇洒、雄肆、名贵、摆脱、遒炼、峭拔、精严、松秀、浑含、淡逸、工细、变化、流利、顿挫、飞舞、超迈、瘦硬、圆厚、奇险、停匀、宽博、妩媚。在音乐方面，明代徐上瀛概括琴的和、静、清、远、古、澹、恬、逸、雅、丽、亮、采、洁、润、圆、坚、宏、细、溜、健、轻、重、迟、速二十四况。冷谦的《琴声十六法》提出轻、松、脆、滑、高、洁、清、虚、幽、奇、古、淡、中、和、疾、徐十六法。本书遵循古人的审美思考，继承传统的审美志趣，从上述这些美质来分析、阐述和鉴赏自然美、艺术美甚至心灵美。

（三）以形写神、气韵生动

中华传统美学认为，艺术创作的最高水准是达到以形写神、气韵生动的境界。“以形写神”指书画创作时，通过生动描绘物象外观外形以表现出内在的精神本质。“气韵生动”则是指艺术作品呈现出来的生命力量和美感力量，具有活力，能感动人心。“以形写神”“气韵生动”都是肇于自然，立天定人，由人复天的升华。将艺术创造与人融为一体，视文本为人本，视艺术体为生命体，将美质拟人化为气、味、性、形、神、精、风、格、情、韵、恬、淡等诸多特质，形成文心、文体、文风、文品、文质、文采及其意境、意象、意味、神韵、气韵、神思、风骨、妙悟、境界等审美范畴，提出兴观群怨、自然无为、知人论世、感物起兴、情景交融、托物言志、形神兼备等审美命题。

五、关于美育

美育就是通过审美教育，利用审美活动本身所具有的感染人、陶冶人的特点塑造美好心灵，使人和谐、均衡、健康发展。美育是一种爱美的教育，它鼓舞人们去爱美、欣赏美、追求美，提高生活情趣，培养崇高生活目标。中华传统美学博大精深、丰富多彩，是一个巨大的宝库，应当充分挖掘、利用好这份祖先留下的资源开展审美教育，提升民族的美学素养，提升民族的生活品质，从而提升人们的幸福感、自豪感。

（一）言志为本，咏物为工

美学的根本任务是以美育人，以文化人，培育和塑造美好的心灵。中华传统美学论述诗的作用强调的是诗言志，而志又与情感相通。“诗言志，歌永言，声依永，律和声。”（《尚书·虞书·舜典》）“诗言志”就是说诗用来表达思想和情感。同样，其他美学形式的任务也是“言志为本，咏物为工”。通过感染人、影响人、陶冶人的心灵和道德情操，塑造人心灵的各种教育活动，使人和谐、均衡、健康发展是美育的根本任务。

（二）澄澈洗心，澹然无极

通过审美教育，加强对人格教育、情感教育的培养，以达到澄澈洗心目的，即以纯洁的思想和意念洗涤心灵，陶冶情操。东晋葛洪的《抱朴子》有言："洗心而革面者，必若清波之涤轻尘。"洗心就是经常自觉地克服不良的贪欲，清理私心杂念，屏蔽拒绝外部的浮躁和诱惑，让心灵超越世俗。洗心是自警自励，将心洗得洁净透明，有心似无心，心胸宽阔便胜天胜海。

通过审美教育，排除一切功利欲望的干扰，保持内心淡泊清静，使心境达到澹然无极的审美境界。刘勰提出："陶钧文思，贵在虚静。"（《文心雕龙·神思》）"涤除玄览"才能"静观深照"，从而达到"澹然无极"的境界，进而创作出优秀的作品。审美教育能够培养人们的审美感受力、鉴赏力和创造力，造就具有审美能力的人。

（三）悦志悦神，引人入胜

美育能悦志悦神，审美主体在精神境界所产生的愉悦，是审美主体在审美活动最高层次上获得的一种精神满足，是人生理想的实现而产生的愉悦感。悦志悦神能产生三个方面的作用：在学术境界方面，求真；在道德伦理境界方面，求善；在艺术审美境界方面，求美。人是一个整体，人生的各种境界会相互影响、相互联系。我们追求的是真善美的统一。悦志悦神，是对艺术创作的更高要求，既能让人们感受到艺术的美，又能够启迪人、教育人、鼓舞人，做到美与真的相融、美与善的相融。艺术等审美活动能提高人的素质和修养，改变人的精神面貌，从而达到全面培养人的目的。

美育能产生引人入胜的效果。欣赏美妙的山水风景，鉴赏优秀的艺术作品，能将人的心灵引入更高的层次和境界。能引人入胜的是让人着迷忘怀、流连忘返的胜境、佳境。这样的胜境常常是指物质世界，但也可以指精神世界。什么样的风景能引人入胜？唯有诗境。何为诗境？具有清朗、澄明、幽静、神逸等意境的美景，皆可称之为诗境。

综上所述，《诗化美质》通过成语或词语、诗词来介绍中华传统美学，目的是传承中华传统美学思想、理念和知识，以达到以美育人，塑造美好心灵，提高人的综合素质的目的。

陈立基

2019 年 9 月

目录

一、境界篇 001

1.移风易俗 002
2.美善相乐 004
3.尽善尽美 006
4.文物昭德 008
5.仁义为美 010
6.以乐正内 012
7.乐以安德 014
8.澹然无极 016
9.君子比德 018
10.德盛文缛 020

二、大美篇 023

11.浑然天成 024
12.自然中和 026
13.出神入化 028
14.妙造自然 030
15.言不尽意 032
16.以形写神 034
17.悦志悦神 036
18.参差万象 038
19.纤秾合度 040
20.疏密有致 042

三、文辞篇 045

21.班香宋艳 046

22.拔地倚天 048

23.彪炳可玩 050

24.波澜老成 052

25.沈博绝丽 053

26.沉思翰藻 055

27.流风回雪 057

28.遒文壮节 059

29.辞约旨丰 061

30.金相玉质 063

四、诗词篇 065

31.雄浑劲健 066

32.豪放旷达 068

33.沉着高古 070

34.含蓄蕴藉 072

35.飘逸流动 074

36.空灵洗练 076

37.典雅清奇 078

38.婉约绮丽 081

39.芙蓉出水 083

40.凌云健笔 085

五、音乐篇 087

41.正声雅音 088
42.天籁之音 090
43.余音绕梁 092
44.高山流水 094
45.曲尽其妙 096
46.曲终奏雅 098
47.八音克谐 100
48.朱弦三叹 102
49.龙言风语 104
50.驷马仰秣 106

六、书画篇 109

51.入木三分 110
52.笔走龙蛇 112
53.行云流水 114
54.龙蛇飞动 116
55.质直浑厚 118
56.骨法用笔 120
57.烘云托月 122
58.画龙点睛 124
59.立象尽意 126
60.淡墨清岚 128

七、戏曲篇 131

61.意调双美 132
62.声情并茂 134
63.圆美流转 136
64.曲快人情 138
65.有板有眼 139
66.意取尖新 141
67.按情行腔 143
68.音声迭代 145
69.抑扬顿挫 147
70.字正腔圆 149

八、舞美篇 151

71.翩跹而舞 152
72.矫若游龙 154
73.翩若惊鸿 156
74.缓歌曼舞 158
75.翾风回雪 160
76.衣袂飘飘 162
77.瑞彩蹁跹 163
78.舞姿曼妙 164
79.婆娑起舞 166
80.鸾回凤翥 168

九、工艺篇 171

81.巧夺天工 172
82.鬼斧神工 174
83.惟妙惟肖 177
84.栩栩如生 179
85.吹影镂尘 180
86.精妙绝伦 182
87.玲珑剔透 184
88.刻雕众形 186
89.独具匠心 188
90.随物赋形 190

十、建筑篇 193

91.美轮美奂 194
92.千门万户 196
93.飞阁流丹 198
94.琼楼玉宇 200
95.雕栏玉砌 202
96.高台厚榭 204
97.亭台楼阁 206
98.水木清华 208
99.曲径通幽 210
100.小桥流水 212

十一、自然篇 215

101. 天造地设 216
102. 天地大美 218
103. 风月无边 220
104. 引人入胜 222
105. 人间仙境 224
106. 旖旎风光 226
107. 沧浪入画 228
108. 水碧山青 230
109. 林籁泉韵 232
110. 山水诗境 234

十二、四季篇 237

111. 春光明媚 238
112. 杏花春雨 240
113. 红瘦绿肥 242
114. 夏山如碧 244
115. 夏树苍翠 246
116. 秋色宜人 248
117. 桂子飘香 250
118. 层林尽染 252
119. 白雪皑皑 254
120. 千里冰封 255

十三、湖海篇 257

121.湖光山色 258
122.烟波浩渺 260
123.波光潋滟 262
124.碧波荡漾 264
125.水天一色 266
126.万顷烟波 268
127.波澜壮阔 269
128.海阔天空 270
129.海市蜃楼 272
130.海立云垂 274

十四、山川篇 275

131.千岩万壑 276
132.崇山峻岭 278
133.重岩叠嶂 280
134.奇峰突起 282
135.钟灵毓秀 284
136.山红涧碧 286
137.涧流岩曲 288
138.澄江如练 290
139.奔流不息 292
140.波涛滚滚 294

十五、花木篇（上） 297
141.苍翠欲滴 298
142.郁郁葱葱 300
143.柳暗花明 302
144.枯木逢春 303
145.叶落知秋 305
146.国色天香 307
147.万紫千红 309
148.含苞欲放 311
149.花团锦簇 313
150.争奇斗艳 314

十六、花木篇（下） 317
151.疏影暗香 318
152.傲雪凌霜 320
153.雪胎梅骨 322
154.冰肌玉骨 324
155.凌寒留香 325
156.蕙质兰心 327
157.空谷幽兰 329
158.茂林修竹 331
159.竹苞松茂 333
160.孤标傲世 335

十七、星辰篇 337

161.日月光华 338
162.旭日东升 340
163.如日中天 341
164.落日余晖 343
165.皓月当空 345
166.月明如水 347
167.月白风清 349
168.新月如钩 351
169.星月皎洁 353
170.明星荧荧 355

十八、西湖篇 357

171.苏堤春晓 358
172.曲院风荷 360
173.平湖秋月 362
174.断桥残雪 364
175.柳浪闻莺 366
176.花港观鱼 368
177.雷峰夕照 370
178.双峰插云 372
179.南屏晚钟 374
180.三潭印月 376

十九、渔樵篇 379

181.渔樵耕读 380
182.长林丰草 382
183.枕山栖谷 384
184.林栖谷隐 386
185.竹篱茅舍 388
186.海怀霞想 390
187.岩居川观 392
188.樵山渔海 394
189.绿蓑青笠 396
190.悠然南山 398

二十、禅意篇 401

191.妙禅以趣 402
192.禅悦清安 403
193.参禅悟理 405
194.清妙高峙 406
195.林泉之心 408
196.烟霞气象 410
197.明月入怀 412
198.落叶空山 414
199.一朝风月 416
200.枯木寒林 418

参考文献 420

跋 421

一、境界篇

红烛啊！
流罢！你怎能不流呢？
请将你的脂膏，
不息地流向人间，
培出慰藉的花儿，
结成快乐的果子！

红烛啊！
你流一滴泪，灰一分心。
灰心流泪你的果，
创造光明你的因。

红烛啊！
“莫问收获，但问耕耘。”
——闻一多《红烛》（节选）

美学境界是指在艺术创作中体现的思想觉悟和精神境界。传统美学注重生命的体验和超越，强调生命的安顿、心灵的转化、道德的提升和境界的升华。艺术创作的根本目的是通过文辞、诗词、音乐等艺术美育的手段和形式改变陋习，提高人们的道德情操，弘扬真善美。崇高的审美境界体现为美善相乐、尽善尽美、仁义为美，境界高的美能实现以乐正内、乐以安德、澹然无极。

1.移风易俗

出处：《荀子·乐论》："乐者，圣人之所乐也，而可以善民心，其感人深，其移风易俗，故先王导之以礼乐而民和睦。"

解析：指文化、文艺等艺术可以改变社会风气、风俗，具有教化作用，可提升人们的审美境界。

诗化：

秋词

［唐］刘禹锡

自古逢秋悲寂寥，我言秋日胜春朝。
晴空一鹤排云上，便引诗情到碧霄。

诗义：自古以来，人们每逢秋天都在感叹秋天的凄凉。我却认为秋天远胜于春天。秋天晴空万里，气候宜人，一只白鹤直上云霄，激发我的诗情高万丈。

简评：《秋词》一扫历代文人悲秋的习惯，表现出激昂向上、乐观积极的豪迈气概和开阔胸襟。诗歌气势雄浑，意境壮丽，融情、景、理于一体，唱出了非同凡响的秋歌，读起来让人精神振奋。

中华传统美学注重生命的体验和超越，强调生命的安顿、心灵的转化、道德的提升和境界的升华。儒家审美观在中华传统美学上占据主要地位。儒家的审美观认为艺术要追求仁和善的精神境界，比较注重政教伦理，注重审美的社会功能；道家则追求齐同万物、冥然物化，比较着重于自然性情，更多地关注心理效应和感悟；禅宗追求保任圆成的境界。历史上，通过文辞、诗词、音乐等艺术美育的手段和形式改变陋习，提高人们的道德情操，弘扬真善美，这才是大美，是文化创作最根本的目的。通过移风易俗以达到无为而治，达到天下大治："道莫大于无为，行莫大于谨敬。何以言之？昔舜治天下也，弹五弦之琴，歌南风之诗，寂若无治国之意，漠若无忧天下之心，然而天下大治。"（《新语·无为》）

孔子认为："兴于《诗》，立于礼，成于乐。"（《论语·泰伯》）即以诗歌来激发意志，促使人们向善求仁的自觉，以礼实现人的自立，最后在音乐等艺术的教育熏陶下实现最高人格的养成。孔子还指出："《诗》，可以兴，可以观，可以群，可以怨。"（《论语·阳货》）指出了诗歌艺术可以起到陶冶、感染人的思想和情感，振奋人心，促进和谐等社会功能。荀子指出："故乐行而志清，礼修而行成，耳目聪明，血气和平，移风易俗，天下皆宁，美善相乐。"（《荀子·乐论》）通过美育的教化，共同构建温柔敦厚、诚信和睦、环境优美、社会和谐的大美是美育的意义和目的。《毛诗序》曰："故正得失，动天地，感鬼神，莫近于诗。先王以是经夫妇，成孝敬，厚人伦，美教化，移风俗。"匡正人间取舍，感动天地鬼神，没有比诗歌更有效。先王用诗歌规范夫妇规矩，养成孝敬父母、敬重长者的风气，厚植人伦道德修养，使教化风俗向美好的方向转变。此外还有唐代柳冕的"文章本于教化，形于治乱，系于国风"（《与徐给事论文书》），宋代周敦颐的"文所以载道"的观点，李觏的"文者，岂徒笔札章句而已，诚治物之器焉"的观点，曾巩的"文章得失系于治乱"的观点，朱熹的"道者文之根本，文者道之枝叶"的观点。这些都表明文艺具有教化作用。

因此，美学和美育重在移风易俗，重在净化人心，提升道德水准，提升文明素养。

2. 美善相乐

出处:《荀子·乐论》:“君子以钟鼓道志，以琴瑟乐心。动以干戚，饰以羽旄，从以磬管。故其清明象天，其广大象地，其俯仰周旋有似于四时。故乐行而志清，礼修而行成，耳目聪明，血气和平，移风易俗，天下皆宁，美善相乐。”

解析: 指大美的理念是礼乐相统一，美善相统一。

诗化: 闻官军收河南河北

［唐］杜甫

剑外忽传收蓟北，初闻涕泪满衣裳。
却看妻子愁何在，漫卷诗书喜欲狂。
白日放歌须纵酒，青春作伴好还乡。
即从巴峡穿巫峡，便下襄阳向洛阳。

诗义: 剑门外忽然传来收复蓟北的消息，初闻此事我欢喜得泪洒衣衫。回头看看妻儿，他们的忧愁也消散了，我欣喜若狂地收拾书卷。我要在白天放声高歌，畅饮美酒，趁着这美好的时光，正好回故乡。我立刻就乘船从巴峡东下，穿越巫峡，一路顺流而下，一过襄阳，便直奔洛阳。

简评: 杜甫的《闻官军收河南河北》表现的是作者忽闻叛乱已平的捷报，急于奔回故乡的喜悦，是一首体现美善相乐、美善统一的好作品。“剑外忽传收蓟北，初闻涕泪满衣裳。”蓟北收复，战乱平息，黎民百姓不再受战乱之苦，国家得以安定，这是作品表达善的一面。而“白日放歌须纵酒，青春作伴好还乡”描写的是作者喜悦的心情和神态。

中华传统美学追求的是美与善相结合，相统一。“故乐者，所以道乐也。金石丝竹，所以道德也。”（《荀子·乐论》）音乐等美的表现形式既能给人们带来审美的愉悦，也能通过这些美的形式来陶冶情操，净化风气。东汉傅毅指出：“姿绝伦之妙态，怀悫素之洁清。修仪操以显志兮，独驰思乎杳冥。在山峨峨，在水汤汤，与志迁化，容不虚生。明诗表指，喟息激昂。气若浮云，志若秋霜。”（《舞赋》）将舞姿的优美表现到极致，也反映出舞者纯洁质朴的品格；她美丽的仪容显示了内在的素养和情操，正是美善相乐、美善一致的反映。

正如西汉刘安所说：“美之所在，虽污辱，世不能贱；恶之所在，虽高隆，世不能贵。”（《淮南子·说山训》）美好的事物，就算受到玷污辱没，也不会变得低贱；丑恶的事物，就算有人鼓噪吹捧，抬高其身价，也不会变得尊贵。在构思创作时，创造美善相乐、美善一致的作品才有可能成为佳作。

3. 尽善尽美

出处：《论语·八佾》："子谓《韶》：'尽美矣，又尽善也。'谓《武》：'尽美矣，未尽善也。'"

解析： 非常完美，没有缺陷。美学中指达到善与美相统一的境界。

诗化：

观沧海

［东汉］曹操

东临碣石，以观沧海。
水何澹澹，山岛竦峙。
树木丛生，百草丰茂。
秋风萧瑟，洪波涌起。
日月之行，若出其中；
星汉灿烂，若出其里。
幸甚至哉，歌以咏志。

诗义： 东行登上碣石山，观赏苍茫的大海。海面宽广浩荡，山岛高耸挺立在海边。树木丛生，百草繁茂。秋风横扫树木发出悲吼声，大海翻涌着滔天巨浪。太阳和月亮好像从这浩瀚的大海中升起。银河星光灿烂，也好像是在海洋里产生的。心情愉悦，所以我就用这首诗歌来表达心中的志向。

简评： 曹操的《观沧海》描写的是在登碣石山望海时的感想，作者用饱含浪漫主义色彩的手笔，描绘河山的雄伟壮丽，大海吞吐日月、包蕴万千的景象，以景托志，抒发了胸怀天下、自强不息、积极进取的精神，是一部尽善尽美的优秀作品。

孔子认为，美要与善结合才是美追求的最高境界。他评论音乐《韶》和《武》时提出“尽善尽美”的观点，认为《韶》“尽美矣，又尽善也”，《武》“尽美矣，未尽善也”。大意是认为《韶》乐歌颂尧的功德，既“尽善”，又“尽美”；而《武》乐赞颂武王功业，乐的形式是美的，但道义内容却“未尽善”。南宋朱熹认为，审美与内容美、形式美、德行美和人格美密切相关。“美者，声容之盛；善者，美之实也。”（《四书集注》）朱熹强调美与善的统一，同时，更强调善，主张以善制美。

追求尽善尽美的大美是中华传统美学的崇高境界。

4. 文物昭德

出处：《左传·桓公二年》："昭德谓昭明善德，使德益章闻也。""德在于心，不可闻见，故圣王设法以外物表之。"

解析：指古代用礼乐典章制度等显示君王之美德。

诗化：

元日

［唐］李世民

高轩暧春色，邃阁媚朝光。
彤庭飞彩斾，翠幌曜明珰。
恭己临四极，垂衣驭八荒。
霜戟列丹陛，丝竹韵长廊。
穆矣熏风茂，康哉帝道昌。
继文遵后轨，循古鉴前王。
草秀故春色，梅艳昔年妆。
巨川思欲济，终以寄舟航。

诗义：高高的轩台映衬着明媚的春色，深邃的楼阁沐浴着朝阳。朱红的宫廷内饰旗飘扬，翠玉珠帘映曜着明亮的玉佩。我以先辈圣明君主为榜样，恭谨勤勉地治理着天下，使国家安定繁荣。此时殿堂里将士们威武列队，戟戈森森，宫殿内丝竹声回荡。和煦之风吹拂在华夏大地上，康盛的帝业之道运途正昌。我将继承周文王的伟业，遵循他的先例，借鉴先辈帝王的经验来治理国家。春天来临了，小草像以前一样沐浴在春风里，鲜艳的梅花也像往年一样凌雪怒放。若要渡过宽大的河流顺利到达彼岸，最终必须依靠舟船才能渡过去。

简评：《元日》这首诗，表现了李世民要学习历代明君，积极听取群臣的意见，对内以德治天下，虚心纳谏，恭谨勤勉，使百姓安居乐业，国泰民安的决心。“高轩暧春色，邃阁媚朝光。彤庭飞彩旆，翠幌曜明珰”“霜戟列丹陛，丝竹韵长廊”描写的是宫廷的美景、军队的威武和国家的强盛。“恭己临四极，垂衣驭八荒”“穆矣熏风茂，康哉帝道昌。继文遵后轨，循古鉴前王”“巨川思欲济，终以寄舟航”则是体现李世民继续恭谨勤勉理政，虚心纳谏，依靠老百姓和良臣辅助把国家治理得更好的愿望。

古人认为，宫室建筑、饮食和味、冠带革履、服饰文章、车饰旌旗等外物，皆可作为昭明善德之用。历代统治者对衣、食、住、行都提出美化要求，并以此作为体现和弘扬美德、美质的象征。《左传·桓公二年》有言：“君人者将昭德塞违，以临照百官。”孔颖达疏：“昭德谓昭明善德，使德益章闻也。”

注重德行的修炼提升，也就是注重内在的美，是中华传统美学的特征，内在美的主要内容是勤、朴、诚、孝、恭、勇、慧等。在构筑内在美的方式上，比较注重内在磨砺、自我修炼、反观自察。但也讲究文物昭德、内美外饰、蕴内著外的外在美。如《诗经》的“有匪君子，充耳琇莹，会弁如星。瑟兮僩兮，赫兮咺兮，有匪君子，终不可谖兮”，就是赞美了一位文质彬彬的君子，他耳边垂着精美的良玉，在宝石如星闪的外饰打扮下，显得神态庄重、胸怀广阔、举止威严。

5. 仁义为美

出处：《孟子·公孙丑下》："齐人无以仁义与王言者，岂以仁义为不美也？"

解析： 仁义等道德精神是审美内容。

诗化：

过漂母祠

［清］秦文超

清淮水涨岸添痕，望里长堤古庙存。
一饭偶然怜饿者，千金何必重王孙。
母能忘报真高谊，汉不酬功实寡恩。
我亦江湖垂钓客，经过聊为荐芳荪。

诗义： 清淮河水上涨给岸堤留下了痕迹，长堤上的漂母古庙令人肃然起敬。漂母偶然的一顿饭拯救了饥饿的韩信，而韩信日后以千金重谢了漂母，即使漂母并不是权贵。漂母不求回报真是高尚，而汉高祖不酬谢功臣实在是刻薄忍情。我只是一名浪迹江湖的闲人，经过此地闲谈算是为大家推荐芳荪吧！

简评： 读了《过漂母祠》便会被漂母的善良所感动，也会被韩信的感恩之心所感动，被诗词中所体现的"仁义之美"所感动。漂母的善良是一种内在的人格美。杜甫的"安得广厦千万间，大庇天下寒士俱欢颜，风雨不动安如山。呜呼！何时眼前突兀见此屋，吾庐独破受冻死亦足！"（《茅屋为秋风所破歌》）也是一首表现仁义之美的作品，表现了诗人忧国忧民的博大胸襟和崇高思想境界。

儒家的美学观点十分注重仁义道德的精神和风格。孔子认为，仁是审美的最高境界：“里仁为美。择不处仁，焉得知?”（《论语·里仁》）“克己复礼为仁。一日克己复礼，天下归仁焉！为仁由己，而由人乎哉?”（《论语·颜渊》）主张通过道德修养自觉地遵守礼的规定，将仁的审美上升到了人格审美的高度。孟子认为，人的内在道德精神能够表现在人的外在形体。“君子所性，仁义礼智根于心，其生色也睟然，见于面，盎于背，施于四体，四体不言而喻。”（《孟子·尽心上》）意思是有道德修养的君子，仁义礼智植根在心中，它们使人产生的气色是纯正和润的，显现在脸上，充满在肩背，延伸到四肢。四肢不必等吩咐，便明白该怎样做了。表现在外在的道德修养和人格精神也能带来审美的愉悦和快感。

南朝刘勰指出：“水性虚而沦漪结，木体实而花萼振，文附质也。”（《文心雕龙·情采》）文章的文采要以文章的思想内容为依托。缺乏内在美的作品是空洞的、单一的、没有内涵的。文章应以思想内容为主，以修辞文采为辅。

6. 以乐正内

出处:《说苑·修文》:"故君子以礼正外,以乐正内;内须臾离乐,则邪气生矣;外须臾离礼,则慢行起矣。"

解析: 指音乐等艺术美育可以陶冶人的情操,净化社会风气。

诗化:

月夜听卢子顺弹琴

[唐] 李白

闲坐夜明月,幽人弹素琴。
忽闻悲风调,宛若寒松吟。
白雪乱纤手,绿水清虚心。
钟期久已没,世上无知音。

诗义: 宁静的月色下坐听隐士卢先生弹奏古琴。忽然听见《悲风》的曲调,又好像是《寒松》的声音。《白雪》的曲子一响,纤细的手指错杂迅疾,让人眼花缭乱。《绿水》的音节令人心境澄澈。只可惜钟子期逝去,世上再也没有那样的知音。

简评: "绿水清虚心。"孔子重视"乐"对人的感化作用:"兴于《诗》,立于礼,成于乐。"认为人格的完成、完善、完美,有赖于乐的教化作用。孟子认为:"仁言不如仁声之入人深也,善政不如善教之得民也。善政,民畏之;善教,民爱之。善政得民财,善教得民心。"(《孟子·尽心上》)认为礼乐的教化比单纯的说教更有效果,更深入人心。孟子充分肯定了音乐的"以乐正内"的教化作用。

汉代司马迁指出："正教者皆始于音，音正而行正。故音乐者，所以动荡血脉，通流精神而和正心也。""夫礼由外入，乐自内出。故君子不可须臾离礼，须臾离礼则暴慢之行穷外；不可须臾离乐，须臾离乐则奸邪之行穷内。"（《史记・乐书》）阮籍认为音乐的作用是以乐正内，"礼定其象，乐平其心，礼治其外，乐化其内，礼乐正而天下平"（《乐论》）。明代庄元臣提出："乐治人之性情，礼治人之筋骨。性情条畅，则筋骨舒和，故乐可兼礼。若筋骨束缚，而性情不治，譬犹衣猿猱以周公之服也。"（《叔苴子》）

《诗经》是中国古代诗歌开端，最早的一部诗歌总集，具有抒情性、现实性、音乐性和教化性的特点。孔子对《诗经》的教育意义给予了高度评价，"不学《诗》，无以言；不学《礼》，无以立"（《论语・季氏》），"《诗》，可以兴，可以观，可以群，可以怨"（《论语・阳货》），"诵《诗》三百，授之以政，不达；使于四方，不能专对。虽多，亦奚以为"（《论语・子路》）。《诗经》不仅具有审美的教化作用，更具道德的教化之美。《诗经》的教化之美在于潜移默化，春风化雨；在于可触摸，可呼吸，可反观对照，直抵灵魂深处。对学诗抑或学做人，皆可从中获得有用的知识。

7. 乐以安德

出处：《左传·襄公十一年》："夫乐以安德，义以处之，礼以行之，信以守之，仁以厉之，而后可以殿邦国，同福禄，来远人，所谓乐也。"

解析：指音乐可以让人安于道德，行礼守信，居仁处义。泛指文化艺术有利于巩固德行，安养德行。

诗化：

清夜琴兴

［唐］白居易

月出鸟栖尽，寂然坐空林。
是时心境闲，可以弹素琴。
清泠由木性，恬澹随人心。
心积和平气，木应正始音。
响余群动息，曲罢秋夜深。
正声感元化，天地清沉沉。

诗义：月亮出来了，鸟儿都栖息了。独坐空林下，万籁俱寂。此刻，心境安闲，恰是弹琴的时候。清越的琴声源自天然的木质，而恬淡的心境来自平和的心态。内心充满恬淡宁静之气，木琴也响起了这纯正的雅音。一曲终了，余音袅袅，直至所有的回响都没有了，更显得这秋夜的深沉寂静。高雅的音乐感应着大自然的变化，连苍天大地也为之清明沉静。

简评：自古以来，修身是积极入世的先决条件。如何修其身、养其性是中国古代哲学的主要内容之一。所谓“乐以安德”“乐以风德”“乐以象德”，都是中华传统美学中对“乐”的社会教化功能、德育功能的肯定。“清泠由木性，恬澹随人心。”通过琴瑟之类的乐器以及其他美育来达到安德修身的目的是中国传统审美观的特色。春秋晋国师旷指出：“夫乐以开山川之风也，以耀德于广远也。风德以广之，风山川以远之，风物以听之，修诗以咏之，修礼以节之。夫德广远而有时节，是以远服而迩不迁。”（《国语·晋语》）音乐是传播风气、教化德行的好途径，通过音乐可以将美好德行传播到辽远的地方。

西汉刘向的《说苑·修文》提到：“乐之可密者，琴最宜焉，君子以其可修德，故近之。”《一峰园琴谱·诸家琴论》载李稣州之言：“世人碌碌风尘中附心、矜心、利心、欲心时时鬅蒸，不能一刻自解，惟学琴一事可以涤除尘秽，开拓胸襟，一切妄念久久自然消释。”清代汪绂的《立雪斋琴谱》说：“士无故不彻琴瑟，所以养性怡情。先王之乐，惟淡以和。淡，故欲心平；和，故躁心释。”明代杨表正的《重修正文对音捷要真传琴谱》也说：“琴者，禁邪归正，以利人心。是故圣人之制，将以治身，育其情性，和矣！去乎奢侈，以抱圣人之乐。所以微妙在得大其人，而乐其趣也。”

8. 澹然无极

出处：《庄子·刻意》："若夫不刻意而高，无仁义而修，无功名而治，无江海而闲，不道引。而寿，无不忘也，无不有也，澹然无极，而众美从之。此天地之道，圣人之德也。"

解析：指的是不用刻意去雕琢、去追求而达到朴素自然的境界。

诗化：

戏赠天竺灵隐二寺寺主

［唐］权德舆

石路泉流两寺分，寻常钟磬隔山闻。
山僧半在中峰住，共占青峦与白云。

诗义：蜿蜒的石径和溪流将天竺、灵隐两座寺庙分隔，两寺平时的钟磬声隔山能够听到。山里的僧人幽居在半山腰，两寺的僧侣共同分享着青山和白云。

简评：澹然无极是庄子的美学思想，其追求朴素、澹然的审美境界。"天地有大美而不言，四时有明法而不议，万物有成理而不说。圣人者，原天地之美而达万物之理，是故至人无为，大圣不作，观于天地之谓也。"（《庄子·知北游》）意思是天地具有伟大的美但却默不声张，四时运行具有显明的规律而不去非议，万物的变化具有现成的规定而不加以评论。圣贤的人，探究天地的大美，通晓万物生长的规律，所以圣贤们顺应自然而不妄为，这是对天地自然规律观察明了、细致掌握的结果。庄子推崇自然美、天然美，他认为天籁之音最美，天放之马最俊，天乐之乐最乐。而荀子则认为："心平愉，则色不及佣而可以养目，声不及佣而可以养耳，蔬食菜羹而可以养口……故无万物之美而可以养乐，无执列之位而可以养名。"（《荀子·正名》）自然中和、澹然无极是中华审美的至高境界。

要做到澹然无极，首先应该做到涤除玄览。所谓的涤除玄览，是指洗垢除尘，排除杂念，静观深照。"涤除玄览，能无疵乎？"（《老子·第十章》）"致虚极，守静笃。万物并作，吾以观复。"（《老子·第十六章》）老子认为只有排除一切功利欲望的干扰，保持内心淡泊清静，才能达到最佳的审美境界。魏晋南北朝时期，画家宗炳提出"澄怀观道"。"澄怀"是指历练、澄澈心灵中美的源泉，锻造胸襟廓然，脱净尘俗的审美境界，养成审美的主体条件；"观道"就是用审美的眼光，去感受和领悟客体具象中的灵魂、生命，突出审美客体。陆机提出："伫中区以玄览，颐情志于典坟。"（《文赋》）刘勰提出："陶钧文思，贵在虚静。"（《文心雕龙·神思》）都是指出只有通过"涤除玄览""澄怀观道"才能"静观深照"，从而达到"澹然无极"的境界，才能创作出优秀的艺术作品。

9. 君子比德

出处：《荀子·法行》："夫玉者，君子比德焉。温润而泽，仁也。"

解析：用自然对象的美质来比喻、象征高尚的人格和美德。

诗化：

南轩松

［唐］李白

南轩有孤松，柯叶自绵幂。
清风无闲时，潇洒终日夕。
阴生古苔绿，色染秋烟碧。
何当凌云霄，直上数千尺。

诗义：南窗外有一棵孤傲的青松，枝繁叶茂。清风不时地吹拂着它的枝条，飘逸潇洒，终日是多么惬意。树阴下早已长满了绿苔，秋日的云雾到此也被它染成碧色。何时才能枝叶参天长到云霄上面，直上千尺巍然挺正。

简评：李白的《南轩松》是用自然对象的美质来比喻、象征高尚的美德的典型佳作。此诗借用"孤松""清风""日夕""苔绿""秋烟""云霄"等事物作比拟，使得诗本身具有雄浑壮丽、积极向上的气势，衬托出"孤松"潇洒高洁、顽强挺拔的品性。"何当凌云霄，直上数千尺"表现出诗人冲破云霄的志气和远大的抱负。

兴寄比喻是中华传统审美中一种借客观事物来表达主观情志

的方式。这是一种体现天人之间、物我之间的精神联系的方式。君子比德、以物寄情、借物寓意都是此类方式。郑众指出：“比者，比方于物也。兴者，托事于物也。”（《周礼注疏》）比是用物来打比方，兴就是用物来寄托。而审美对象从岁寒三友的松、梅、竹，到玉石、石灰、陶瓷等无所不含。比如古代文人将美玉与高尚的君子相比，《荀子·法行》云：“夫玉者，君子比德焉。温润而泽，仁也；栗而理，知也。”刘向的《说苑·杂言》也说：“玉有六美，君子贵之，望之温润，近之栗理。”

毛泽东的《卜算子·咏梅》“风雨送春归，飞雪迎春到。已是悬崖百丈冰，犹有花枝俏。俏也不争春，只把春来报。待到山花烂漫时，她在丛中笑”，陆游的《梅花绝句》“幽谷那堪更北枝，年年自分着花迟。高标逸韵君知否，正是层冰积雪时”，皆把在严寒中盛开的梅花比作高洁坚韧志士。方回的《兰花》：“雪尽深林出异芬，枯松槁槲乱纷纷。此中恐是兰花处，未许行人着意闻。”把兰花看作是高洁典雅的象征。罗隐的《蜂》：“不论平地与山尖，无限风光尽被占。采得百花成蜜后，为谁辛苦为谁甜。”咏蜜蜂以赞美勤劳和奉献。于谦的《石灰吟》：“千锤万凿出深山，烈火焚烧若等闲。粉骨碎身浑不怕，要留清白在人间。”咏石灰以颂扬清廉的品格。

10.德盛文缛

出处:《论衡·书解》:“德弥盛者文弥缛,德弥彰者人弥明。”

解析: 指道德修养高尚深厚的人,其文学艺术创作才能丰富多彩。

诗化:

夜吟(其二)

［唐］陆游

六十余年妄学诗,功夫深处独心知。
夜来一笑寒灯下,始是金丹换骨时。

诗义: 六十年来我妄想学诗,到如今作诗的功夫才算达到深处,这一点只有我自己知道。夜来独坐寒灯下,却有豁然通达之感,不由发出会心的一笑,整个人就像是服下金丹似的有脱胎换骨的舒适畅快的感觉。

简评:“六十余年妄学诗,功夫深处独心知。”陆游一生经历坎坷,年轻时刻苦读书,立志报国,投身军旅,奋力抗金。他一生笔耕不辍,尤其到了晚年,随着思想境界的提高,诗词的成就更加显著,兼具李白的雄奇奔放与杜甫的沉郁悲凉,尤以爱国诗词对后世影响深远。

道德修养是艺术创作的基础,道德修养决定着艺术美质的层次。“文由胸中出,心以文为表。”(王充《论衡·超奇》)“德盛文缛”之“德盛”是指道德修养比较高,充实而圆满;“文缛”指的是艺术形式和水平精彩绝伦,丰富多彩。在“德盛”与“文缛”

的关系中，“德盛”是基础，对“文缛”具有决定作用。德盛文缛与道根文枝有着异曲同工之处。道根文枝指的是道为根本，文为枝叶，语出朱熹：“道者文之根本，文者道之枝叶。惟其根本乎道，所以发之于文皆道也。”（《朱子语类》卷一三九）道与文是主从的关系。

陆机认为：“伫中区以玄览，颐情志于典坟。遵四时以叹逝，瞻万物而思纷。悲落叶于劲秋，喜柔条于芳春。心懔懔以怀霜，志眇眇而临云。咏世德之骏烈，诵先人之清芬。游文章之林府，嘉丽藻之彬彬。”（《文赋》）生活是文学创作的源泉，经典是陶冶情操的楷模。只有专心致志地观察思考才能引发丰富的思绪。伟大的作品取决于作者的品格和思想境界的高低，所以，作者要心怀高远脱俗的志向，学习先人的优秀品格，继承先贤的高尚节气，饱览前人的优美文章，以此来提高自己的思想境界，提升艺术修养。

中国传统画论强调“技而进乎道”“艺而进乎道”为最高追求目标。“道”就是人生修养的境界，人的境界决定艺术作品的境界和水准。李日华曰：“人品不高用墨无法。”（《紫桃轩杂缀》）方薰也说：“笔墨亦由人品为高下。”（《山静居画论》）所谓“读书最上乘，养气亦有以。气充可意造，学力久相倚”，“养气”即思想品性方面的修养。因此，人品上的表现对艺术作品的格调影响十分显著。

二、大美篇

水向东流
月向西落——
诗人
你的心情
能将她们牵住了么
——冰心《春水·三九》

大美是自然界造化的、令人赏心悦目的自然胜景，或是艺术家创造的、给人以精神鼓舞、令人回味无穷的艺术形象或作品。中华传统美学追求天人合一、浑然天成、自然中和等境界，讲究出神入化、妙造自然、言不尽意、以形写神、悦志悦神的艺术效果，符合参差万象、纤秾合度、疏密有致等审美规律。

11. 浑然天成

出处：《上襄阳于相公书》："阁下负超卓之奇才，蓄雄刚之俊德，浑然天成，无有畔岸。"《玉堂丛语·文学》："为诗用事，浑然天成，不见痕迹。"

解析： 指布置匀整，结构谨严，融合成一个整体，形成完美自然而无雕琢的美感。

诗化： 渔家傲·天接云涛连晓雾

［宋］李清照

天接云涛连晓雾，星河欲转千帆舞。
仿佛梦魂归帝所。
闻天语，殷勤问我归何处。
我报路长嗟日暮，学诗谩有惊人句。
九万里风鹏正举。
风休住，蓬舟吹取三山去！

诗义： 清晨天色朦胧，晨雾弥漫，云涛翻腾，银河欲转，千帆如梭逐浪漂。梦魂仿佛又回到了天庭。天帝殷勤地问道：你归宿之处？我回答天帝说：路途漫长又叹日暮时不早，学作诗，枉有妙句惊人。长空九万里，大鹏冲天飞正高。风啊，请千万别停息，将我乘的这一叶轻舟吹至蓬莱三仙岛。

简评： 这首《渔家傲》是婉约词派代表李清照创作的一首独特的豪放词，整首词气势磅礴豪迈。词的开头展现一幅辽阔、壮美的海天一色图卷。汹涌的波涛、弥漫的云雾、倒转的星河、逐浪的飞帆自然地组合在一起，形成一种浑茫无际的景象，绘就了浑然天成的壮美画卷。既富于生活的真实感，又具有梦境的虚幻性，虚虚实实，使梦幻与生活、历史与现实融为一体，构成气度恢宏、格调雄奇的意境。

中华传统美学将艺术创作与艺术作品看成是一个个生命形成的动态过程。浑然天成有浑而为一、浑然一体之意。“大浑而为一”（《淮南子·原道训》），浑然天成是一种境界较高的艺术美质。艺术作品表现有感而发，自然流畅，无须雕琢，融汇和谐。在情与景、浓与淡、疏与密、繁与约、肥与瘦等美质的构成和布局上自然融合，浑然天成。王勃的《滕王阁序》属此类风格。“披绣闼，俯雕甍，山原旷其盈视，川泽纡其骇瞩。闾阎扑地，钟鸣鼎食之家；舸舰弥津，青雀黄龙之舳。云销雨霁，彩彻区明。落霞与孤鹜齐飞，秋水共长天一色。渔舟唱晚，响穷彭蠡之滨；雁阵惊寒，声断衡阳之浦。”体现了远近高低、上下浑成、虚实相衬、浑然天成的美妙意境。

注重作品的整体效果，整体美感，作品突出大气派、大景象是中华传统审美的气度和风骨。

12. 自然中和

出处：《文心雕龙》："人禀七情，应物斯感，感物吟志，莫非自然。"《中庸》："喜怒哀乐之未发，谓之中；发而皆中节，谓之和。"

解析： 指处于优美与壮美之间刚柔相济的综合美。意味着刚柔兼备，情感力度适中，多种审美因素和谐统一，具有含蓄、典雅、静穆等特性。

诗化：

春晓

［唐］孟浩然

春眠不觉晓，处处闻啼鸟。
夜来风雨声，花落知多少。

诗义： 春日里酣睡不知不觉天亮了，四周是叽叽喳喳的鸟鸣声。昨晚整夜的风雨声一直不断，那些娇美的春花不知被吹落了多少。

简评：《中庸》："中者，天下之大本也；和者，天下之达道也。"中和是中华传统文化的核心理念之一。传统审美观多追求平淡、恬静的审美境界，崇尚自然和谐之美，不主张过分藻丽。如元好问的《论诗三十首·其四》："一语天然万古新，豪华落尽见真淳。"《春晓》这首诗体现的美学特征就是自然中和，它的艺术魅力不在于华丽的辞藻、奇绝的手法，而在于其自然中和的韵味。整首诗的风格如行云流水般自然平和，悠远深厚，独臻妙境。

中国传统美学把合乎自然当作重要的审美标准，认为只有情感出自自然，言词传达自然之情，才是真正的艺术佳作。同时，认为天下万物都可分为阴阳二极，阳刚与阴柔相结合的“中和之美”是理想境界。比如李白的《金门答苏秀才》：“鸟鸣檐间树，花落窗下书。缘溪见绿筱，隔岫窥红蕖。采薇行笑歌，眷我情何已。月出石镜间，松鸣风琴里。”这首诗描绘了自然之美，以及诗人对这种自然造化的胜景的一往情深。叶绍翁的“春色满园关不住，一枝红杏出墙来”（《游园不值》），描绘的也是春色盎然、自然中和的景致。清代刘熙载说，“书要兼备阴阳二气”“沉着屈郁，阴也；奇拔豪达，阳也”“阴阳刚柔不可偏陂”。刚中有柔，柔中有刚，婉而愈劲，婀娜中含遒健，正是理想的中和之境。“寒塘渡鹤影，冷月葬花魂。”（曹雪芹《红楼梦》）兼容两极，适度而不走极端，便会取得中和的审美效果。

13. 出神入化

出处:《翰林记》:“真所谓精能之至、出神入化者。”

解析: 指艺术作品达到了高超的美学水准和神妙的艺术境界。

诗化: 赠无为军李道士(其一)

[宋] 欧阳修

无为道士三尺琴,中有万古无穷音。
音如石上泻流水,泻之不竭由源深。
弹虽在指声在意,听不以耳而以心。
心意既得形骸忘,不觉天地白日愁云阴。

诗义: 无为道士手抚三尺琴,琴中有深邃高远的无穷无尽的天籁之音。曲声宛如岩石上流淌的流水,源源不断从深源中流出。虽然是手指在弹奏,但却是意蕴情感的表达,使人听着不在耳而在于心。心领神会,忘却了身心,忘却了天地是晴朗还是阴沉。

简评:“心意既得形骸忘”表现了优秀的美学作品,会让人神情专注,精神自足,忘乎所以;同时,也摄人魂魄,令人陶醉,使人沉迷,从而达到身心融入作品,“化”入作品的境界。柳宗元《永州八记》中的“心凝神释,与万化冥合”就是这种境界的最好诠释。

“出神入化”的美学意蕴包含三个层次的审美境界:其一,穷神化之,德之盛也。《周易·系辞下》中说:“穷神知化,德之盛也。”意思是探求事物的奇妙,了解事物的变化,从自然的独特天资和神美中汲取智慧、灵感、美质。其二，通神入化，必待天工。明代张岱指出："通神入化，必待天工。"（《石匮书·妙艺列传总论》）艺术家通晓理解特点、规律、神美，把抒写对象的神情、体态自然地表现出来，达到较高的艺术境界和水平。其三，出神入化，相契相合。出神入化是艺术创作和艺术欣赏的最高境界。创作上，高超的艺术造诣已经超越了自然本身的天资和美质，达到天人合一，自然与艺术高度契合的境界。而从欣赏的角度来理解"出神入化"，指的是欣赏者融入艺术家的审美境界，身心化入作品所描绘的世界和意境之中。欧阳修的"弹虽在指声在意，听不以耳而以心"，即表达了赏乐者的一种"出神入化"的心境。

14. 妙造自然

出处：《二十四诗品·精神》："生气远出，不著死灰。妙造自然，伊谁与裁。"

解析：指艺术作品充满生气且灵动，巧妙地达到与大自然同化的境界。

诗化：

送人游江南

［宋］晁冲之

涌金门外断红尘，衣锦城边著白苹。
不到西湖看山色，定应未可作诗人。

诗义：涌金门外的自然景色屏蔽了尘世的喧嚣，衣锦城边的湖面上白苹点点。如果不曾到过西湖这样秀美的地方体验大自然的湖光山色，肯定成不了一位诗人。

简评：唐代司空图指出："欲返不尽，相期与来。明漪绝底，奇花初胎。青春鹦鹉，杨柳楼台。碧山人来，清酒深杯。生气远出，不著死灰。妙造自然，伊谁与裁。"（《二十四诗品·精神》）好诗如清水，能够见底，又如同奇花，即将绽开。写得微妙又与大自然同化，谁还能够加以指责评论。妙造自然是艺术创作的表现形式，也是艺术创作的追求境界，更是难以言表的美质。艺术源于自然，源于生活。"不到西湖看山色，定应未可作诗人。"妙造自然既是艺术创作的境界，也是艺术美质的来源。

"自然""中和"是中华传统美学的核心观念。自然是万物的本源，自然即天然，既包括自然变化、自然规律，也包括人的自然性情、自然欲望。中国古典审美认为，艺术创作应以自然为师，艺术情感表现要真切自然，艺术手法要摒弃人工雕琢，艺术风格要浑然天成，艺术境界要妙造自然、超越自然。唐代王维指出："夫画道之中，水墨最为上，秉自然之性，成造化之功。"（《山水诀》）清代唐岱指出："盖自然者，学问之化境，而力学者又自然之根基……造化入笔端，笔端夺造化。"（《绘事发微》）王国维指出："古今之大文学，无不以自然胜。"（《宋元戏曲考》）创作主体只有处于自然的状态，创作灵感才会自然地流露和激发，才能达到妙造自然的境界，才能创作出艺术的"妙品""神品""逸品"。妙品是指艺术作品的审美意象有再造自然之效，妙品的"妙"在于"笔精墨妙，不知所然。"（黄休复《益州名画录》）神品是指艺术创作达到造化同工、妙理自然的境界。逸品指超脱世俗、天性自然、飘逸不群、意趣超常的作品。北宋黄休复把画分为四品，逸品为最，而逸品的重要特征是"笔简形具，得之自然"。（《益州名画录》）

王维的《秋林晚岫图》有妙造自然的功力，元代邓文原有诗云："千峰凝翠宛神州，中有仙翁寤寐游。林麓渐看红叶暮，风烟俄入野塘秋。摇摇小艇寻溪转，寂寂双扉向晚投。我欲探幽未能去，画中真境许谁俦。"（《王维秋林晚岫图》）所谓的"天造地设""天作之合""天生丽质""天香国色"与妙造自然的审美境界是一脉相承的。

15. 言不尽意

出处：《周易·系辞上》："书不尽言，言不尽意。"

解析：指艺术美质寓意曲折深远，用言语难以全部表达。

诗化：

浣溪沙

［宋］张孝祥

妙手何人为写真，
只难传处是精神。
一枝占断洛城春。
暮雨不堪巫峡梦，
西风莫障庾公尘。
扁舟湖海要诗人。

诗义：造诣高超的画家不只是为绘画而绘画，最难画的是那风采神韵，言不尽意。妙手画"一枝"就足以表现出洛城的春天。傍晚的雨无法承受那妖艳的诱惑，西风也抵御不住权贵势力的嚣张气焰。还是泛舟湖海，归隐山林，只求做一位飘逸的诗人吧。

简评："妙手何人为写真，只难传处是精神。"这首诗充分表达了传统美学中的最妙之处：能表现出言语难以表达的，让人意犹未尽、遐想联翩的艺术境界。南朝钟嵘认为："文已尽而意有余。"（《诗品》）宋代欧阳修引梅尧臣之语指出："状难写之景如在目前，含不尽之意见于言外。"（《六一诗话》）高超的艺术造诣能以有限的语言文字、笔墨手法形象地传递和表达无穷的审美意趣和境界，获得一唱三叹的效果。

关于“言不尽意”的艺术境界，唐代皎然有着深刻的认识：“两重意已上，皆文外之旨。若遇高手，如康乐公，览而察之，但见情性，不睹文字，盖诣道之极也。”（《诗式·重意诗例》）皎然所指的“两重意”“文外之旨”就是言不尽意的隐喻、遐想。皎然的诗作大多含有言不尽意的美质。“左右香童不识君，担簦访我领鸥群。山僧待客无俗物，唯有窗前片碧云。”（《酬秦山人见寻》）“岁岁湖南隐已成，如何星使忽知名。沙鸥惯识无心客，今日逢君不解惊。”（《酬郑判官湖上见赠》）“白云关我不关他，此物留君情最多。情著春风生橘树，归心不怕洞庭波。”（《别洞庭维谅上人》）“山僧不厌野，才子会须狂。何处销君兴，春风摆绿杨。”（《戏呈薛彝》）这些作品，每一首都能让人屏住呼吸，捕捉诗中意犹未尽之处。

16. 以形写神

出处：《魏晋胜流画赞》："人有长短，今既定远近以瞩其对，则不可改易阔促，错置高下也。凡生人亡（无）有手揖眼视而前亡所对者，以形写神而空其实对，荃生之用乖，传神之趋失矣。空其实对则大失，对而不正则小失，不可不察也。一象之明昧，不若悟对之通神也。"

解析：指书画创作时，通过生动描绘物象外观外形以表现出内在的精神本质。

诗化：

画鹰

［唐］杜甫

素练风霜起，苍鹰画作殊。
㧐身思狡兔，侧目似愁胡。
绦镟光堪擿，轩楹势可呼。
何当击凡鸟，毛血洒平芜。

诗义：洁白的画绢上腾起寒霜般的杀气，画里的苍鹰凶猛非寻常。它耸起腰身，仿佛要捕杀狡兔，眼睛深碧锐利，咄咄逼人。仿佛一旦解开丝绳铁环，画框里的鹰就会凌空飞出；轻轻的一声呼唤，鹰就会破画飞出。假如让它去搏击那些平常的鸟儿，那就是血洒草原的悲惨场面。

简评：《画鹰》生动地描写画面上苍鹰的神态，把鹰描写得栩栩如生。"写神""入神""神品"是中华传统美学的重要精神内涵，而以形写神则是创作的高超手法和目的。顾恺之，东晋时代画家，被誉为中国画史第一人。他倡导书画的最高境界为“以形写神”：“以形写神而空其实对，荃生之用乖，传神之趋失矣。”（《魏晋胜流画赞》）意思是画是以形写神、用形态来表现精神的。既然用形态表现精神，所以形态必须正确，形态正确，精神才能生动。他强调画人重在传神，神须借形以表现之，但形似易而神似难，神似比形似更重要。“妙手何人为写真，只难传处是精神。”顾恺之的传世作品有《女史箴图》《洛神赋图》《维摩诘图》等，均是以形写神的佳作。他所画的维摩诘像，极其传神，影响深远。杜甫曾有诗赞曰：“看画曾饥渴，追踪恨淼茫。虎头金粟影，神妙独难忘。”意思是看画的时候如饥似渴，追寻它的踪迹感到深邃渺茫。顾恺之先生画的维摩诘像，神妙至极很难忘却。宋代苏颂评价它：“气象超远，仿佛如见当时之人物。”《历代名画记》则评论道：“顾生首创维摩诘像……张墨、陆探微、张僧繇皆效之，终不及顾之所创者也。”

以形写神也是历代书法评论与书法欣赏的基本法则。南朝王僧虔认为：“书之妙道，神采为上，形质次之，兼之者方可绍于古人。”（《笔意赞》）意思是好书法要以形写神，形神兼备。“形”指的是点画线条以及由此而形成的书法结构；而“神”主要指书法的神韵。唐代张怀瓘进一步指出：“深识书者，惟观神彩，不见字形。若精意玄鉴则物无遗照，何有不通。”（《文字论》）真正深谙书法的人，着意鉴赏神韵风采，而不拘泥于文字的形体。

17. 悦志悦神

出处：《钴鉧潭西小丘记》："枕席而卧，则清泠之状与目谋，潽潽之声与耳谋，悠然而虚者与神谋，渊然而静者与心谋。"

解析：悦志悦神是指审美主体在精神境界方面所产生的愉悦感。它是审美主体在审美活动最高层次上获得的一种精神满足，是人生理想的实现而产生的愉悦感。

诗化：

早发白帝城

［唐］李白

朝辞白帝彩云间，千里江陵一日还。
两岸猿声啼不住，轻舟已过万重山。

诗义：早晨告别了沐浴在云霞笼罩中的白帝城，千里迢迢的江陵一天就抵达了。两岸猿声不停地在耳边回响，但这轻快的小舟已驶过万重青山。

简评：所谓悦志悦神是指在审美活动中人们在精神境界方面所产生的愉悦感，产生积极奋发的动力。悦志悦神是人们在审美活动最高层次上获得的一种精神满足，是人生理想的实现而产生的愉悦感。南朝宋宗炳提出"畅神"："是以观画图者……畅神而已。神之所畅，孰有先焉！""圣人以神法道而贤者通，山水以形媚道而仁者乐，不亦几乎？"（《画山水序》）该提法是指欣赏山水画具有愉悦性情、展畅精神的审美功能。悦志悦神不仅能使人身心愉悦，还能使人产生积极奋发的动力。相传春秋时期管仲在辅佐齐桓公时，就善于创作和运用军旅歌曲鼓舞士气，提高将士战斗力。一次，为了摆脱敌人的追杀，管仲写了一首歌名为《黄鹄》的歌曲，并教将士们歌唱，将士们边唱边撤，很快摆脱了敌人的追击。还有一次，齐桓公和管仲带领部队在山路上行进，由于山地起伏，车马难行，管仲又创作了《上山歌》和《下山歌》供将士们吟唱。将士们唱起歌来，山上山下，你唱我和，很快通过了山地。齐桓公感叹道："寡人今日知人力可以歌取也。"（《东周列国志》）

悦志悦神可以概括为以下几方面的作用：在学术境界方面，人是求真；在道德伦理境界方面，人是求善；在艺术审美境界方面，人是求美。人是一个整体，人生的各种境界也会相互影响、相互联系。我们追求的是真善美的统一。悦志悦神，是对艺术创作的更高要求，既能让人们感受到艺术的美，又能够启迪人、教育人、鼓舞人。

18. 参差万象

出处:《道咸宦海见闻录》:“遍山皆青皮古松,不下数百株,太湖石亦高低错落有致,异鸟飞翔,哢音木杪,真蓬莱仙境也。”

解析: 指参差交错的各种事物或形态所构成的美质。

诗化:

绝句

[唐] 杜甫

两个黄鹂鸣翠柳,一行白鹭上青天。

窗含西岭千秋雪,门泊东吴万里船。

诗义: 两只黄鹂在柳树间婉转地鸣叫,一行整齐的白鹭翱翔在碧空上。窗前的西岭银装素裹,覆盖着厚厚的积雪,门前停泊着从东吴远归而来的船只。

简评: 这首诗虽然只有四句,但包含了参差万象的美质。首先是动静结合。前两句“两个黄鹂鸣翠柳,一行白鹭上青天”中,黄鹂鸣叫、白鹭翱翔是动景,而“窗含西岭千秋雪,门泊东吴万里船”中的千秋雪和万里船是静景。其次是远近结合。黄鹂和翠柳是近景,白鹭和青天是远景。再次是色彩的结合。嫩黄的小鸟,翠绿的柳林,雪白的鹭鸶,蔚蓝的青天,多彩的颜色给人以深刻的印象。最后是数字的搭配。“两个”与“一行”,“千秋”和“万里”,给人以具象感和想象的空间。还有取景角度的不同,如“窗含”与“门泊”,使人感受到万象的美景。

宋代郭熙对绘画创作中有关“山”的创作技艺有过论述:“山

有三远：自山下而仰山巅，谓之高远；自山前而窥山后，谓之深远；自近山而望远山，谓之平远。高远之色清明，深远之色重晦，平远之色有明有晦；高远之势突兀，深远之意重叠，平远之意冲融而缥缥缈缈。”（《林泉高致·山水训》）对山的高低、远近、明晦作了精辟论述，体现追求超脱、平淡、豁达、澄澈、宁静的境界，并达到浑然天成的艺术意境。正如王国维所指：“一切之美皆形式之美也。”（《古雅之在美学上之位置》）参差万象的美质是大自然和生命万物的本来面目，无论是自然万象，还是人间万象，都存在着不同形式的美景，关键是如何发现、挖掘和表现这一美质。

19. 纤秾合度

出处：《洛神赋》："秾纤得衷，修短合度。肩若削成，腰如约素。"

解析： 指事物内外相称、肥瘦合度、浓淡恰当、大小称宜、高矮适中的美质。

诗化： 饮湖上初晴后雨二首（其二）

［宋］苏轼

水光潋滟晴方好，山色空蒙雨亦奇。
欲把西湖比西子，淡妆浓抹总相宜。

诗义： 天晴时秀美的西湖波光粼粼，雨天的西湖另有一种奇妙，在雨幕下四周山色迷蒙，若隐若现。若把西湖比作美女西施，淡妆浓抹都十分适宜。

简评： 多姿多彩的自然世界构成了浓淡相宜、复浅复深、交相辉映的美景。也只有浓淡得宜的高超艺术，才能创造出纤秾合度的美质。"度"既包括审美外在形式的尺度，也包括内在品质的尺度，而内在品质相对比较难衡量把握。"彼其之子，美无度，美无度！"（《诗经·魏风》）中国传统文化里认为，审美的尺度是发展的、变化的、灵活的，而不是僵化的、凝固的、死板的。审美的"合度"原则就是根据不同事物的时空、对象、地位等来选择合适的尺度。所谓"有法无法，因时为业。有度无度，因物而合。故曰'圣人不朽，时变是守'"（司马谈《论六家之要旨》）。在各艺术门类里都十分注重“合度”的审美原则，比如绘画中注重“武洞清宫画人物，布置落墨广窄大小，莫不合度”（《宣和画谱》），在书法创作里强调“婆娑偃仰，无不合度”（汪之元《天下有山堂画艺》），在舞蹈艺术里讲究“身不虚动，手不徒举。应节合度，周其叙时”（傅玄《云门篇》）。

“万事云烟忽过，一身蒲柳先衰。而今何事最相宜，宜醉宜游宜睡。”（辛弃疾《西江月·万事云烟忽过》）除了追求“合度”，还强调“称宜”。“称”指对称，对称原则指的是把审美对象作为一个整体来审视，对人的内在素质与外表、艺术的内涵与表现、文辞的内容与形式，都有内外相称的要求，还有各种审美元素的相称。“宜”指相宜得当，无论是建筑、文章、书画、音乐、舞蹈，在布局、结构、体裁、文字、曲调、姿容等方面，都应该讲究相宜得当。

20. 疏密有致

出处:《答湘东王上王羲之书》:“试笔成文，临池染墨，疏密俱巧，真草皆得。”

解析: 指自然和人文景观的布局或书画艺术的布局有疏密浅淡，搭配布局合理，富有艺术性。

诗化: 渡江云（节选）

［宋］杨泽民

渔乡回落照，晚风势急，鹜鹭集汀沙。
解鞍将憩息，细径疏篱，竹隐两三家。
山肴野蔌，竞素样、都没浮华。
回望时，绕村流水，万点舞寒鸦。

诗义: 夕照洒落在渔乡上，晚风吹得比较急，鹜鹭团缩在沙滩上。解马卸鞍即将憩息，渔村里小径蜿蜒，柴篱稀疏，竹林里隐约看见两三户人家。晚餐尽是山中的野味和野菜，都是普通的饭菜，没有山珍豪宴。回眸整个渔村，河流环绕着村庄，群鸦在空中飞舞盘旋。

简评:“高高下下天成景，密密疏疏自在花。”（陆游《西园》）如果说纤秾合度注重内外相称的审美标准，那疏密有致则注重于事物空间布局的审美效果。疏密是指事物布局的时空距离，有致而合理的时空距离才能产生美感，才能产生清简、空灵、虚淡、逸静的意境。疏朗、疏阔、疏宕的美质是人们所欣赏的。历代文人赞赏梅花，除了赋予梅花高洁、傲骨、坚强、美丽，不畏严寒、独天下而春的品格外，还特别欣赏梅花在美学造型上“疏影”“疏枝”的美质。“疏影横斜水清浅，暗香浮动月黄昏。”（林逋《山园小梅》）“月澹黄昏欲雪时，小窗犹欠岁寒枝。暗香疏影无人处，唯有西湖处士知。”（辛弃疾《和傅岩叟梅花二首》）

在书画艺术上也讲究疏密布局。宋代姜夔指出：“书以疏欲风神，密欲老气。如‘佳’之四横，‘川’之三直，‘鱼’之四点，‘画’之九画，必须下笔劲净，疏密停匀为佳。当疏不疏，反成寒乞；当密不密，必至凋疏。”（姜夔《续书谱·疏密》）明代董其昌认为：“疏则不深邃，密则不风韵，但审虚实，以意取之，画自奇矣。”（董其昌《画禅室随笔·画诀》）因此，疏密有致的时空布局是审美的重要质素。在诗词艺术上也有疏密之论。清代顾炎武指出：“韵律之道，疏密适中为上，不然，则宁疏无密。文能发意，则韵虽疏不害。”（顾炎武《日知录·次韵》）在园林艺术设计上也注重疏密有致的效果，疏密的经营也是为了形成对比，避免单调，在连续的园林空间里搭配出丰富的感受和层次。与疏密形成对应的意境是虚实。疏与密的位置经营是将曲折蜿蜒的方式和藏与露的手法糅合在一起，形成有张有弛的连续的园林空间。山水、亭廊、花木要素中，山为实，水为虚；园林的亭廊建筑本身兼具虚实两种意境特质；花木更是通过配置可虚可实，可孤植成景，可片植成林。

三、文辞篇

石破
天惊
秋雨吓得骤然凝在半空
这时，我乍见窗外
有客骑驴自长安来
背了一布袋的
骇人的意象
人未至，冰雹般的诗句
已挟冷雨而降
我隔着玻璃再一次听到
羲和敲日的叮当声
哦！好瘦好瘦的一位书生
瘦得
犹如一支精致的狼毫
你那宽大的蓝布衫，随风
涌起千顷波涛
——洛夫《与李贺共饮》(节选)

自古以来，文辞既是治国理政的重要手段，也是文学创作与赏析的重要形式。“天子恭让，群臣守义，文辞烂然，甚可观也。”(司马迁《史记》)回眸千百年来中华灿烂的文明，那些经世大作几乎具有班香宋艳、拔地倚天、彪炳可玩、波澜老成、沈博绝丽、沉思翰藻、流风回雪、遒文壮节、辞约旨丰、金相玉质的美质。

21. 班香宋艳

出处：《桃花扇》："蚤岁清词，吐出班香宋艳。中年浩气，流成苏海韩潮。"

解析：指班固文采俊美，宋玉辞赋艳丽，比喻文辞华丽精工。

诗化：冬至日寄小侄阿宜诗（节选）

［唐］杜牧

经书括根本，史书阅兴亡。
高摘屈宋艳，浓薰班马香。
李杜泛浩浩，韩柳摩苍苍。
近者四君子，与古争强梁。

诗义：经书概括事物的根本规律，阅览史书可知历史兴亡。屈原宋玉的骚赋辞藻艳丽，班固司马迁的史传情味浓郁。李白杜甫的诗风宽广浩瀚，韩愈柳宗元的文采深厚高远。这四位文豪造诣相当，各有千秋，自古难分高低。

简评：这是杜牧写给侄子阿宜的一首诗，目的是鼓励他刻苦读书，日后考取功名。诗中杜牧还介绍了自己的学习体会和经验。杜牧指出，经典书籍是了解事物的关键和根本，而史书则能让人知道历史的兴衰。屈原、宋玉文采华艳，班固、司马迁的史学巨著则可让人深受熏陶。

屈原的主要作品有《离骚》《天问》《九章》，艺术形式上瑰丽奇异，大气磅礴，节奏明快，精练华美，极富表现力，涵蕴深刻哲理；艺术内涵上，弘扬真善美，鞭挞假丑恶，追求人格美。宋玉的主要作品有《九辩》《风赋》《高唐赋》《登徒子好色赋》《神女赋》等，他的辞赋谋篇布局大气磅礴，立意构思高远，运用寓言丰富，史上“下里巴人”“阳春白雪”“曲高和寡”“宋玉东墙”等典故都与他有关。

班固的主要作品有《汉书》《白虎通义》《两都赋》等，艺术风格“言皆精练，事甚该密”，规模宏大、情词俱尽，别具特色、成就突出。司马迁主要作品是《史记》，主要的艺术风格是“辩而不华，质而不俚”“不虚美、不隐恶”。柳宗元评价：“朴素凝练、简洁利落，无枝蔓之疾；浑然天成、滴水不漏，增一字不容；遣词造句，煞费苦心，减一字不能。”

李白的诗歌风格气势奔放、雄浑劲健、充满浪漫色彩，尤其以雄伟奇险的山水景致著称。杜甫的诗歌风格沉着高古，尤其以现实主义题材而闻名。韩愈的作品气势浩荡不凡、雄奇奔放，内容广博、立意高远、构思新颖、气盛言宜。柳宗元的作品则有一种强烈、抑郁而激愤的色彩，立意新颖、结构细密，语言简洁精美，形成浓郁而峻洁的美学风格。

22. 拔地倚天

出处：《与王霖秀才书》："譬玉川子《月蚀诗》、杨司城《华山赋》、韩吏部《进学解》……莫不拔地倚天，句句欲活。"

解析： 拔地指突兀而起；倚天指靠近天空。比喻文辞气势磅礴、雄健有力。

诗化： 忆秦娥·娄山关

毛泽东

西风烈，长空雁叫霜晨月。
霜晨月，马蹄声碎，喇叭声咽。
雄关漫道真如铁，而今迈步从头越。
从头越，苍山如海，残阳如血。

诗义： 寒风凛冽，大雁鸣空，晓月当空。晓月当空，马蹄声疾，军号声声低回。长征路上的险峻雄关像铁般难以逾越，而今我们重振旗鼓再大步前进。重振旗鼓向前进，群山苍茫如大海，夕阳殷红如碧血。

简评： 这首词描写红军铁血长征途中娄山关激战的紧张场面，通过紧张的行军气氛透露出激战的先兆，并采用凛冽的西风声、凄厉的雁鸣声、急促的马蹄声和悲咽带涩的号声暗示战斗的惨烈，又通过描写连绵起伏的苍山、如鲜血般殷红的残阳借以表现浴血奋战、英勇牺牲的壮烈情景，体现了作者面对困难和危险从容不迫的气度和博大胸怀。这是一首气势磅礴、雄健有力、拔地倚天的好作品。

拔地倚天属磅礴、大气、雄浑、劲健的美质。拔地倚天的风格宜表现在面朝辽阔空间的高大建筑物、巍峨的群山、壮美的山川景色之时。如唐代王勃的《滕王阁序》："豫章故郡，洪都新府。星分翼轸，地接衡庐。襟三江而带五湖，控蛮荆而引瓯越。物华天宝，龙光射牛斗之墟；人杰地灵，徐孺下陈蕃之榻。雄州雾列，俊采星驰。台隍枕夷夏之交，宾主尽东南之美。"拔地倚天是政论文赋应有的审美风格。如汉代贾谊的《过秦论》："及至始皇，奋六世之余烈，振长策而御宇内，吞二周而亡诸侯，履至尊而制六合，执敲扑而鞭笞天下，威振四海。"拔地倚天是具有雄才大略的先贤的普遍风格。如"雄关漫道真如铁，而今迈步从头越"（毛泽东《忆秦娥·娄山关》），"老骥伏枥，志在千里。烈士暮年，壮心不已"。（曹操《龟虽寿》）

23. 彪炳可玩

出处:《诗品·中品》:“宪章潘岳,文体相辉,彪炳可玩。始变永嘉平淡之体,故称中兴第一。”

解析: 指文采焕发值得玩味。

诗化:

醉花阴

［宋］李清照

薄雾浓云愁永昼,瑞脑消金兽。
佳节又重阳,玉枕纱厨,半夜凉初透。
东篱把酒黄昏后,有暗香盈袖。
莫道不消魂,帘卷西风,人比黄花瘦。

诗义: 薄雾弥漫,云层厚重,心情不畅,龙脑香在金兽香炉中弥漫。重阳节又到了,躺在玉枕纱帐中,半夜被凉风浸透。在东边的篱栏边小酌直到天黑,菊花的清香溢满了衣袖,不要说秋天不令人伤感,西风吹起了珠帘,帘内的人比秋菊还要消瘦。

简评: 李清照是宋代词坛中具有代表性的人物之一。后人简评“莫道不消魂,帘卷西风,人比黄花瘦”三句令人绝倒,无须更多的言语,刻骨铭心的相思之情已表达得淋漓尽致。这几句短词压倒了众多南宋词坛之词,相思之苦令人憔悴,竟比那清逸的菊花还消瘦。

彪炳可玩属华丽、飞扬、大气的美质。彪炳可玩是议论文章、散文等常运用的风格。比如陆机的《文赋》:“伫中区以玄览,颐情志于典坟。遵四时以叹逝，瞻万物而思纷。悲落叶于劲秋，喜柔条于芳春。心懔懔以怀霜，志眇眇而临云。咏世德之骏烈，诵先人之清芬。游文章之林府，嘉丽藻之彬彬。慨投篇而援笔，聊宣之乎斯文。”《文赋》辞藻华丽，深刻阐明了文章的物、文、意三者的意义、作用和关系。

又比如欧阳修的《秋声赋》：“初淅沥以萧飒，忽奔腾而砰湃，如波涛夜惊，风雨骤至。其触于物也，鏦鏦铮铮，金铁皆鸣。”“赴敌之兵，衔枚疾走，不闻号令，但闻人马之行声。”脉络清晰，波澜起伏，立意深远，彪炳可玩。欧阳修的《醉翁亭记》：“若夫日出而林霏开，云归而岩穴暝，晦明变化者，山间之朝暮也。野芳发而幽香，佳木秀而繁阴，风霜高洁，水落而石出者，山间之四时也。朝而往，暮而归，四时之景不同，而乐亦无穷也。”文章语句铿锵，布局整齐，彪炳可玩，而且形成一种独特的骈散结合的风格。

24. 波澜老成

出处：《敬赠郑谏议十韵》："思飘云物外，律中鬼神惊。毫发无遗憾，波澜独老成。"

解析： 形容诗文气势雄壮，功力深厚。

诗化：

戏为六绝句（其一）

［唐］杜甫

庾信文章老更成，凌云健笔意纵横。
今人嗤点流传赋，不觉前贤畏后生。

诗义： 庾信的文章到晚年更加成熟，他的文章超旨雄浑，笔力矫健，波澜老成。现在的文人嘲讽他的文章，如果庾信还活着，也许会觉得后生可畏。

简评： 庾信（513—581）字子山，河南南阳人，南北朝时期诗人、文学家。庾信晚年辞赋波澜老成。波澜老成属雄浑、沉着、劲健的美质。比如庾信的《哀江南赋》："荆璧睨柱，受连城而见欺；载书横阶，捧珠盘而不定。钟仪君子，入就南冠之囚；季孙行人，留守西河之馆。申包胥之顿地，碎之以首；蔡威公之泪尽，加之以血。钓台移柳，非玉关之可望；华亭鹤唳，岂河桥之可闻！"作者在诗文中将家世与国事融汇在一起，将个人不幸与民族灾难联系起来，概括了梁朝由盛至衰的历史和作者从南到北的经历。作品思想感情真挚动人，风格苍凉雄劲，波澜老成，具有史诗般的宏大气魄，是辞赋史上的传世名篇。

25. 沈博绝丽

出处：《答刘歆书》："雄为郎之岁，自奏少不得学，而心好沈博绝丽之文。"

解析：指文章内容丰富，含义深远，文辞美妙。

诗化： 临江仙·滚滚长江东逝水

［明］杨慎

滚滚长江东逝水，浪花淘尽英雄。
是非成败转头空。
青山依旧在，几度夕阳红。
白发渔樵江渚上，惯看秋月春风。
一壶浊酒喜相逢。
古今多少事，都付笑谈中。

诗义：长江滚滚向东流，多少英雄豪杰像翻飞的浪花般消逝。不管是非功名，还是成败得失，都已经随着岁月的流逝而消失。可当年的江山依旧存在，太阳依然升起、落下，永不停歇地轮回。那江边的白发隐者，早已看惯这历史岁月的变迁。和知己老友难得相见，痛痛快快地一起畅饮。古往今来多少世事，都被拿来做谈笑的话题。

简评：这是一首咏史词，通过叙述朝代更迭、国家兴亡、人物起落来抒发人生感慨，内容丰富，文辞优美，豪放中有含蓄，高亢中有深沉。读来令人荡气回肠，回味无穷，感慨万千。该词折射出高远的意境和深邃的人生哲理。无情也无奈的历史恰似那波涛滚滚的长江之水，将多少叱咤风云的英雄淹没、淘汰，而青山依旧、日月轮回。历史兴衰，人生沉浮，与永恒的宇宙天地相比都显得渺小，又有多少古往今来的事情，成了一壶浊酒的佐料。

沈博绝丽属高古、绮丽的美质。南朝刘勰的《文心雕龙》属此类作品。“形在江海之上，心存魏阙之下。神思之谓也。文之思也，其神远矣。故寂然凝虑，思接千载，悄焉动容，视通万里；吟咏之间，吐纳珠玉之声；眉睫之前，卷舒风云之色：其思理之致乎？故思理为妙，神与物游。”（《文心雕龙·神思》）“《诗》总六义，风冠其首，斯乃化感之本源，志气之符契也。是以怊怅述情，必始乎风；沉吟铺辞，莫先于骨。故辞之待骨，如体之树骸，情之含风，犹形之包气。结言端直，则文骨成焉；意气骏爽，则文风清焉。”（《文心雕龙·风骨》）《文心雕龙》既是中国古代文学史上第一部比较系统、严谨、细致的论述文学创作和文学评论的理论专著，也是一部研究语言文学的审美本质、审美标准及其美学创造、鉴赏规律的专著。

26. 沉思翰藻

出处：《〈文选〉序》："事出于沉思，义归于翰藻。"

解析：指文章思想深刻，文辞华丽，内容形式和谐统一。

诗化： 浪淘沙令·伊吕两衰翁

［宋］王安石

伊吕两衰翁，历遍穷通。
一为钓叟一耕佣。
若使当时身不遇，老了英雄。
汤武偶相逢，风虎云龙。
兴王只在谈笑中。
直至如今千载后，谁与争功！

诗义：伊尹和吕尚两位老者，失意和困境都经历过。一位是渔夫，一位是农夫。假若英雄不是遇到明君，结果也只能老死于山野荒林。他们偶然与成汤和周武王相遇而得到重用，贤君遇良臣，好像风随虎、云生龙一般，谈笑中建起了王业。如今过去了上千年，依旧无人能与他们一争高下！

简评：这首词以古托今，明志自励，讲述曾是渔翁和农夫、"历遍穷通"的伊尹、吕尚两人，只因为遇到了成汤和周武王这样贤明的君主，才得以重用，卓越的才华才能有机会发挥，有舞台可以表现，君臣才能建立名垂千载的功业。该词以此抒发作者取得宋神宗的赏识之后，在政治上大展宏图、春风得意的豪迈情怀。

这是王安石在政治上春风得意之时的真实思想感情的流露。全词通篇叙史、论史，以史托今，沉思翰藻。

沉思翰藻属华丽、超旨、洗练的美质。司马迁的《史记》是沉思翰藻的好作品，鲁迅称赞其为“史家之绝唱，无韵之离骚”。《史记》不仅是一部大气磅礴的史学名著，也是一部波澜壮阔的文学著作，具有思想深刻、文笔生动、内容丰富、史料详实、结构严谨的特点。其文学性，历史上曾有高度的评价，体现在几个方面：其一，叙事艺术的真实性、生动性和戏剧性。比如《鸿门宴》一篇，司马迁用简短精练的语言描绘了故事人物的出场退场、表情神态、对话语言、动作步伐等具体细节，使这个关系到楚汉争霸成败关键时刻的故事高潮迭起、扣人心弦。其二，人物塑造的多样性、复杂性、独特性。《史记》中关于人物的塑造数量众多、类型丰富、特征鲜明，用大量的历史人物传记构成了宏大的历史篇章。其三，语言艺术的通俗性、简洁性和生动性。《史记》的语言通俗易懂，简洁朴实又不失生动，富有感染力。

元代吴镇赞王维的《秋林晚岫图》也使用了“翰藻”一词：“右丞已往六百载，翰藻神工若个同。千嶂远横秋色里，山家遥带暮烟中。”（《右丞秋林晚岫》）

27. 流风回雪

出处：《诗品·中品》："范诗清便宛转，如流风回雪。邱诗点缀映媚，似落花依草。故当浅于江淹，而秀于任昉。"

解析： 比喻文笔飘逸曲折，也形容女子婀娜多姿。

诗化：

虞美人

［南唐］李煜

春花秋月何时了？往事知多少。
小楼昨夜又东风，故国不堪回首月明中。
雕栏玉砌应犹在，只是朱颜改。
问君能有几多愁？恰似一江春水向东流。

诗义： 春花秋月的美景何时才能了结？因为一看到就会有无数往事涌上心头。昨夜小楼上又吹来了春风，在这皓月当空的夜晚，怎承受得了回忆故国的悲伤。故都金陵华丽的宫殿也许还在，但人已憔悴。要问我心中有多少哀愁，就像那滚滚东流的一江春水一样流不尽。

简评：《虞美人》是李煜的代表作，也是绝命词。据说宋太宗因其"故国不堪回首月明中"之词而加害了李煜。词作围绕着对故国的缅怀，对丧国的悲愤，对漫漫人生的忧愁，道出了恰似一江春水永无休止的悲愁。这首词文笔飘逸曲折，明净凝练，淋漓尽致地表达了词人从国君沦为阶下囚的悲苦愤慨的真实感情。

流风回雪属飘逸、婀娜的美质。比如范仲淹的《岳阳楼记》：

“至若春和景明，波澜不惊，上下天光，一碧万顷；沙鸥翔集，锦鳞游泳；岸芷汀兰，郁郁青青。而或长烟一空，皓月千里，浮光跃金，静影沉璧，渔歌互答，此乐何极！登斯楼也，则有心旷神怡，宠辱偕忘，把酒临风，其喜洋洋者矣。”此文融叙事、写景、抒情、议论于一体，动静结合，文笔飘逸。

曹植的作品也具有流风回雪的美感，如《洛神赋》：“其形也，翩若惊鸿，婉若游龙。荣曜秋菊，华茂春松。髣髴兮若轻云之蔽月，飘飖兮若流风之回雪。远而望之，皎若太阳升朝霞；迫而察之，灼若芙蕖出渌波。秾纤得衷，修短合度。肩若削成，腰如约素。延颈秀项，皓质呈露。芳泽无加，铅华弗御。云髻峨峨，修眉联娟。丹唇外朗，皓齿内鲜。明眸善睐，靥辅承权。瓌姿艳逸，仪静体闲。柔情绰态，媚于语言。”《洛神赋》为曹植辞赋中杰出的作品。曹植以浪漫主义的手法，通过梦幻的境界，描写人神之间的真挚爱情。该辞赋讲究排偶对仗，音律整饬、凝练生动、文辞优美，清新四逸，令人神爽。

28.道文壮节

出处:《苕溪渔隐丛话后集》:“曹氏父子鞍马间为文，往往横槊赋诗，故其遒文壮节，抑扬怨哀悲离之作，尤极于古。”

解析: 意思是指文辞刚劲有力，节律强。

诗化: 水调歌头·金山观月

［宋］张孝祥

江山自雄丽，风露与高寒。
寄声月姊，借我玉鉴此中看。
幽壑鱼龙悲啸，倒影星辰摇动，海气夜漫漫。
涌起白银阙，危驻紫金山。
表独立，飞霞佩，切云冠。
漱冰濯雪，眇视万里一毫端。
回首三山何处，闻道群仙笑我，要我欲俱还。
挥手从此去，翳凤更骖鸾。

诗义: 江山无比的雄伟壮丽，秋风轻拂，寒意阵阵。寄语月亮，可否借我镜子让我看清这月下的秀美景色。那深渊中的鱼龙凄厉的长鸣不绝，水面上的星辰随波摇动，夜幕下雾气弥漫黑夜沉沉。月光下那紫金山上的银阙晶宫高高耸起。以飞霞为玉佩，彩云为高冠，遗世独立俯瞰人间大地。月光如雪，万里河山明亮澄澈。回首遥望海上那三座仙山，仿佛群仙都在对我微笑，邀我与他们一同游畅。乘着那点缀着美丽凤羽的鸾鸟，挥挥手潇洒而去。

简评：这首张孝祥的《水调歌头·金山观月》体现了作者诗词的豪放风格，整词浑然一体、气势磅礴、风格豪迈。辽阔的河山，洁白澄澈的月色，形成了一幅浑然天成的壮美画卷。作者面对如此壮丽的景色，心物感应由外在的感觉，渐渐地发展到内心的感受，相互渗透，从而创造出更为浪漫的飘然欲仙的艺术境界，显示出旷达洒脱的胸怀。该词结构谨严，形成完美自然的整体美的效果。

遒文壮节属劲健、豪放、雄奇的美质。李白的文章《春夜宴桃李序》属此类风格："夫天地者，万物之逆旅也；光阴者，百代之过客也。而浮生若梦，为欢几何？古人秉烛夜游，良有以也。况阳春召我以烟景，大块假我以文章。会桃花之芳园，序天伦之乐事。群季俊秀，皆为惠连；吾人咏歌，独惭康乐。幽赏未已，高谈转清。开琼筵以坐花，飞羽觞而醉月。不有佳咏，何伸雅怀？"这篇文章豪情纵横、潇洒飘逸、热情饱满、昂扬向上，令人神清气爽。

29. 辞约旨丰

出处：《文心雕龙·宗经》："至根柢槃深，枝叶峻茂，辞约而旨丰，事近而喻远。是以往者虽旧，馀味日新。后进追取而非晚，前修久用而未先，可谓太山遍雨，河润千里者也。"

解析：指文辞简练但旨意丰富。

诗化：

春日忆李白

［唐］杜甫

白也诗无敌，飘然思不群。
清新庾开府，俊逸鲍参军。
渭北春天树，江东日暮云。
何时一樽酒，重与细论文。

诗义：李白的诗无人能比肩，他那飘逸高超的才思超众出群。李白的诗既有庾信诗作的清新之气，也有鲍照作品那种俊逸之风。如今，我在渭北独自远看春日的树木，而你在江东遥望那日暮薄云，无奈之下只能遥相思念。不知何时才能同桌对饮，再次仔细探讨我们的诗作呢？

简评：辞约旨丰是指文辞简练但旨意丰富。《春日忆李白》是杜甫赞美和思念李白的作品。诗作虽然简短扼要，文辞简约，但旨意丰富，耐人寻味。杜甫在诗中赞扬李白诗作像庾信一样清新，像鲍照一样飘逸，把对人和诗的倾慕怀念结合在一起。使用以景寓情的手法，更是出神入化，把作者的思念之情，写得无比深厚。

简约是文辞美的关键，刘勰指出："文以辨洁为能，不以繁缛为巧；事以明核为美，不以环隐为奇，此纲领之大要也。若不达政体，而舞笔弄文，支离构辞，穿凿会巧，空骋其华，固为事实所摈；设得其理，亦为游辞所埋矣。"（《文心雕龙·议对》）辞约是传统美学的重要概念。

陶潜作品属此类思想深刻，辞约旨丰的文章，如《五柳先生传》："赞曰：黔娄之妻有言：'不戚戚于贫贱，不汲汲于富贵。'其言兹若人之俦乎？衔觞赋诗，以乐其志，无怀氏之民欤？葛天氏之民欤？"《五柳先生传》虽一百多字，笔墨简洁，但思想深刻，成功地塑造了一个清高洒脱、怡然自得、安贫乐道的隐者形象。五柳先生遂成为寄托中国古代士大夫理想的人物形象。"寓形宇内复几时，曷不委心任去留？胡为乎遑遑欲何之？富贵非吾愿，帝乡不可期。怀良辰以孤往，或植杖而耘耔。登东皋以舒啸，临清流而赋诗。聊乘化以归尽，乐夫天命复奚疑！"（《归去来兮辞》）欧阳修评价《归去来兮辞》这篇文章说："晋无文章，惟陶渊明《归去来兮辞》一篇而已。"

30. 金相玉质

出处：《诗经·大雅》：“追琢其章，金玉其相。勉勉我王，纲纪四方。”

解析：指作品的形式和内容十分完美。

诗化：

忆江南

［唐］白居易

江南好，
风景旧曾谙。
日出江花红胜火，
春来江水绿如蓝。
能不忆江南？

诗义：江南的风景多么秀丽，如画的景色久已熟悉。旭日东升，朝霞映着江边的红花，胜似一团团的火焰。春天时节，碧绿的江水恰如鲜嫩的蓝草。怎能叫人不思念江南？

简评：金相玉质指作品的形式和内容十分完美。“屈原之词，诚博远矣。自终没以来，名儒博达之士，著造词赋，莫不拟则其仪表，祖式其模范，取其要妙，窃其华藻。所谓金相玉质，百世无匹，名垂罔极，永不刊灭者矣。”（王逸《楚辞章句序》）金相玉质的作品傲视百代，名垂千古。《忆江南》是一首典型的金相玉质的绝世作品。诗人用红、绿、蓝三种颜色，做足了春风浩荡、百花盛开、山花烂漫、姹紫嫣红的春天文章，词语简洁而华丽，可谓金玉其相。文字修辞的华丽是古人十分讲究的美学特质。“名儒辞赋，莫不拟其仪表，所谓金相玉质，百世无匹者也。”（刘勰《文心雕龙·辨骚》）

宋代周敦颐的《爱莲说》属金相玉质风格的佳作。“予独爱莲之出淤泥而不染，濯清涟而不妖，中通外直，不蔓不枝，香远益清，亭亭净植，可远观而不可亵玩焉。”作者通过对莲花的赞美，颂扬其“出淤泥而不染”的品质，这是文章的内涵。而行文方面则自由活泼，篇幅精短，正面衬托与反面衬托结合，这是文章的外在表现。作者借物言志，以莲喻人，表现出不慕名利、洁身自好的人生态度，是一篇不可多得的金相玉质佳作。

四、诗词篇

把一首
在抽屉里锁了三十年的情诗
投入火中
字
被烧得吱吱大叫
灰烬一言不发
它相信
总有一天
那人将在风中读到
——洛夫《诗的葬礼》

中国是诗的国度。诗词融入了我们社会和生活的方方面面，“入其国，其教可知也，其为人也，温柔敦厚，诗教也”（《礼记·经解》）。优秀的诗词作品具有雄浑劲健、豪放旷达、沉着高古、含蓄蕴藉、飘逸流动、空灵洗练、典雅清奇、婉约绮丽、芙蓉出水、凌云健笔等美质。

31. 雄浑劲健

出处：《二十四诗品·雄浑》："大用外腓，真体内充。反虚入浑，积健为雄。"《周易·乾卦》："大哉乾乎，刚健中正，纯粹精也。"

解析：指给人雄伟博大、壮阔苍茫、刚健强劲、轩昂威武的艺术美感。

诗化：

上李邕

［唐］李白

大鹏一日同风起，扶摇直上九万里。
假令风歇时下来，犹能簸却沧溟水。
世人见我恒殊调，闻余大言皆冷笑。
宣父犹能畏后生，丈夫未可轻年少。

诗义：大鹏总有一天会和风飞起，凭借风力直上九天云外。如果风停歇了，大鹏飞下来，还能扬起江海里的水。世人见我老是与别人见解不一致，听到我的豪言壮语都冷笑。孔子还说过"后生可畏"，大丈夫不可轻视少年人。

简评：中国传统文化特别强调雄浑的大美，劲健的壮美。雄浑是指气势磅礴、含义深远的美质。司空图对雄浑诗词美学的描绘是"大用外腓，真体内充。反虚入浑，积健为雄。备具万物，横绝太空。荒荒油云，寥寥长风。超以象外，得其环中，持之匪强，来之无穷"（《二十四诗品·雄浑》），意思是华丽的装饰在外，真实的内容充实其中。由实入虚，才能达到浑然之境；蓄积正气，笔力方可显出豪雄。雄浑的美质有包罗万物的气势，能横贯浩渺的太空。像苍茫滚动的飞云，如浩荡翻腾的长风。超越生活的表面描写，发现其深含的意蕴。追求雄浑，不可勉强拼凑，自然得来，就会意味无穷。劲健指雄健、刚毅有力的美学风格。《二十四诗品·劲健》曰："行神如空，行气如虹。巫峡千寻，走云连风。饮真茹强，蓄素守中。喻彼行健，是谓存雄。"大意是诗词的风格坦荡如同广阔的天空，气势充盈好像横贯的长虹。像巫峡高耸万丈，飞云伴随轻风。作品饱含着纯真，孕育着刚强，积累质朴品德，保持明洁心胸。好像天道稳健不息地运行，你的作品就能达到浑厚劲雄的美质。

雄浑和劲健二者通常结合在一起，雄浑侧重于博大神奇、浑厚深远，劲健强调强劲有力、阳刚之气。李白在诗中借庄子的"大鹏"表达了志向远大、刚健有力、自由翱翔的意境。庄子《逍遥游》描写的大鹏是雄浑劲健的象征："鹏之徙于南冥也，水击三千里，抟扶摇而上者九万里，去以六月息者也。"意思是：大鹏迁徙到南方的大海，翅膀拍击水面激起三千里的波涛，凭借狂风盘旋而上飞向九万里高空，飞翔六个月才停歇下来。毛泽东也借"鲲鹏"表现雄浑劲健的美质："鲲鹏展翅，九万里，翻动扶摇羊角。背负青天朝下看，都是人间城郭。"（《念奴娇·鸟儿问答》）

李白是盛唐时期最为杰出的一位诗人，素有"诗仙"之称。李白的诗歌以雄浑劲健为特征，体现出显著的阳刚、浑厚、博大之美。李白诗歌的世界，是一个"巨灵咆哮，洪波喷流。风驰雨骤，雪浪排樯。金蛇电掣，雷震天鼓。平地春雷，看鹤冲天"的壮观世界，如"君不见黄河之水天上来，奔流到海不复回"（《将进酒》），"燕南壮士吴门豪，筑中置铅鱼隐刀。感君恩重许君命，泰山一掷轻鸿毛"（《结袜子》）。

32. 豪放旷达

出处:《二十四诗品·豪放》:“观花匪禁，吞吐大荒。由道反气，处得以狂。天风浪浪，海山苍苍。真力弥满，万象在旁。”《二十四诗品·旷达》:“何如尊酒，日往烟萝。花覆茅檐，疏雨相过。倒酒既尽，杖藜行歌。孰不有古，南山峨峨。”

解析: 豪放，指有气魄且无所拘束；旷达，指心境开阔。美学上指富于想象、夸张、奔放、浪漫的审美风格，属于阳刚、壮美的美质。

诗化: 望庐山瀑布

［唐］李白

日照香炉生紫烟，遥看瀑布挂前川。
飞流直下三千尺，疑是银河落九天。

诗义: 香炉峰在阳光的照射下升腾起紫色烟霞，远远望见瀑布似白色绢绸悬挂在山前。高崖上飞腾直落的瀑布有几千尺，让人恍惚以为是银河从天上泻落到人间。

简评: 李白的诗歌具有豪放旷达的美质。“天风浪浪，海山苍苍。真力弥满，万象在旁”的豪放壮观鲜明地体现在李白的诗歌之中，如《行路难·其一》:“金樽清酒斗十千，玉盘珍羞直万钱。停杯投箸不能食，拔剑四顾心茫然。欲渡黄河冰塞川，将登太行雪满山。闲来垂钓碧溪上，忽复乘舟梦日边。行路难，行路难，多歧路，今安在？长风破浪会有时，直挂云帆济沧海。”

豪放是一种豪迈奔放、气势雄浑的美质。清代杨廷芝将豪放解释为：“豪则我有可盖乎世，放则物无可羁乎我。”（杨廷芝《诗品浅解》）豪放是李白诗歌最重要的特征，比如“天生我材必有用，千金散尽还复来”（李白《将进酒》），“兴酣落笔摇五岳，诗成笑傲凌沧海”（李白《江上吟》）等都有鲜明体现。旷达是崇尚自然、不拘一格的审美观，也指对待人生的一种态度。清代杨振纲论“旷达”时说：“唯旷则能容，若天地之宽；达则能悟，识古今之变。”（杨振纲《诗品解》）“生者百岁，相去几何。欢乐苦短，忧愁实多。何如尊酒，日往烟萝。”（司空图《二十四诗品·旷达》）李白对人生的态度是洒脱旷达的，如《山中问答》：“问余何意栖碧山，笑而不答心自闲。桃花流水窅然去，别有天地非人间。”《怨情》：“花性飘扬不自持，玉心皎洁终不移。”《独坐敬亭山》：“众鸟高飞尽，孤云独去闲。相看两不厌，只有敬亭山。”

33. 沉着高古

出处：《二十四诗品·沉着》："绿杉野屋，落日气清。脱中独步，时闻鸟声。"《与元九书》："以康乐之奥博，多溺于山水；以渊明之高古，偏放于田园。"

解析：指深沉厚重、高雅古朴的美质风格和境界。

诗化：江上值水如海势聊短述（节选）

［唐］杜甫

为人性僻耽佳句，语不惊人死不休。

老去诗篇浑漫兴，春来花鸟莫深愁。

诗义：我自己向来有喜欢在孤寂中思考寻觅佳句的癖性，如果写不出惊人之语，至死也不肯罢休。如今已经老了，作诗也只随意而已，不再对春天的花鸟愁思苦吟了。

简评：沉着高古是审美的重要内容。沉着指深沉、浑厚、苍茫的美质。高古是指高雅古朴、意境深远的美质。唐代司空图在《二十四诗品》中对高古美质的描述是："畸人乘真，手把芙蓉。泛彼浩劫，窅然空纵。月出东斗，好风相从。太华夜碧，人闻清钟。虚伫神素，脱然畦封。黄唐在独，落落玄宗。"

杜甫的诗歌具有极高的艺术性和思想性，表现为沉着高古、悲慨忧思、含蓄天成、雄浑壮丽等。杜甫的一生，经历了唐王朝由繁盛走向衰败、由强大走向弱小、由统一走向割据的转变时期。天宝十四年（755 年）的安禄山兵变造成了社会大动乱，人民生活陷于苦难。杜甫以高度的社会责任感，站在同情人民的立场上，以具有高度艺术性的诗作全面而深刻地反映了这一时期的真实情况，写就了乱离世事的悲歌，达到了唐代诗歌现实主义的创作高峰。

杜甫的诗歌透过纷纭复杂的现象，以精练的语言表达独特的场景，具有沉着高古之美，如“水深鱼极乐，林茂鸟知归”（《秋野五首》），“无边落木萧萧下，不尽长江滚滚来”（《登高》）。由此及彼，以有限来表现无限，这是“沉着”美的艺术技巧，也是创造美的智慧。

34. 含蓄蕴藉

出处：《朱子语类》："至于上大夫之前，则虽有所诤，必须有含蓄不尽底意思，不知侃侃之发露得尽也。"《升庵诗话》："即孟子所云'乡为生死而不受，今为宫室之美妻妾之奉而为之'者，而含蓄蕴藉如此。"

解析：作品的情感表达自然委婉，藏而不露。多指朴实天然的艺术表现意犹未尽，耐人寻味。

诗化：

江雪

［唐］柳宗元

千山鸟飞绝，万径人踪灭。

孤舟蓑笠翁，独钓寒江雪。

诗义：连绵起伏的高山中，一只飞鸟都没有，所有的路径都没有人的踪迹。江面的孤舟上，渔翁披着蓑戴着笠，不畏冰雪的严寒独自垂钓。

简评：含蓄是指意蕴悠远、难以言传的艺术境界。唐代司空图在《二十四诗品·含蓄》中论述道："不著一字，尽得风流。语不涉己，若不堪忧。是有真宰，与之沉浮。如渌满酒，花时反秋。悠悠空尘，忽忽海沤。浅深聚散，万取一收。"在字面上不露一丝痕迹，却已完全显示出所描绘事物的精神实质。文辞似乎没有牵涉到苦难，可读来却有难忍的忧虑。这是因为心中有真实主宰，便引导我们同它一起沉浮。好像酒在杯中起泡将溢出，好像花要开放又被收住。广阔的天空布满微尘，浩瀚的大海浮动浪沫。它们聚散流动虽有万数，收入笔端的只有其中之一。柳宗元的《江雪》一诗所描绘的是面对寒冷、孤寂的环境，所表现出来的坚强意志和高傲的气节，但字里行间却没有出现过“坚强”“高傲”等字眼，正是所谓的“不著一字，尽得风流”。事物纷繁复杂，需要博采精收。该诗最后一句“独钓寒江雪”还体现出了“浅深聚散，万取一收”的效果。

含蓄之美的营造需要作者有扎实的文化修养、深厚广博的艺术积淀。如唐代贺知章的《回乡偶书·其一》“少小离家老大回，乡音无改鬓毛衰。儿童相见不相识，笑问客从何处来”就是一首具有深厚积淀的比较含蓄的作品。诗中描写诗人的无限感慨：经历了数十年风雨漂泊，如今年迈衰颓回归故里，然而却反主为宾，心头别有一番滋味。全诗虽写哀伤之情，却从欢乐场面入手；虽写自己，却从儿童角度引出。唐代李白的《黄鹤楼送孟浩然之广陵》：“故人西辞黄鹤楼，烟花三月下扬州。孤帆远影碧空尽，唯见长江天际流。”这首诗不仅仅是写景，还是在含蓄地表达诗人对朋友孟浩然的一片深情。这份友情被诗人用烟花三月的春色、放舟长江的宽阔画面、目送孤帆远影的场景，极为传神地表现了出来。又比如五代时期灵云志勤的《无题》：“三十年来寻剑客，几回落叶又抽枝。自从一见桃花后，直至如今更不疑。”诗义是三十年来苦苦寻觅人生的真谛，秋去春来芳华几何。自从看到盛开的桃花便生顿悟，直到如今不再疑惑。该诗是描写作者长期寻求人生真谛的艰难和苦恼，反映思想顿悟开窍的心境，正是“不著一字，尽得风流”。

35.飘逸流动

出处:《二十四诗品·飘逸》:“落落欲往,矫矫不群。缑山之鹤,华顶之云。高人画中,令色絪缊。御风蓬叶,泛彼无垠。如不可执,如将有闻。识者已领,期之愈分。”《二十四诗品·流动》:“若纳水,如转丸珠。夫岂可道,假体如愚。荒荒坤轴,悠悠天枢。载要其端,载同其符。超超神明,返返冥无。来往千载,是之谓乎?”

解析: 指洒脱自然的动作,潇洒脱俗的气质,或清新洒脱、意境高远、流畅自然的美质。通常用飘逸来形容人物气质好,动作自然好看。

诗化:

天净沙·秋

[元] 白朴

孤村落日残霞,
轻烟老树寒鸦,
一点飞鸿影下。
青山绿水,
白草红叶黄花。

诗义: 西下的落日带着几分黯淡的彩霞,映照着孤寂的村庄。薄雾飘起,几只乌鸦栖息在老树上,远处的一只鸿雁飞掠而下,划过天际。青山绿水间,霜白的小草、火红的枫叶、金黄的花朵,在风中一齐摇曳着,分外艳美。

简评：飘逸流动是飞动奔放之美，属于动态之美。动态之美是美质的重要形式。运动是物质及生命存在的形式，人类的审美活动在不断运动的世界中产生。天上云彩的飘动之美，飞禽走兽的运动之美，河流溪涧的流动之美等都是动态之美。

陆游的《秋日杂咏》："正疑白鹭归何晚，一片雪从天际来。"天色已晚，正纳闷为何白鹭还不归来，一片洁白的雪花飘然而至，这是一幅何等飘逸的画卷。欧阳修的《采桑子·轻舟短棹西湖好》："轻舟短棹西湖好，绿水逶迤，芳草长堤，隐隐笙歌处处随。无风水面琉璃滑，不觉船移，微动涟漪，惊起沙禽掠岸飞。"词的大意是西湖景色迷人，划着小舟多么逍遥。碧绿的湖水悠悠，芳草笼罩着长堤，远处传来隐约的音乐声。宁静的湖面光滑得好似琉璃一样，感觉不到船在前进，微微的细浪在船边荡漾。被船惊起的沙鸥，正掠过湖岸飞翔。晏殊的《破阵子·春景》："燕子来时新社，梨花落后清明。池上碧苔三四点，叶底黄鹂一两声。日长飞絮轻。巧笑东邻女伴，采桑径里逢迎。疑怪昨宵春梦好，元是今朝斗草赢。笑从双脸生。"这是描写春天大自然的动态美景。李清照的《如梦令》"常记溪亭日暮，沉醉不知归路。兴尽晚回舟，误入藕花深处。争渡，争渡，惊起一滩鸥鹭"，也是一首表现飘逸流动美质的佳作，读罢让人不由得想与词人一道摇船游荡在荷丛中，嬉戏鸥鹭，共沐夕阳，沉醉不归。

诗人们也通过叙写舞蹈艺术、体育运动等表现飘逸流动之美。如白居易的《霓裳羽衣舞歌》："飘然转旋回雪轻，嫣然纵送游龙惊。小垂手后柳无力，斜曳裾时云欲生。烟蛾敛略不胜态，风袖低昂如有情。"这首诗表现一位舞者轻盈地旋转如随风飘舞的雪花，前进时的飘忽疾速如游龙受惊，时而挥舞轻柔的广袖，若弱柳迎风，时而轻曳罗裙的下摆，似流云缭绕，极具动态美。王维的《寒食城东即事》："溪上人家凡几家，落花半落东流水。蹴鞠屡过飞鸟上，秋千竞出垂杨里。"这是一首描写春天里人们进行蹴鞠、打秋千等游戏活动的诗，也十分具有动态美。

36. 空灵洗练

出处：《闲情偶寄·词曲上·词采》："说话不迂腐，十句之中定有一二句超脱；行文不板实，一篇之内但有一二段空灵，此即可以填词之人也。"《二十四诗品·洗练》："如矿出金，如铅出银。超心炼冶，绝爱缁磷。空潭泻春，古镜照神。体素储洁，乘月返真。载瞻星辰，载歌幽人。流水今日，明月前身。"

解析：空灵指清新灵活、不染俗尘的美感和艺术特质，洗练指简洁凝练的美学特质。这是艺术塑造升华至韵味的高度，体现出的思想性和艺术性都非常成熟。

诗化：

晚春

［宋］释守璋

草深烟景重，林茂夕阳微。
不雨花犹落，无风絮自飞。

诗义：芳草萋萋雾色苍茫，高林茂盛夕阳依稀。虽无风也无雨，但残花凋落，柳絮乱飞。

简评：严羽把空灵描绘为："空中之音，相中之色，水中之月，镜中之象。"（《沧浪诗话·诗辩》）司空图将洗练描绘为："如矿出金，如铅出银。超心炼冶，绝爱缁磷。空潭泻春，古镜照神。体素储洁，乘月返真。载瞻星辰，载歌幽人。流水今日，明月前身。"（《二十四诗品·洗练》）意思是像在矿石中提炼黄金，从铅锭块里提取白银。精心进行提取，去除杂质。深潭流泻的泉水清澈明净，古镜映照的物象传神。体察朴素事理，保持品德高洁，迎着明净月光，求得心神纯真。仰望着星辰的光，歌唱那隐逸的人。作品像清澈的流水，晶莹的月光是它的化身。

空灵洗练是一种高超的艺术境界。贾岛的《寻隐者不遇》是一首极为空灵的短诗："松下问童子，言师采药去。只在此山中，云深不知处。"这首诗简练朴实，所描写的自然景象浓淡相宜，朴实无华。苍苍青松，悠悠白云，虽不见隐者，但总觉得隐者就在眼前。贾岛类似的诗还有："倚杖望晴雪，溪云几万重。樵人归白屋，寒日下危峰。野火烧冈草，断烟生石松。却回山寺路，闻打暮天钟。"（《雪晴晚望》）

历史上王维被称为空灵诗人，空灵洗练是其诗歌的特色，如"木末芙蓉花，山中发红萼。涧户寂无人，纷纷开且落"（《辛夷坞》），体现了禅意无穷、太虚空灵的境界。又如"空山不见人，但闻人语响。返景入深林，复照青苔上"（《鹿柴》），描写空寂的山谷中看不见人影，却能听到人讲话的声音，余晖反射入幽暗的深林，斑驳的树影映在青苔上。诗人以空灵的笔法，描绘了空山深林傍晚的景色。这首诗是诗、画、音乐的完美结合。

传统绘画美学的留白是空灵的一种表现形式。留白注重整体的平衡和谐，注重画面和内涵的协调，在美质上呈现出均衡美、立体美、空灵美的特征。当代水墨画家李可染指出："空白，含蓄，是中国艺术中一门很大的学问。"而另一位大师潘天寿认为："中国画要求有藏有露，即所谓'神龙见首不见尾'。必须留下发人想象的余地，一览无余不是好画。"

空灵超脱也是人生的一种崇高境界，只有让自己的心变得空灵幽静，才能更从容幸福地生活。

37. 典雅清奇

出处：《论衡·自纪》："深覆典雅，指意难睹，唯赋颂耳!"《文心雕龙·体性》："典雅者，镕式经诰，方轨儒门者也。"《诗品臆说》："清对俗浊言，奇对平庸言。"

解析：典雅指优美不粗俗，清奇指诗歌风格的超凡脱俗、奇妙清雅。该词用于指超凡脱俗、清雅奇妙的美质和艺术境界。

诗化：

山居秋暝

［唐］王维

空山新雨后，天气晚来秋。
明月松间照，清泉石上流。
竹喧归浣女，莲动下渔舟。
随意春芳歇，王孙自可留。

诗义：一场初雨后群山显得更加空旷，傍晚的清凉使人感到已是初秋。明月从松树的间隙洒下银色月光，清澈的溪水在岩石上淙淙淌流。竹林中传来阵阵喧闹声，原来是洗衣姑娘归来；莲叶轻摇，便知远处有渔船顺流而下。春日的芳菲不妨任它消失远去，秋日的山中让人可以久留。

简评：典雅一般是指优美不粗俗。清奇指诗歌风格的超凡脱俗、奇妙清雅。唐代司空图所描述的典雅是："玉壶买春，赏雨茅屋。坐中佳士，左右修竹。白云初晴，幽鸟相逐。眠琴绿阴，上有飞瀑。落花无言，人淡如菊。书之岁华，其曰可读。"（《二十四诗品·典雅》）意思是用玉壶装上春酒，在茅屋赏雨自娱。与高雅的名士一起，周围是青翠秀丽的翠竹。初晴的天空白云飘动，深谷的鸟儿互相逐戏。绿阴下倚琴静卧，山顶上瀑布飞珠溅玉。花片轻落，默默无语，幽人恬淡，宛如秋菊。这样的胜境写入诗篇，也许会值得欣赏品读。唐代诗人杜牧的《秋夕》是一首风格典雅的诗："银烛秋光冷画屏，轻罗小扇扑流萤。天阶夜色凉如水，卧看牵牛织女星。"宋代徐玑的《秋行》则宛如一曲清奇的短笛，意境轻快闲适，给人以心灵上的抚慰："戛戛秋蝉响似筝，听蝉闲傍柳边行。小溪清水平如镜，一叶飞来浪细生。"

典雅清奇是王维山水田园诗的典型风格。除《山居秋暝》外，还有《春中田园作》："屋上春鸠鸣，村边杏花白。持斧伐远扬，荷锄觇泉脉。归燕识故巢，旧人看新历。临觞忽不御，惆怅思远客。"《田园乐·其六》："桃红复含宿雨，柳绿更带朝烟。花落家童未扫，莺啼山客犹眠。"《竹里馆》："独坐幽篁里，弹琴复长啸。深林人不知，明月来相照。"……王维的山水田园诗描绘了大自然的美景，同时也表达了闲居生活中的闲逸潇洒情趣，或静谧恬淡，或气象萧索，或幽寂冷清。在山水田园中生活是古代诗人的一大幸事，也是历代诗人追求的情趣。以清胜远的山水田园诗，反映了王维敬重大自然、热爱大自然的理念。当一个人能够以典雅清奇的目光去欣赏这个世界，他的思想和心态就更加内敛、深刻，就能创造出具有美质且厚重的作品。

唐代张继的《枫桥夜泊》也是一首表现典雅清奇美质的优秀作品："月落乌啼霜满天，江枫渔火对愁眠。姑苏城外寒山寺，夜半钟声到客船。"枫桥的小巧，寒山寺的宁静，姑苏城的秀雅，这些都是典雅的美，吸引着这位满怀旅愁的诗人，使他感悟到一种情味隽永的诗意美，写下了这首典雅清奇、流传千古的诗。《枫桥夜泊》的美不仅体现在月色、乌啼、渔火和钟声上，更体现在感悟美之上。感悟美就是对审美对象所包含的美学质素的认知与体验。据悉，每年的元旦和除夕都有成百上千的中外游客远涉重洋来到苏州，在冬夜的寒风中聆听寒山寺的钟声。他们在冰冷的寒风中只为聆听寺院的钟声吗？不，他们是在细细地品味着《枫桥夜泊》这首诗所描绘的典雅清奇的画面，感受着“画者，天地无声之诗；诗者，天地无色之画”的美感，正所谓“竹声铮铮，泉声铮铮，耳非有闻，听于无声”。

38. 婉约绮丽

出处：《文赋》："或清虚以婉约，每除烦而去滥。"《偶题》："前辈飞腾入，余波绮丽为。"

解析： 指诗词的委婉柔美、简约高雅。

诗化：

蝶恋花·春景

［宋］苏轼

花褪残红青杏小。
燕子飞时，绿水人家绕。
枝上柳绵吹又少，天涯何处无芳草。
墙里秋千墙外道。
墙外行人，墙里佳人笑。
笑渐不闻声渐悄，多情却被无情恼。

诗义： 春天将尽，百花凋零，杏树上已经长出了青涩的小果实。燕子飞翔，清澈的河水环绕着村落。柳枝上的柳絮已被吹得越来越少，天边到处都长满了茂盛的芳草。院墙里面，一位少女正在荡秋千，发出了欢快的笑声。围墙外的行人都听到了笑声。可笑声却渐渐地听不见了，行人惘然若失。仿佛自己的多情被少女的无情所伤恼。

简评： 婉约绮丽是古诗词流派中婉约派的主要风格。其作品大都文辞优美，含蓄蕴藉，情景交融，声调和谐。诗词的内容主要是表达故园情怀、男女情爱、离情别绪等，主要代表人物有温庭筠、韦庄、晏殊、欧阳修、秦观、李清照等。

苏轼以文风豪放著称，但也有不少婉约绮丽的作品。他的婉约词的特点是用清浅的忧愁表达旷达的心胸，用深沉的哀愁表达浓重的情爱，用绰约的隐愁表达鲜明的个性。苏轼对传统的婉约词进行了继承与发展，让婉约之风得以发扬。这首《蝶恋花·春景》表露的伤春、惜春之情是明显的婉约风格。而“天涯何处无芳草”“多情却被无情恼”又极有理趣，表达了不被执念所困的人生哲理。

苏轼还有不少婉约绮丽的佳作，如《江城子·乙卯正月二十日夜记梦》：“十年生死两茫茫，不思量，自难忘。千里孤坟，无处话凄凉。纵使相逢应不识，尘满面，鬓如霜。夜来幽梦忽还乡，小轩窗，正梳妆。相顾无言，惟有泪千行。料得年年肠断处，明月夜，短松冈。”又如《阮郎归·初夏》：“绿槐高柳咽新蝉，薰风初入弦。碧纱窗下水沉烟，棋声惊昼眠。微雨过，小荷翻，榴花开欲燃。玉盆纤手弄清泉，琼珠碎却圆。”

39. 芙蓉出水

出处：《诗品·中品》："谢诗如芙蓉出水，颜如错采镂金。"

解析： 比喻诗词清新自然，不庸俗。

诗化：

宿建德江

［唐］孟浩然

移舟泊烟渚，日暮客愁新。

野旷天低树，江清月近人。

诗义： 小船停泊在烟雾迷蒙的小洲边，日落时分一股新愁又涌上游子的心上。旷野无边无际，远处的天空比树还低沉；江水清澈，水中的明月似乎与人更近了。

简评："清水出芙蓉，天然去雕饰。"芙蓉出水的美质是指作品不做作，不雕饰，不堆砌，语言文字精练准确，表现得非常自然，能显露出勃勃生机，富有韵味。芙蓉出水属清新、自然、脱俗的美质，是诗词美的重要创作风格。清代王士禛指出："古之名篇，如出水芙蓉，天然艳丽。"芙蓉出水是一种天然朴实之美。《宿建德江》这首诗淡而有味，含而不露；自然流出，风韵天成，如同芙蓉出水，颇有特色。作者由远到近、由高到低，从天与树、月与人的时空错位角度，虚实结合，相互映衬，互为支撑，构成一个特殊的意境。孟浩然的诗风以清新脱俗为主，表现出自然天成的艺术风格。如《春晓》："春眠不觉晓，处处闻啼鸟。夜来风雨声，花落知多少。"《过故人庄》："故人具鸡黍，邀我至田家。

绿树村边合，青山郭外斜。开轩面场圃，把酒话桑麻。待到重阳日，还来就菊花。”

历代还有许多体现芙蓉出水美质的作品，如唐代王维的《山居秋暝》：“空山新雨后，天气晚来秋。明月松间照，清泉石上流。竹喧归浣女，莲动下渔舟。随意春芳歇，王孙自可留。”诗中的青松、泉水、翠竹、青莲不仅是自然的景色，也通过自然的笔法以物芳而明志洁，表现诗人向往高尚的情操，烘托出诗人理想的境界。王维的《山中》：“荆溪白石出，天寒红叶稀。山路元无雨，空翠湿人衣。”小溪、白石、红叶、山路一同组成了山中初冬景色，自然流露的笔墨，使全诗富于诗情画意，清新明快，意境空蒙。

类似的还有南北朝谢朓的《晚登三山还望京邑》：“余霞散成绮，澄江静如练。喧鸟覆春洲，杂英满芳甸。”唐代方棫的《失题》：“午醉醒来晚，无人梦自惊。夕阳如有意，长傍小窗明。”

40. 凌云健笔

出处:《戏为六绝句》:“庾信文章老更成，凌云健笔意纵横。今人嗤点流传赋，不觉前贤畏后生。”

解析: 指诗词风格笔力劲健、气势高迈而超凡脱俗。

诗化: 水调歌头·赋三门津

［金］元好问

黄河九天上，人鬼瞰重关。
长风怒卷高浪，飞洒日光寒。
似吕梁千仞，壮似钱塘八月，直下洗尘寰。
万象入横溃，依旧一峰闲。
仰危巢，双鹄过，杳难攀。
人间此险何用，万古秘神奸。
不用燃犀下照，未必佽飞强射，有力障狂澜。
唤取骑鲸客，挝鼓过银山。

诗义: 黄河像是从九天上下来，黄河的险峻让人鬼俯瞰而不敢跨越。狂风怒号，波浪滔天，浪花在阳光下闪着寒光。河水所掀起的浪涛似乎高过那吕梁群山，涛声之势堪比那八月的钱塘潮，横空而下，洗尽尘寰。河水巨浪冲斥万象，面对滔天巨浪，砥柱山气定神闲，岿然不动。砥柱山陡峭高峻，宛如危巢，难以攀援。人世间有这样的险峻有何用？越是艰险越能辨别忠奸。不必燃犀角观看水下的景象，也不必轻疾善射，便可力挽狂澜。呼唤那位勇敢的侠客，击着鼓飞越银山。

简评：这首词是元好问的代表作之一，词作凌云健笔，刚健沉雄，气势纵横，想象丰富，为历代豪放词的佳作。元好问还是金代著名文学理论家，他主张天然真淳，反对堆砌雕琢，重视独创精神，对诗歌创作有独到见解。著有传世之作《论诗三十首》，诗中的诗歌理论和文学观点，对后世产生重要影响。其中，“一语天然万古新，豪华落尽见真淳”“纵横诗笔见高情，何物能浇块垒平?”“心画心声总失真，文章宁复见为人”“慷慨歌谣绝不传，穹庐一曲本天然”“万古文章有坦途，纵横谁似玉川卢?”“纵横正有凌云笔，俯仰随人亦可怜”等等，都是凌云健笔、流芳千古之佳句。

凌云健笔属劲健、豪迈、奔放的美质，具有英雄主义、浪漫主义的特色，尤其为李白、杜甫、苏轼等所推崇。唐代司空图将“劲健”解释为：“行神如空，行气如虹。巫峡千寻，走云连风。饮真茹强，蓄素守中。喻彼行健，是谓存雄。”（《二十四诗品》）诗词的风格坦荡如广阔天空，气势充盈好像横贯的长虹。若想写出这样的作品必须保持纯真以及宽阔明朗的胸怀，培育刚强性格，积累质朴品德。

五、音乐篇

乐句在灯光的背后浮动着
你的翅膀在曲线中缓缓展开
像树枝上栖息的一只斑蝶
像鼓翼的风筝，牵在我的手中

是明亮的风掠过草坪的律动么
还是沉浮中目光溅起的波浪
我是被声音翻松的土地
静默中我听见音符咬断草根的声音
——韩作荣《音乐》（节选）

音乐是重要的艺术形式。音乐常常被赋予纯净风气、净化人心的作用，甚至被上升到治国安邦的高度。“凡音者，生于人心者也。乐者，通伦理者也。”“是故审声以知音，审音以知乐，审乐以知政，而治道备矣。”（《礼记·乐记》）优秀的音乐作品必定是正声雅音、天籁之音，具有余音绕梁、高山流水、曲尽其妙、曲终奏雅、八音克谐、朱弦三叹、龙言凤语、驷马仰秣等美质。

41. 正声雅音

出处:《通玄子栖宾亭记》:“其正声雅音,笙师之吹竽,邠人之鼓籥,不能过也。”

解析: 指纯正优雅的音乐。也比喻有益于风教的诗歌和音乐等。

诗化:

临江仙

[宋] 秦观

千里潇湘挼蓝浦,兰桡昔日曾经。
月高风定露华清。
微波澄不动,冷浸一天星。
独倚危樯情悄悄,遥闻妃瑟泠泠。
新声含尽古今情。
曲终人不见,江上数峰青。

诗义: 千里潇湘江上,渡口水波碧绿,屈原大夫的兰舟曾经驶过。明月高悬夜空,清风停息,玉露明洁。此时风平浪静,漫天星斗倒映在冰凉的江水中。独自倚靠着高高的桅杆,沉醉在这美好的夜色之中,远处传来清幽的琴声,似乎在低声地诉说着古今的情怀。一曲终罢不见人影,只看见江上耸立着几座青峰。

简评: 正声是指中和平正之声。“正声感人而顺气应之,顺气成象而和乐兴焉。”(《礼记·乐记》)正声能使人的内心产生正气,正气有助于和乐的产生。“正德以出乐,和乐以成顺。”(《吕氏春秋·音初》）孔子说："兴于《诗》，立于礼，成于乐。"（《论语·泰伯》）人的修炼成长始于学诗，自立于学礼，完成于学乐。这是儒家培养教育人的三个基本层面。诗启迪人的心灵，引导人们接受善与美的教育。礼构建的则是人的道德心灵，形成基本的道德观、价值观和人生观。"凡音者，生于人心者也。乐者，通伦理者也。"（《礼记·乐记》）成于乐是指人的全面塑造阶段，音乐可以把人的心灵和精神提升到最高的境界。"是故审声以知音，审音以知乐，审乐以知政，而治道备矣。"（《礼记·乐记》）通过纯正优雅的音乐教化、纯净人的心灵，可以达到纯洁社会风气的目的。《吕氏春秋》指出："故治世之音安以乐，其政平也；乱世之音怨以怒，其政乖也；亡国之音悲以哀，其政险也。凡音乐通乎政，而移风平俗者也，俗定而音乐化之矣。故有道之世，观其音而知其俗矣，观其政而知其主矣。故先王必托于音乐以论其教。"太平盛世的音乐是安详愉悦的，说明政治安定；乱世的音乐是哀怨、愤怒的，说明政治不稳定；国家灭亡的音乐悲哀凄凉，说明政治出现险恶危机。音乐与政治相通，并可改变风俗，而风俗形成就是音乐教化的作用。

音乐在中华传统文化里占有重要的历史地位，中华传统音乐源远流长，博大精深，丰富多彩。其中《高山流水》《梅花三弄》《夕阳箫鼓》《汉宫秋月》《阳春白雪》《渔樵问答》《胡笳十八拍》《广陵散》《平沙落雁》《十面埋伏》被誉为古典十大名曲，是中国传统音乐的精华。

42. 天籁之音

出处:《庄子·齐物论》:“汝知之乎，汝闻人籁而未闻地籁，汝闻地籁而未闻天籁夫!”

解析: 比喻最美、最动听的声音。

诗化:

赠花卿

［唐］杜甫

锦城丝管日纷纷，半入江风半入云。

此曲只应天上有，人间能得几回闻。

诗义: 锦官城里的音乐声轻柔悠扬，一半随着江风荡漾，一半冉冉飘入了云间。这样的乐曲也许只应该天上才有，人间里哪能听见过几回呢?

简评: 这首诗描写锦城的音乐美妙动人，只有天上才有。天上才有的音乐也只能是天籁之音了。

在古代，人们认为，地籁是从万种窍穴里发出的风声，人籁是指人吹奏丝竹管弦等乐器发出的声音。人籁、地籁都受制于外力，人籁受制于人，地籁受制于风，而天籁则天然自发形成。因此，天籁是自然而然发出的声音。“地籁则众窍是已，人籁则比竹是已，敢问天籁。”“子綦曰：‘夫吹万不同，而使其自己也，咸其自取，怒者其谁邪?’”(《庄子·齐物论》)

“邈仙山之峻极兮，闻天籁之嘈嘈。”(李白《鸣皋歌送岑徵君》)天籁之音用于形容最美的音乐，然而，何为最美的音乐?

庄子认为与“道”相合，顺应自然，源于自然之乐，才是最美的音乐。“夫明白于天地之德者，此之谓大本大宗，与天和者也；所以均调天下，与人和者也。与人和者，谓之人乐；与天和者，谓之天乐。”（《庄子·天道》）《吕氏春秋》认为适中的音乐最美：“夫音亦有适。太钜则志荡，以荡听钜则耳不容，不容则横塞，横塞则振。太小则志嫌，以嫌听小则耳不充，不充则不詹，不詹则窕。太清则志危，以危听清则耳谿极，谿极则不鉴，不鉴则竭。太浊则志下，以下听浊则耳不收，不收则不抟，不抟则怒。故太钜、太小、太清、太浊皆非适也。”

罗洪先认为：“静极初生动即消，无端风雨入清霄。谁知扰扰氛尘内，自有元声在寂寥。”（《天籁》）明代冷谦认为最美的音乐有十六法则：“轻、松、脆、滑、高、洁、清、虚、幽、奇、古、淡、中、和、疾、徐。”“清者。音之主宰。地僻则清。心静则清。气肃则清。琴实则清。弦洁则清。”（《琴声十六法》）明末徐上瀛在《溪山琴况》中提出：“和、静、清、远、古、澹、恬、逸、雅、丽、亮、采、洁、润、圆、坚、宏、细、溜、健、轻、重、迟、速。”二十四况是琴乐的最重要美质。

43. 余音绕梁

出处：《列子·汤问》："昔韩娥东之齐，匮粮，过雍门，鬻歌假食，既去而余音绕梁，三日不绝，左右以其人弗去。"

解析：指歌声或乐曲悦耳动听，耐人回味，使人久久不能忘怀。

诗化：

春夜洛城闻笛

［唐］李白

谁家玉笛暗飞声，散入春风满洛城。
此夜曲中闻《折柳》，何人不起故园情！

诗义：一阵阵悠扬的笛声，不知是从谁家中飘出来？随着缓缓的春风飘荡，传遍整个洛阳城。在这样孤寂的夜晚，听到伤感的《折杨柳》曲子，有谁的思乡之情不会油然而生呢？

简评：《折柳》即《折杨柳》笛曲，是我国古代乐府"鼓角横吹曲"调名，内容多写离情别绪，曲调委婉感人。古典乐曲还有《关山月》《梅花落》等。历代诗人多留有赞颂这些乐曲的诗句。杜甫的《吹笛》："故园杨柳今摇落，何得愁中曲尽生？"王之涣的《凉州词》："羌笛何须怨杨柳，春风不度玉门关。"《列子·汤问》所提的韩娥是春秋时期韩国的民间女歌手，她不但容貌美丽，嗓音优美，而且为人善良。人们听了她的歌声，"一里老幼悲愁，垂涕相对，三日不食，遽而追之""既去而余音绕梁，三日不绝，左右以其人弗去"。韩娥的歌声停止后，余音好像还在绕着屋梁回旋，三日不绝。

历代诗人有许多赞美余音缭绕的诗词，如顾况的《郑女弹筝歌》："郑女八岁能弹筝，春风吹落天上声。一声雍门泪承睫，两声赤鲤露鬐鬣，三声白猿臂拓颊。郑女出参丈人时，落花惹断游空丝。高楼不掩许声出，羞杀百舌黄莺儿。"虞世南的《奉和咏风应魏王教》："逐舞飘轻袖，传歌共绕梁。动枝生乱影，吹花送远香。"周巽的《薄暮动弦歌》："花前起舞青霓裳，弦将白雪声绕梁。秋风洞庭叫鸿雁，春日高台鸣凤凰。"

44. 高山流水

出处:《列子·汤问》:“伯牙善鼓琴,钟子期善听。伯牙鼓琴,志在登高山,钟子期曰:‘善哉!峨峨兮若泰山!’志在流水,钟子期曰:‘善哉!洋洋兮若江河!’伯牙所念,钟子期必得之。”

解析: 指乐曲高妙。也比喻知己或知音,或指山水相映的自然景色。

诗化:

听蜀僧濬弹琴

[唐] 李白

蜀僧抱绿绮,西下峨眉峰。
为我一挥手,如听万壑松。
客心洗流水,馀响入霜钟。
不觉碧山暮,秋云暗几重。

诗义: 蜀僧濬抱着一张绿绮琴,他来自西蜀的峨眉山。他为我挥手弹奏了一首名曲,我好像听到万壑松涛凛凛的风声。高山流水的曲调洗涤我的心灵,余音缭绕融入了秋天那悠扬的霜钟。不知不觉青山已披暮色,秋云也似乎暗淡了几重。

简评: 高山流水具有多重含义,可以指乐曲高妙,也可以比喻知己或知音。知音一说也是因高山流水的曲调而广为人知。传说春秋时期,琴师伯牙有一次在高山上弹琴,樵夫钟子期却能领会哪一段是表达“巍巍乎志在高山”,哪一段是描述“洋洋乎志在流水”的含义。伯牙惊曰:“善哉,子之心与吾同。”钟子期死后,伯牙痛失了这位知音，摔琴断弦，终身不弹，故有“高山流水”之说。

《高山流水》是中国十大古曲之一，为古琴曲，有古琴版和古筝版。唐代分为《高山》《流水》二曲，前者表现高山的雄伟与高大，寓意仁者乐山；后者表现流水的轻柔与明净，表达智者乐水之意，全曲气势宏大、深邃高妙。两千多年来，《高山》《流水》这两首古琴曲承载着伯牙鼓琴遇知音的故事，成为著名的古曲。伯牙钟子期的知音佳话，也成为了历代文人在人生旅途上期盼志同道合知己的寄托，成就了大量寻觅知音、珍惜知音、怀念知音的佳作。比如唐代高适的《别董大》：“千里黄云白日曛，北风吹雁雪纷纷。莫愁前路无知己，天下谁人不识君？”宋代欧阳修的《玉楼春》：“两翁相遇逢佳节，正值柳绵飞似雪。便须豪饮敌青春，莫对新花羞白发。人生聚散如弦筈，老去风情尤惜别。大家金盏倒垂莲，一任西楼低晓月。”宋代岳飞的《小重山》：“昨夜寒蛩不住鸣。惊回千里梦，已三更。起来独自绕阶行。人悄悄，帘外月胧明。白首为功名。旧山松竹老，阻归程。欲将心事付瑶琴。知音少，弦断有谁听？”

45. 曲尽其妙

出处:《文赋·序》:“故作《文赋》以述先士之盛藻，因论作文之利害所由，他日殆可谓曲尽其妙。”

解析: 比喻委婉细致地把美妙之处全部表达出来。

诗化: 琵琶行（节选）

［唐］白居易

千呼万唤始出来，犹抱琵琶半遮面。
转轴拨弦三两声，未成曲调先有情。
弦弦掩抑声声思，似诉平生不得意。
低眉信手续续弹，说尽心中无限事。
轻拢慢捻抹复挑，初为《霓裳》后《六幺》。
大弦嘈嘈如急雨，小弦切切如私语。
嘈嘈切切错杂弹，大珠小珠落玉盘。
间关莺语花底滑，幽咽泉流冰下难。
冰泉冷涩弦凝绝，凝绝不通声渐歇。
别有幽愁暗恨生，此时无声胜有声。
银瓶乍破水浆迸，铁骑突出刀枪鸣。
曲终收拨当心画，四弦一声如裂帛。
东船西舫悄无言，唯见江心秋月白。

诗义: 千呼万唤她才缓缓地走出来，怀里还抱着琵琶半遮着脸。她拧紧琴轴拨动琴弦试弹了几声，未成曲调前琴音就充满思情。弦弦凄楚悲切声音隐含着沉思，似乎在诉说着平生的不顺意。

她低着头随手连续地弹个不停，用琴声把无限的往事说出来。轻轻地拢，慢慢地捻，一会儿抹，一会儿挑。一开始弹起了《霓裳羽衣曲》，然后又弹起《六幺》，大弦浑宏悠长嘈嘈如暴风骤雨，小弦和缓幽细切切如窃窃细语。嘈嘈声切切声互为交错地弹奏，就像大珠小珠一颗颗散落玉盘。琵琶声一会儿像花间里婉转流畅的鸟语声，一会儿又像水在冰下流动受阻艰涩低沉、呜咽断续的声音。好像冰泉冷涩琵琶声开始凝结，凝结而不通畅声音渐渐地中断。像另有一种愁思幽恨暗暗滋生，此时暂时的无声却比有声更动人。突然间，好像银瓶撞破水浆四溅，又好像铁甲骑兵厮杀刀枪齐鸣。一曲终了，她对准琴弦中心划拨，四弦一声轰鸣好像撕裂了布帛一般。东船西舫的人都静悄悄地聆听，万籁寂静，唯有江心之中映着洁白的秋月。

简评：白居易在《琵琶行》中，通过一系列生动的比喻，使音乐的听觉形象变成了视觉形象。有落玉盘的大珠小珠，有流转花间的黄鹂，有突然而起的银瓶乍裂、铁骑金戈，它使听者时而悲凄、时而舒缓、时而心旷神怡、时而又惊心动魄。“东船西舫悄无言，唯见江心秋月白。”听众都入迷了，演奏已经结束，而大家还沉浸在音乐的境界里，周围鸦雀无声，只有水中倒映着一轮明月。诗人把琵琶女的高超技艺描写得淋漓尽致，曲尽其妙。香山居士白居易对音乐艺术情有独钟，他的《夜筝》“紫袖红弦明月中，自弹自感暗低容。弦凝指咽声停处，别有深情一万重”又带给人不同的体验。

曲尽其妙还可以用在为人处世的方法之中，“处世间法，或伸或屈。用观察智，无固无必。出世间法，勿违勿失。用决定信，惟精惟一。曲尽其妙，退藏於密”。（晁迥《并用存心微妙诀》）

46. 曲终奏雅

出处:《史记·司马相如列传赞》:"相如虽多虚辞滥说，然其要归引之节俭，此与诗之风谏何异。扬雄以为靡丽之赋，劝百风一，犹驰骋郑卫之声，曲终而奏雅，不已亏乎?"

解析: 指乐曲在结束的时候奏出了最雅正的乐章。也形容文章或艺术作品在结尾显得特别精彩，达到最高潮。

诗化: 江城子·湖上与张先同赋时闻弹筝

［宋］苏轼

凤凰山下雨初晴，水风清，晚霞明。
一朵芙蕖，开过尚盈盈。
何处飞来双白鹭，如有意，慕娉婷。
忽闻江上弄哀筝，苦含情，遣谁听!
烟敛云收，依约是湘灵。
欲待曲终寻问取，人不见，数峰青。

诗义: 雨后初晴的凤凰山，风清云淡，鲜明的晚霞映衬着湖光山色。湖面上的一朵莲花亭亭玉立，盛开之后依然轻盈美丽。不知从何处飞来一对白鹭，好像被这朵莲花吸引了一样，特意来欣赏花的美丽姿态。江上忽然传来了哀伤的调子，满含着悲苦，这样忧伤的曲调有谁忍心去听?烟霭为之敛容，云彩为之收色，这曲子就好像是湘水女神在奏瑟倾诉自己的哀伤。一曲终了，她已经飘然远去，只见青翠的山峰，仍然伫立在水边，仿佛那哀怨的乐曲仍然缭绕在山水之间。

简评：曲终奏雅是表现中华传统美学大团圆、大美满的意境的方式之一。曲终奏雅的“大团圆”“大圆满”也是我国古代艺术作品的特征，尤其是明清时期的戏剧作品。王国维指出：“吾国人之精神，世间的也，乐天的也，故代表其精神之戏曲、小说，无往而不著此乐天之色彩：始于悲者终于欢，始于离者终于合，始于困者终于亨。非是而欲餍阅者之心，难矣。”（《〈红楼梦〉评论》）“永老无别离，万古常完聚，愿天下有情的都成了眷属。”（《西厢记》）《西厢记》《牡丹亭》《长生殿》等都是以曲终奏雅的大圆满为结局，这是符合我国传统美学中“和谐圆满”的审美理念和审美追求的。即便是故事非常悲凄的《孔雀东南飞》，在焦仲卿和刘兰芝为爱殉情后，也在作品的结尾以充满浪漫色彩的手法来铺排：“两家求合葬，合葬华山傍。东西植松柏，左右种梧桐。枝枝相覆盖，叶叶相交通。中有双飞鸟，自名为鸳鸯。仰头相向鸣，夜夜达五更。”以焦刘的合葬，枝叶的相交，鸟儿的双飞，鸳鸯的和鸣，象征男女主人公的爱情延绵不绝，终成眷属，以满足人们的审美追求。

曲终奏雅的表现手法也常常体现在诗文戏剧之中。陶宗仪说：“乔吉博学多能，以乐府称，尝云：‘作乐府亦有法，曰凤头、猪肚、豹尾六字是也。’大致起要美丽，中要浩荡，结要响亮。尤贵在首尾贯穿，意思清新。”（《南村辍耕录》）文章开头要精彩夺目，引人入胜，美如凤头；主体丰满厚实，紧凑势雄，实如猪肚；结尾要转出别意，雄劲潇洒，劲如豹尾。“仰天大笑出门去，我辈岂是蓬蒿人。”（李白《南陵别儿童入京》）“人生如逆旅，我亦是行人。”（苏轼《临江仙·送钱穆父》）“问君能有几多愁？恰似一江春水向东流。”（李煜《虞美人·春花秋月何时了》）“落红不是无情物，化作春泥更护花。”（龚自珍《己亥杂诗》）这些都是“曲终奏雅”在诗词作品里的表现，这样的神来之笔，让人回味无穷、感慨万千。

47. 八音克谐

出处:《尚书·尧典》:“诗言志，歌永言，声依永，律和声，八音克谐，无相夺伦，神人以和。”

解析: 指多种声音调和在一起，构成美妙和谐、悦耳动听的乐声。

诗化: 听安万善吹觱篥歌（节选）

［唐］李颀

世人解听不解赏，长飙风中自来往。
枯桑老柏寒飕飗，九雏鸣凤乱啾啾。
龙吟虎啸一时发，万籁百泉相与秋。
忽然更作渔阳掺，黄云萧条白日暗。
变调如闻杨柳春，上林繁花照眼新。
岁夜高堂列明烛，美酒一杯声一曲。

诗义: 人们只会听曲子的音却不懂得欣赏曲子的含义，奏乐的人就像独行在暴风之中。像风吹枯桑老柏沙沙作响，又像九只雏凤鸣啾啾啼叫。似龙吟虎啸同时爆发，如秋天的百泉交汇万籁齐鸣。突然变作低沉悲壮的《渔阳掺》，白日顿时又是乌云翻飞。再变为如同《杨柳枝》般轻快的曲调，让人仿佛置身于上林苑的繁花中。除夕夜高堂明照，喝杯美酒再欣赏一支觱篥曲。

简评: 八音克谐是指八类乐器所发出的不同声音，在整体上产生和谐美妙的效果。“八音”是指金、石、土、革、丝、木、匏、竹这八类材质制作出的乐器奏出的声音。金是指以金属制造的乐器，如钟、铃、镈、锣、铙等。石指的是以石或玉制成的乐器，如石磬和玉磬。土是以泥土烧制而成的埙、缶等。革是用兽皮为主要材料制成的乐器，如鼓等。丝是指以蚕丝等物做弦的琴和瑟等乐器。木是用木板制成的乐器。匏是指用葫芦制作而成的笙、竽等乐器。竹是以竹子制成的箫、管等乐器。

八类不同材质制作的乐器所发出的声音音色有所不同，各有千秋。“金尚羽，石尚角，瓦丝尚宫，匏竹尚议，革木一声。”（《国语·周语》）金属乐器演奏的声音洪亮，音质饱满，音色清脆，代表着中国古代乐器的金石之声，金属乐器中最重要的是编钟。石制类乐器的音质特点是铿锵洪亮，磬是比较常见的石制乐器。土制的埙音色悠远低沉，深厚婉转，音质圆润。

八音克谐既是对音乐整体协调性的美学要求，也是对艺术作品的整体协调性的要求。“声一无听，物一无文”（《国语·郑语》），意思是单一的声音无法奏出美妙的音乐，单一的颜色无法构成美丽的花纹。

48. 朱弦三叹

出处：《礼记·乐记》："《清庙》之瑟，朱弦而疏越，一倡而三叹，有遗音者矣。"

解析：指音乐美妙动听。

诗化：

听流人水调子

［唐］王昌龄

孤舟微月对枫林，分付鸣筝与客心。
岭色千重万重雨，断弦收与泪痕深。

诗义：夜晚，一弯月儿照着江面上的孤舟，两岸是黑黝静默的枫林。孤独的旅人演奏着低婉压抑的筝乐，充满了惆怅的乡愁。就像是绵绵的秋雨，飘洒在山岭之上。突然，筝弦断了，乐曲停止，弦断之处，泪水已经湿透了衣衫。

简评：朱弦即练朱弦，用练丝即熟丝制作的琴弦。丝弦乐器的种类比较多，有琴、瑟、筝、箜篌、秦琴、琵琶、三弦、胡琴等。琴的音色千变万化，丰富多彩，十分优美。古琴音色分三大类，即泛音、散音和按音。泛音清脆高远，轻盈活泼；散音浑厚沉着，内敛坚实；按音婉约柔情，圆润细腻。

琴在中国传统音乐具有重要的地位，古琴被视为完善人格、实现人生理想的工具之一。"众器之中，琴德最优，故缀叙其所怀，以为之赋。"（嵇康《琴赋》）"故学道者，审音者也。于八音之中，以一音而调五声，惟琴为然。"（徐上瀛《溪山琴况》）古人总结出 16 种琴声，4 大类演奏技艺，8 种表现方式和 24 种最美的音质，并创作了《绿水》《游春》《长清》《短清》《酒狂》《离骚》《潇湘水云》等数以百计的琴曲，形成了《新论—琴道》《琴操》《琴史》《琴律说》《琴议》《论琴》《溪山琴况》等理论著作。在中国音乐上，古琴独领风骚，有完善的记谱法、丰富的作品、系统的演奏理论和美学思想等。

49. 龙言凤语

出处：《会仙歌》："轻轻蒙蒙，龙言凤语何从容，耳有响兮目无踪。"

解析：比喻曼妙悠扬的音乐之声。

诗化：

风中琴

［唐］卢仝

五音六律十三徽，龙吟鹤响思庖羲。
一弹流水一弹月，水月风生松树枝。

诗义：风中琴发出五音六律动人的乐曲声，像是龙的吟啸、鹤的啼鸣，使人浮想联翩，怀念起中华人文之祖、琴的发明者——伏羲。风中琴一会儿在弹奏流水，一会儿在弹奏明月，又宛若流水和明月伴随着清风，在苍茫的松林里掀起了阵阵涛声。

简评：古代的"五音六律"指音乐，"十三徽"指琴弦上指示音节的 13 个标志。庖羲，又名伏羲，有人文之祖之称，对中华文化有着极为重要的贡献。据称庖羲氏发明了琴。"琴，伏羲所造，长七尺二寸而有五弦。"（《广雅》）蔡邕的《琴操》中说："伏羲氏作琴，弦有五者，象五行也。"中国文人雅士把琴作为追求和寄托恬逸、虚静、致远境界的方式之一。这样的寄托和追求体现在大量与琴有关的诗词里，如白居易的《清夜琴兴》："月出鸟栖尽，寂然坐空林。是时心境闲，可以弹素琴。清泠由木性，恬澹随人心。心积和平气，木应正始音。响余群动息，曲罢秋夜深。正声感元化，天地清沉沉。”白居易的《和顺之琴者》：“阴阴花院月，耿耿兰房烛。中有弄琴人，声貌俱如玉。清泠石泉引，雅澹风松曲。遂使君子心，不爱凡丝竹。”常建的《江上琴兴》：“江上调玉琴，一弦清一心。泠泠七弦遍，万木澄幽阴。能使江月白，又令江水深。始知梧桐枝，可以徽黄金。”

我国古代比较著名的琴曲有《高山流水》《广陵散》《酒狂》《幽兰》《梅花三弄》《霓裳》《阳关三叠》《离骚》《潇湘水云》《海青拿天鹅》《十面埋伏》，等等。

50.驷马仰秣

出处:《淮南子·说山训》:“伯牙鼓琴,驷马仰秣;介子歌龙蛇而文君垂泣。”

解析: 指驾车的马都驻足仰首,谛听琴声。形容音乐美妙动听。

诗化:

李凭箜篌引

[唐] 李贺

吴丝蜀桐张高秋,空白凝云颓不流。
江娥啼竹素女愁,李凭中国弹箜篌。
昆山玉碎凤凰叫,芙蓉泣露香兰笑。
十二门前融冷光,二十三丝动紫皇。
女娲炼石补天处,石破天惊逗秋雨。
梦入坤山教神妪,老鱼跳波瘦蛟舞。
吴质不眠倚桂树,露脚斜飞湿寒兔。

诗义: 吴丝蜀桐制成的箜篌在深秋之夜奏起。听到美妙的乐声,夜空上的白云凝聚起来不再飘游。江娥泪洒斑竹,素女也深受感染满怀忧愁。这都是因为李凭在京城弹奏了箜篌。乐声清脆动听得就像昆仑美玉击碎,凤凰啼鸣,时而使芙蓉在露水中饮泣,时而使香兰开怀欢笑。清脆的乐声,融和了长安城十二门前的清冷氛围。二十三根弦丝高弹轻拨,美妙和谐,打动了高高在上的天帝。高亢的乐声直冲云霄,好似到达女娲炼石补过的天际,冲破补天的五彩石,使绵绵的秋雨纷纷落下。幻觉中仿佛乐工进入了神山，把技艺向美丽的女仙传授；老鱼兴奋得在波中跳跃，瘦蛟也翩翩起舞乐悠悠。月宫中吴刚被乐声吸引，彻夜不眠在桂树下逗留；桂树下的兔子冒着飕飕的寒风，伫立聆听！

简评：李凭是唐宪宗时期比较受欢迎的宫廷乐师。李贺这首诗用一系列夸张、比喻的修辞手法，再现了李凭弹奏箜篌的高超技艺；用大量笔墨来渲染乐曲惊天地、泣鬼神的动人效果；运用大量的联想、想象和神话传说，使作品充满浪漫主义色彩。全诗语言峭丽，构思新奇。

箜篌是中国古代的一种弹弦乐器，距今有两千多年历史。其音域宽广、音色柔美清澈，表现力极强。《史记·封禅书》记载："于是塞南越，祷祠太一，后土，始用乐舞，益召歌儿，作二十五弦及空侯琴瑟自此起。"《隋书·音乐志》记载："今曲项琵琶、竖头箜篌之徒，并出自西域，非华夏之乐器。"箜篌在古代有卧箜篌、竖箜篌、凤首箜篌三种形制。箜篌的音质清亮、空灵、浮泛、飘忽，宛如泠泠的清泉之声。

六、书画篇

不经意的
那么轻轻一笔
水墨次第渗开
大好河山为之动容
为之颤栗　为之
晕眩

所幸世上还留有一大片空白
所幸
左下侧还有一方小小的印章
面带微笑
——洛夫《水墨微笑》

书画艺术是中华传统美学的一朵奇葩，具有独特的审美风格，一笔一画都闪烁着智慧之光，折射着民族精神和人格的力量。书画的美有入木三分、骨法用笔、质直浑厚的劲健，有笔走龙蛇、行云流水、龙蛇飞动的潇洒飘逸，也有烘云托月、画龙点睛的神妙，更有立象尽意、淡墨清岚的气韵。

51. 入木三分

出处：《书断・王羲之》："晋帝时，祭北郊，更祝版，工人削之，笔入木三分。"

解析：形容书法笔力刚劲。也比喻见解、分析、论断深刻。

诗化：

王右军

［唐］李白

右军本清真，潇洒出风尘。
山阴遇羽客，爱此好鹅宾。
扫素写道经，笔精妙入神。
书罢笼鹅去，何曾别主人！

诗义：王羲之天性清朗天真，潇洒的品性超脱风尘。在浙江山阴，王羲之遇到一位养鹅的道士，对他的鹅痴迷厚爱。为得到道士的鹅，王羲之为道士挥毫写下道经，笔法入木三分，出神入化。写罢，王羲之赶着道士赠予的白鹅飘然而去，无暇回头谢别主人。

简评：王羲之，东晋时期著名书法家，曾官封右军，史上有"书圣"之称。其书法艺术广采众长，备精诸体，精研体势，心摹手追，自成一家，兼善隶、草、楷、行等各体，风格平和自然，笔势委婉含蓄、遒美健秀。其代表作《兰亭集序》被誉为天下第一行书。据传，王羲之曾到一位门生家做客，一时兴起，提起笔在一张新做的条几上写下《梁甫吟》，字写得笔力雄健，气势奔放。门生的父亲不识货，觉得新做的条几上写满字很可惜，就拿湿抹布去擦。擦了一遍又一遍，墨色是淡了，可字迹老是去不掉。老人最后拿刀来刮了半日，才把几面上的字清除干净。消息传开，人们用“入木三分”来形容王羲之的书法遒劲有力。

中华传统美学十分注重骨风，所谓的“骨风”是指通过语言、笔法、画法以及结构等审美形式所表现出来的刚健有力或柔中带刚的艺术风格。“入木三分”即属此类。宋徽宗赵佶的《秾芳诗帖》“零露沾如醉，残霞照似融。丹青难下笔，造化独留功。舞蝶迷香径，翩翩逐晚风”，书法字体潇洒，笔致劲健，有入木三分之笔力，被誉为瘦金体的巅峰之作。《文心雕龙·体性》曰：“辞为肌肤，志实骨髓。”清代赵翼称：“向来枉自求知己，垂老今才得替人。入木三分诗思锐，散霞五色物华新。”（《瓯北诗钞》）

中国书画艺术非常重视骨法用笔。入木三分是骨法用笔，属刚健遒劲的美质。南齐谢赫认为：“风范气候，极妙参神。但取精灵，遗其骨法。”（《古画品录》）唐代荆浩指出凡笔有四势：“谓筋、肉、骨、气。笔绝而不断谓之筋；起伏成实谓之肉；生死刚正谓之骨；迹画不败谓之气。”（《笔法记》）精神刚正、有生命力量之势的叫做骨。苏轼说：“书笔有神、气、骨、肉、血，五者阙一，不为成书也。”（《论书》）南宋赵孟坚指出：“态度者，书法之馀也；骨格者，书法之祖也。”（《论书法》）

52. 笔走龙蛇

出处:《送元大》:“胸中翻锦绣，笔下走龙蛇。”

解析: 比喻书法或文章洒脱雄健，很有气势。

诗化: 草书歌行（节选）

［唐］李白

少年上人号怀素，草书天下称独步。
墨池飞出北溟鱼，笔锋杀尽中山兔。
八月九月天气凉，酒徒词客满高堂。
笺麻素绢排数箱，宣州石砚墨色光。
吾师醉后倚绳床，须臾扫尽数千张。
飘风骤雨惊飒飒，落花飞雪何茫茫!
起来向壁不停手，一行数字大如斗。
怳怳如闻神鬼惊，时时只见龙蛇走。
左盘右蹙如惊电，状同楚汉相攻战。

诗义: 年少的怀素和尚，草书技艺风格奇特，独傲天下。他的草书犹如墨池里飞出北溟鲲鱼，气势磅礴；其笔锋遒劲犀锐，仿佛可杀尽山中狡兔。秋高气爽，诗人坐满高堂。地上摆满了白布和纸笺，大家都希望请他书写题字。桌上的石砚黝黑发亮。怀素喝醉后就在绳床上小眯一会，之后突然起身，转眼间横扫了几千张纸。如同疾风骤雨，飒飒惊魂；又像落花飞雪飘飘扬扬，苍苍茫茫。怀素和尚时而对着粉白的墙壁手不停笔，字大如斗。观看书写的人个个神魂颠倒，满眼的龙飞蛇走。笔势左盘右收，如同漫天的闪电，又像楚汉之争你攻我退。

简评：怀素（725—785），唐代书法家，字藏真，僧名怀素，俗姓钱，汉族，今湖南永州零陵人，年幼出家为僧。书法史上称他的草书为“狂草”。怀素用笔圆劲有力，奔放流畅，一气呵成，与唐代另一名草书家张旭齐名，人称“张颠素狂”或“颠张醉素”。怀素主要作品有《自叙帖》《苦笋帖》《食鱼帖》《圣母帖》《论书帖》《大草千字文》《小草千字文》《四十二章经》《千字文》《藏真帖》《七帖》《北亭草笔》等。

笔走龙蛇属矫健、狂放、飘逸、生动的美质。狂放不羁，不守成法，淋漓尽致，自由发挥艺术家的才艺和独特风格，在书法、绘画和诗赋文辞中都有体现。魏末晋初杨泉认为：“惟六书之为体，美草法之最奇。杜垂名于古昔，皇著法乎今斯。字要妙而有好，势奇绮而分驰。”（《草书赋》）东汉蔡邕赞狂草曰：“为书之体，须入其形。若坐若行，若飞若动，若往若来，若卧若起，若愁若喜，若虫食木叶，若利剑长戈，若强弓硬矢，若水火，若云雾，若日月。纵横有可象者，方得谓之书矣。”（《笔论》）

53. 行云流水

出处：《答谢民师书》："所示书教及诗赋杂文，观之熟矣，大略如行云流水，初无定质，但常行于所当行，常止于不可不止。"

解析： 形容书法、绘画等艺术作品自然流畅。

诗化：

醉后赠张九旭

［唐］高适

世上谩相识，此翁殊不然。
兴来书自圣，醉后语尤颠。
白发老闲事，青云在目前。
床头一壶酒，能更几回眠？

诗义： 世上的人广交朋友，而这位老翁却不一样。兴致一来书法自然天成，醉酒之后语言豪放癫狂。老来恬然自乐，不问他事，眼睛里只有狂荡不羁的草书，宛如天上的白云自由飘荡。床头上总放着一壶酒，人生能有几回醉呢？

简评： 张旭（675—约 750），字伯高，唐朝吴县（今江苏苏州）人，以草书著名，生性好酒。主要作品有《古诗四帖》《草书心经》等。据《旧唐书》记载，张旭每醉后号呼狂走，索笔挥洒，时称张颠。他的字奔放豪逸，笔画连绵不断，有着飞檐走壁之险；落笔力顶千钧，倾势而下，行笔婉转自如，有急有缓地荡漾在舒畅的韵律中。草书之美其实就在于信手即来，一气呵成，给人以痛快淋漓之感。

行云流水属自然、流畅、飘逸的美质。行云流水的最主要美质是“逸”，“逸”在审美意境中地位最高的表现形式为神逸、飘逸。黄休复指出：“画之逸格，最难其俦。拙规矩于方圆，鄙精研于彩绘，笔简形具，得之自然，莫可楷模，出于意表，故目之曰逸格尔。”（《益州名画录》）逸格定位，是绘画艺术最难达到的艺术境界，只有独出心裁、造诣精深的杰出画家才能胜任。“逸”的美质有着丰富的内涵：一是强调虚隐、朦胧状态。技艺表现在有与无、虚与实之间。谢赫表示：“出入穷奇，纵黄逸笔，力遒韵雅，超迈绝伦。”（《古画品录》）二是表现脱尘遗世，超然淡泊。皎然说：“体格闲放曰逸。”（《诗式》）三是自然随性，见素抱朴。董其昌指出：“画家以神品为宗极，又有以逸品加于神品之上者，曰出于自然而后神也。”（《画旨》）

54. 龙蛇飞动

出处:《西江月·平山堂》:“三过平山堂下，半生弹指声中。十年不见老仙翁。壁上龙蛇飞动。”

解析: 形容书法笔势的劲健生动。

诗化:

草书屏风

［唐］韩偓

何处一屏风，分明怀素踪。
虽多尘色染，犹见墨痕浓。
怪石奔秋涧，寒藤挂古松。
若教临水畔，字字恐成龙。

诗义: 不知从何处寻得的这个屏风，上面分明有怀素的书法笔迹。虽然灰尘覆盖、颜色沾染，但还能清晰辨认出厚重的墨痕。写的字的点宛如秋天里山涧的怪石，竖和勾笔画就像枯藤倒挂在古松下。如果把屏风放到水边，恐怕每个字都要化成蛟龙，畅游到水里去了。

简评: 草书是我国的五大书体之一，其主要的美质特点：一是气势恢宏。结字的正欹呼应，章法的疏密大小及黑白变化较大，波澜壮阔，气势非凡，给人以力量和遐想。二是节奏鲜明。草书行笔的轻重起伏、提按收放、顿挫跌宕、偃仰徐疾等各种手法，创造出千姿百态的构型，给人以视觉的冲击与震撼。三是构图奇妙。草书采取疏密虚实、大小正欹、粗细轻重等构图，表现出书法的不同魅力。四是阴阳和谐。草书通过点画行笔的技巧手法，枯涩湿润、险绝平稳、欹正逶迤、空旷密集、墨白浓淡、粗旷纤细之间追求与体现着阴阳对立统一的和谐之美。

唐代书法评论家孙过庭对草书评论道："观夫悬针垂露之异，奔雷坠石之奇，鸿飞兽骇之姿，鸾舞蛇惊之态，绝岸颓峰之势，临危据槁之形。或重若崩云，或轻如蝉翼；导之则泉注，顿之则山安；纤纤呼似初月之出天涯，落落呼犹众星之列河汉；同自然之妙有，非力运之能成，信可谓智巧兼优，心手双畅，翰不虚动，下必有由。一画之间，变起伏于锋杪；一点之内，殊扭挫于毫芒。"（《书谱》）

55. 质直浑厚

出处：《苕溪渔隐丛话前集·韩吏部下》："语多质直浑厚，计应似其为人。"

解析：指书法等艺术作品质朴厚重。常用以形容书法、诗文等的笔力、风格。

诗化：

和楼志国范君武读

胡尉临安所获颜鲁公书断碑（节选）

［宋］强至

不由名氏验体法，气质浑厚知颜筋。
点端屹如泰山立，画劲森似长戟陈。
宁同枣木浪传刻，少陵尤恶肥失真。
苍茫疑闻地灵泣，为失此石后土贫。

诗义：不去追寻作者的落款姓氏，看那气质浑厚庄严的字体就知道是颜体。点落得端庄若泰山耸立，横竖劲健好比长戟列阵。宁愿用枣木刻成雕版传给后世，杜甫尤其厌恶字体臃肥失真。天地辽阔，好像听见大地在哭泣，因为失去此颜体的碑文，大地将变得贫瘠。

简评："不由名氏验体法，气质浑厚知颜筋。""颜体"是唐代书法家、军事家、诗人颜真卿所创作的一种楷书字体。颜体的艺术风格是楷书结体方正茂密，笔画横轻竖重，笔力雄强圆厚，气势庄严雄浑。清代王文治有诗赞颜书曰："曾闻碧海掣鲸鱼，神力苍茫运太虚。间气古今三鼎足，杜诗韩笔与颜书。”（《论书绝句》）颜真卿的书法艺术主要有三个阶段，一是立坚实骨体，求雄媚书风；二是究字内精微，求字外磅礴；三是臻神明变化，与生命烂漫。主要的书法作品有《多宝塔感应碑》《麻姑山仙坛记》《东方朔画像碑》《颜勤礼碑》《颜氏家庙碑》等。历史上颜真卿还是文武双全、秉性正直、笃实纯厚、刚正威武的忠臣。宋代李行中有诗赞曰：“平生肝胆卫长城，至死图回色不惊。世俗不知忠义大，百年空有好书名。”（《读颜鲁公碑》）

质直浑厚属质朴、雄浑、厚重的美质。浑厚的审美境界主要是：其一，艺术表现神妙，意境浑厚；其二，艺术功力深厚，笔力厚重；其三，艺术内涵丰富，情谊深厚。

56. 骨法用笔

出处：《古画品录》："夫画品者，盖众画之优劣也。图绘者，莫不明劝戒、著升沉，千载寂寥，披图可鉴。虽画有六法，罕能尽该。而自古及今，各善一节。六法者何？一，气韵生动是也；二，骨法用笔是也；三，应物象形是也；四，随类赋彩是也；五，经营位置是也；六，传移模写是也。"

解析：比喻书画等艺术作品用笔有骨力。

诗化：

题范宽小雪山图

［元］郑东

雪压寒林万木垂，经旬不与野人期。

蹇驴借得如黄犊，犹怕山桥不敢骑。

诗义：厚厚的积雪把树木压得低垂，好久不与山里的猎户相聚了。骑着骨瘦如柴的驴子，驴子笨得如同一头小牛，最害怕的是过险峻的山桥，都不敢骑了。

简评：骨法用笔是书画艺术的重要审美风格。南宋赵孟坚指出："态度者，书法之馀也；骨格者，书法之祖也。今未正骨格，先尚态度，几何不舍本而求末耶？戒之，戒之。"（《论书法》）姿态是书法的末节，骨格才是书法的根本。范宽是宋代画家，善画山水，以山水画和雪景图著称。范宽的传世作品有《溪山行旅图》《雪景寒林图》《雪山萧寺图》。其艺术风格以落笔雄伟老硬，骨法用笔著称。宋代冯时行称赞范宽的作品骨感鲜明："画山画骨更画魂，范宽此中高出群。”范宽作画时用笔苍劲，气魄宏伟，景物逼真，山势逼人。前人评价范宽山水画的风格特点是：“峰峦浑厚，势状雄强，抢笔俱匀，人屋皆质。”（郭若虚《图画见闻志》）“真石老树，挺生笔下，求其气韵，出于物表，而又不资华饰。”（刘道醇《圣朝名画评》）

其中，《溪山行旅图》画中巍峨的高山矗立在画面正中，占有三分之一的画面，顶天立地，壁立千仞，予人以雄伟的气势；“画山画骨更画魂”，表现出峰峦浑厚、势状雄强、远望不离座外的突兀构图；采取远取其势、近取其质的手法，配以枯老、劲硬的墨线勾勒和均匀、浑厚的雨点皴技巧，体现出范宽山水画充满质感、量感的雄武的美质。而《雪景寒林图》《雪山萧寺图》都表现山势雄厚、雪景深莽的壮丽美质，画风笔墨浓重润泽、层次分明。以粗壮的线条勾勒山石、林树，结实、严紧，山石质感鲜明，体现出特有的“写山真骨”“与山传神”的精湛技艺。

诗人们特别欣赏范宽的山水画和雪景图。“大雪洒天表，孤峰入云端。何人向渔艇，拥褐对巑岏。”（文同《范宽雪中孤峰》）“岩壑层层古，全非近日山。山中最深处，置我于其间。”（释函可《题范宽真迹》）“巧将墨汁染鹅溪，远势高分近却低。忆昔天坛坛上望，日精东畔月华西。”（岳正《题范宽山水卷》）“冈峦楼阁斗清妍，一段空明水玉天。不到阆城东向望，范家神妙若为传。”（许有壬《范宽积雪图》）

57. 烘云托月

出处：《批第六才子书》："所谓画家烘云托月之秘法。"

解析： 指在书画等艺术作品的创作中，从侧面加以点缀或描绘，从而突出主题，以宾衬主的艺术创作和表现手法。

诗化：

题《渔父图》

［元］吴镇

目断烟波青有无，霜凋枫叶锦模糊。
千尺浪，四鳃鲈，诗筒相对酒葫芦。

诗义： 江面上一望无际烟波浩渺，凋零的枫叶锦色迷蒙。风急浪高，水里有四鳃鲈鱼，诗画筒对着酒葫芦。

简评： 吴镇，元代画家。擅画山水、梅花、竹石。创作风格水墨苍莽、淋漓雄厚。与黄公望、倪瓒、王蒙合称"元四家"。存世作品有《渔父图》《双松平远图》《洞庭渔隐图》《芦花寒雁图》等。吴镇所作的《渔父图》，画中远山丛树，流泉曲水，平坡老树。坡旁水泽，小舟闲泊。渔夫头戴草笠，一手扶桨，一手执竿，坐船垂钓。此画运用了烘云托月的手法。烘云托月是中国传统山水画的艺术手法之一，"山水篇幅以山为主，山是实，水是虚。画水村图，水是实，而坡岸是虚。写坡岸平浅远淡，正见水之阔大。凡画水村图之坡岸，当比之烘云托月。"（蒋和《学画杂论》）在《渔父图》里，吴镇以江南水乡景色，平冈丛树，潺缓流水，衬托出渔父驾小舟逍遥于山水之间的安闲，突出了"诗筒相对酒葫芦"

那超尘脱俗、清幽隐逸的意境。

烘云托月是艺术创作中以宾衬主的创作和表现手法。“欲画月也，月不可画，因而画云。画云者，意不在于云也；意不在于云者，意固在于月也。然而意必在于云也。”（金圣叹《批第六才子书》）意思是指艺术创作在物象之外渲染衬托，使其更加突出。“李白乘舟将欲行，忽闻岸上踏歌声。桃花潭水深千尺，不及汪伦送我情”（李白《赠汪伦》），此处李白即以桃花潭的千尺水深来衬托与汪伦的深情厚谊。

58. 画龙点睛

出处：《历代名画记·张僧繇》："张僧繇于金陵安乐寺画四龙于壁，不点睛。每曰：'点之即飞去。'"

解析：指创作书画等艺术作品时在关键处点缀，使作品更加生动传神。

诗化：

题竹石牧牛

［宋］黄庭坚

野次小峥嵘，幽篁相倚绿。
阿童三尺箠，御此老觳觫。
石吾甚爱之，勿遣牛砺角。
牛砺角尚可，牛斗残我竹。

诗义：野坡上怪石峥嵘，怪石边长着茂盛的竹林丛。一位小牧童手持三尺长鞭，骑在一头老牛的背上，怡然自乐。我很爱这怪石，小牧童你别让牛在它上面磨牛角。磨角我还能忍受，可千万别让牛相互争斗，踩坏了那片绿竹。

简评：张僧繇是南北朝一位著名画家，擅长画龙、鹰和佛像。他的画对唐代画家吴道子和雕塑家杨惠之影响较大，有人把张僧繇、顾恺之、陆探微和吴道子一起尊称为"画家四祖"。

《竹石牧牛图》是苏轼和李公麟共同创作的一幅画。苏轼画了丛竹怪石，李公麟增画了牧儿骑牛，黄庭坚感到这幅画特别有趣，特为之题了这首诗。《竹石牧牛图》以旷野、竹石为景，其画龙点睛之处在于牧童骑的牛。牛引出了“石吾甚爱之，勿遣牛砺角。牛砺角尚可，牛斗残我竹”的意境。从文赋诗词的角度来看，起到画龙点睛效果的是“文眼”。所谓的“文眼”是作品最精华、最要旨之处。清代刘熙载认为：“文学皆知炼句炼字，然而单炼字句则易，对篇章而炼字句则难，字句能与篇章映照，始为文中藏眼，不然，乃修养家所谓‘瞎炼’也。”（《艺概·经义概》）

59. 立象尽意

出处：《周易・系辞上》："圣人立象以尽意，设卦以尽情伪，系辞焉以尽其言，变而通之以尽利，鼓之舞之以尽神。"

解析： 指绘画、书法、诗词等艺术形象可以表达丰富复杂、内涵深邃的意念和思想。

诗化：

盘车图（节选）

［宋］欧阳修

古画画意不画形，梅诗咏物无隐情。
忘形得意知者寡，不若见诗如见画。

诗义： 古人绘画注重意境，而不过分追求形似。梅尧臣的诗则比较强调写实，咏物直白而不含蓄。对于绘画上的"忘形得意"很少人理解，诗词创作如果过分求实，则不如学学绘画"画意不画形"的手法，以意境为主，使人读一首诗如同看一幅画。

简评： 立象尽意是传统的审美哲学和思想，强调艺术形象要表现思想情感。"圣人立象以尽意"，古人用确立《易》象的办法来充分表达自己的意念。"象"指具体可感的形象；"意"指思想、情意。"象生于意，故可寻象以观意。"（王弼《周易略例・明象》）"象"对于"意"的表现，应注意以小喻大、以少总多、由此及彼、由近及远的特点："其称名也小，其取类也大；其旨远，其辞文，其言曲而中，其事肆而隐。"（《周易・系辞下》）

唯有精湛的绘画技艺才能体现立象尽意，从而产生"古画画意不画形，梅诗咏物无隐情”的效果。五代后梁荆浩提出六要：“夫画有六要：一曰气；二曰韵；三曰思；四曰景；五曰笔；六曰墨……气者，心随笔运，取象不惑；韵者，隐迹立形，备仪不俗；思者，删拨大要，凝想形物；景者，制度时因，搜妙创真；笔者，虽依法则，运转变通，不质不形，如飞如动；墨者，高低晕淡，品物浅深，文采自然，似非因笔。”（《笔法记》）

60. 淡墨清岚

出处:《淡墨秋山诗帖》:“淡墨秋山画远天,暮霞还照紫添烟。故人好在重携手,不到平山谩五年。”

解析: 比喻书画艺术上一种轻轻的淡墨手法,像山间雾气一般缭绕,表现一种清幽淡远的意境的美质。

诗化:

画

[唐] 王维

远看山有色,近听水无声。
春去花还在,人来鸟不惊。

诗义: 在远处可以看见山有青翠的颜色,在近处却听不到流水的声音。春天过去了,但花儿还是常开不败;人走近了,枝头上的鸟儿却纹丝不动。

简评: 王维不仅山水诗写得好,也是中国水墨山水画的开山之祖。王维绘画艺术的主要风格为淡墨清岚,其一,水墨为尚。王维开创了水墨之画风,“始用渲淡,一变勾斫”(《画旨》)。其二,画中有诗。宋代苏轼评论道:“味摩诘之诗,诗中有画;观摩诘之画,画中有诗。”(《东坡题跋·书摩诘〈蓝田烟雨图〉》)“荆溪白石出,天寒红叶稀。山路元无雨,空翠湿人衣。”(《山中》)这不正是一幅诗画吗?王维的主要绘画作品有《辋川图》《雪溪图》《山居图》《伏生授经图》,这些优秀作品不仅建立在高超的绘画技艺上,更厚植于王维对绘画深厚的理解和感悟上。

淡墨清岚属苍润、澹远、深邃、空灵的美质。正如王维那些空灵、澹远、苍润、高古的诗词一样，王维的绘画作品也包含着这些美质。而这种美学风格的形成自然与作者的修炼所形成的内心世界相关。正如汉代扬雄所指："故言，心声也；书，心画也；声画形，君子小人见矣。"（《法言·问神》）宋代郭若虚指出："窃观自古奇迹，多是轩冕才贤，岩穴上士，依仁游艺，探赜钩深，高雅之情，一寄于画。人品既已高矣，气韵不得不高；气韵既已高矣，生动不得不至。"（《图画见闻志·论气韵非师》）王维在《山水论》中谈到山水创作的体会："有雨不分天地，不辨东西。有风无雨，只看树枝。有雨无风，树头低压，行人伞笠，渔父蓑衣。雨霁则云收天碧，薄雾霏微，山添翠润，日近斜晖。早景则千山欲晓，雾霭微微，朦胧残月，气色昏迷。晚景则山衔红日，帆卷江渚，路行人急，半掩柴扉。"这些原则和要领正体现在他的作品中。

七、戏曲篇

高山上
泉水穿入一支巨大的横箫的体内
从箫孔里
流出
红木凝听
溪石伴奏
山翠浓浅浓浅的伴着
入谷出谷
入云出云
谷凝听
云按奏

——叶维廉《箫孔里的流泉》(节选)

中国传统戏曲是曲与剧的结合、诗与剧的结合、曲与戏的结合。与诗词、文赋比较，戏曲具有容纳量更广阔、体裁结构更复杂、故事情节更曲折、表演形式更丰富的艺术特点。所谓的“唐诗宋词元曲”，元代戏曲取得了与唐诗、宋词并列的崇高地位。

61. 意调双美

出处：《章台柳玉合记叙》："传奇之妙，在雅俗并陈，意调双美，有声有色，有情有态。"

解析：指思想内容、声音唱腔和演艺技巧优美感人，达到相互统一的境界。

诗化：

调笑令·莫不是梵王宫

［元］王实甫

莫不是梵王宫，夜撞钟？
莫不是疏竹潇潇曲槛中？
莫不是牙尺剪刀声相送？
莫不是漏声长滴响壶铜？
潜身再听在墙角东，
元来是近西厢理结丝桐。

诗义：莫不是梵王宫寺庙里的撞钟声？莫不是风吹竹林发出的潇潇响声？莫不是象牙尺子与剪刀的碰撞声？莫不是铜壶滴漏的报时声？弓着身侧耳在那东边的墙角细细听，原来是西厢房里那清妙的弹琴声。

简评：中国传统戏曲是中华传统文化的一个重要组成部分，堪称国粹，以独特而富于艺术魅力的表演形式，为历代民众所喜好。中国传统戏曲的美学特征主要体现在综合性、程式性和虚拟性。综合性是指戏曲融唱、舞、乐、白、科、诨、武打于一体，把曲词、音乐、美工、服饰、表演有机结合，体现了曲词美、情感美和形象美；程式性是指戏曲表演中生活动作的规范化、固定化，生活动作的舞蹈化、节律化；虚拟性是指舞台时空、布景道具和表演动作处理的灵活性、假设性，让人产生自由灵活的想象，获得无穷的审美情趣。与诗词、文赋比较，戏曲具有容纳量更广阔、体裁结构更复杂、故事情节更曲折、表演形式更丰富的的艺术特点。所谓的“唐诗宋词元曲”，元代戏曲取得了与唐诗、宋词并列的崇高地位。较为成熟的戏曲在元代开始，经历明、清的不断发展成熟而进入现代，历经八百多年繁盛不败。

《西厢记》是我国古典戏剧意调双美的杰作，全剧以爱情为主线，表达了“愿天下有情人终成眷属”的美学境界。全剧唱词华丽优美，情感丰富，富于诗的意境，体现出素朴与华丽的完美融合。意调双美也指作品反映世态、人情真实，唱词、唱腔感人肺腑。“有声有色，有情有态。欢则艳骨，悲则销魂，扬则色飞，怖则神夺。”（屠隆《章台柳玉合记叙》）戏曲的审美原则重在剧情与表演艺术达到完美统一，缺一不可。

62. 声情并茂

出处：《续板桥杂记·丽品》："余于王氏水阁观演《寻亲记·跌包》一出，声情并茂，不亚梨园能手。"

解析：指朗诵、演唱时音色优美，感情丰富感人。

诗化： 桃花扇·余韵

[清] 孔尚任

俺曾见金陵玉殿莺啼晓，秦淮水榭花开早，谁知道容易冰消！
眼看他起朱楼，眼看他宴宾客，眼看他楼塌了！
这青苔碧瓦堆，俺曾睡风流觉，将五十年兴亡看饱。
那乌衣巷不姓王，莫愁湖鬼夜哭，凤凰台栖枭鸟。
残山梦最真，旧境丢难掉，不信这舆图换稿！
诌一套《哀江南》，放悲声唱到老。

诗义：曾见过南京城里莺歌燕舞，也曾见过秦淮河畔百花绽放，可谁会想到这一切如冰消雪融，消散得那么快！看着他曾大兴土木，看着他豪宴宾客，也看着他大厦倾塌！这长满苔藓的瓦砾堆，我曾经在里面睡过风流觉，把这五十年兴盛衰亡都看在眼里。那富有盛名的乌衣巷不再是王谢权臣居住，莫愁湖边夜里鬼魂哭泣，凤凰台上只有枭鸟栖息。曾经在残山上的梦境就像是真实的，往事难以忘却，不敢相信这江山已经易主！只好作一首《哀江南》，将这悲伤的歌曲一直唱到老。

简评：《桃花扇》是清代孔尚任所创作的优秀作品，主要表现亡国之痛、男女之情与兴亡之感。作者将明末侯方域与秦淮名姬李香君的悲欢离合与南明弘光朝的兴亡有机地结合在一起，塑造了一系列栩栩如生的人物形象，悲剧的结局突破了才子佳人大团圆的传统模式，使之得到哲理性的升华。

声情并茂是中国传统戏曲的美学要求，要求演唱的音色、唱腔和表达的感情都很感人。首先，曲要感人至深。清代黄周星说："论曲之妙无他，不过三字尽之，曰'能感人'而已。感人者，喜则欲歌欲舞，悲则欲泣欲诉，怒则欲杀欲割，生趣勃勃，生气凛凛之谓也。"（《制曲枝语》）其次，声要动人耳目。清代俞樾指出："天下之物最易动人耳目者，最易入人之心。是故老师巨儒，坐皋比而讲学，不如里巷歌谣之感人深也；官府教令，张布于通衢，不如院本平话之移人速也。君子观于此，可以得化民成俗之道矣。"（《余莲村劝善杂剧序》）声情并茂更能打动人心。

63. 圆美流转

出处：《南史·王筠传》："谢朓常见语云：'好诗圆美流转如弹丸。'"

解析： 指戏剧表演、诗词文辞等要做到声韵和谐流畅，语言明朗畅达，字句简练工稳。

诗化：

[商调] 皂罗袍

[明] 汤显祖

原来姹紫嫣红开遍，
似这般都付与断井颓垣，
良辰美景奈何天，
赏心乐事谁家院。
朝飞暮卷，云霞翠轩，
雨丝风片，烟波画船，
锦屏人忒看的这韶光贱。

诗义： 这样姹紫嫣红的春色无人赏识，都付予了破败的断井颓垣。这美好的春景，美妙的春光是怎样地度过？赏心悦目的事又落在了谁家？朝霞飞扬，暮色漫卷，那飞阁流丹、碧瓦亭台，如云霞一般灿烂绚丽。和煦的春风，带着蒙蒙细雨，烟波浩渺的春水中浮动着画船，可深闺里的女子无奈辜负了这美好春光。

简评： 这是《牡丹亭》中的一段圆美流转的唱词。《牡丹亭》是明代汤显祖的一部浪漫主义和现实主义相结合的作品。明代吕天成曾评价曰："惊心动魄，且巧妙迭出，无境不新，真堪千古矣！"中国传统戏曲是诗化的艺术，"曲"是从诗、词演化而来的，具有明显的诗性美学特征。还要根据不同的剧情的悲欢苦乐来选择相应的宫调旋律，使曲词唱起来圆美流转、悦耳动人。"用宫调须称事之悲欢苦乐，如游赏则用仙吕、双调等类；哀怨则有商调、越调等类。以调合情，容易感人。"（王骥德《曲律·论剧戏》）

圆美流转是戏曲演员素质的表现。明代潘之恒认为才、慧、致是戏曲演员最重要的素质，"人之以技自负者，其才、慧、致三者，每不能兼。有才而无慧，其才不灵；有慧而无致，其慧不颖；颖之能立见，自古罕矣"（潘之恒《鸾啸小品》）。才是天生丽质和表演天赋；慧是记忆、理解、感悟、表达能力；致是演员表演自如发挥、从容把控的能力。

64. 曲快人情

出处:《曲律·杂论下》:“故吾谓:快人情者,要毋过于曲也。”

解析: 指戏曲、歌唱艺术的审美效果最佳,使人心情愉悦。

诗化:

四块玉·闲适

[元] 关汉卿

南亩耕,东山卧,世态人情经历多。
闲将往事思量过。
贤的是他,愚的是我,争甚么?

诗义: 像陶潜一样在南山耕作,像谢安一样在东山仰卧,经历的世态人情那样多。闲暇时把往事一一思量过。贤明的是他,愚蠢的是我,还争个什么呢?

简评: 关汉卿是元代戏剧作家,与白朴、马致远、郑光祖并称为“元曲四大家”。著名的剧作有《窦娥冤》《单刀会》《单鞭夺槊》《西蜀梦》等,其作品的美学特征是格调清新刚劲、题材内容丰富多彩,具有很高的艺术价值。

中国传统曲艺具有特殊的审美风格和美学特征,历代以来为人们所喜爱。明代徐渭认为:“夫曲本取于感发人心,歌之使奴童、妇女皆喻。”(《南词叙录》)曲以感发人心为本,而且要通俗易懂。明代王骥德比较了诗、词、曲三者的特征,得出“快人情者,要毋过于曲也”的结论。他认为曲后来居上,渐进人情,更能表现人情的广度和深度。

65. 有板有眼

出处：《曲律》：“凡盖曲，句有长短，字有多寡，调有紧慢，一视以板眼为节制，故谓之板眼。”

解析：指在戏曲、戏剧的演唱和表演上把握得当，节奏分明，变化有条不紊。也比喻做事有条不紊，按照规则办事。

诗化：

拨不断·大鱼

［元］王和卿

胜神鳌，夯风涛，
脊梁上轻负着蓬莱岛。
万里夕阳锦背高，
翻身犹恨东洋小，
太公怎钓？

诗义：大鱼胜过了那神鳌，力气之大可以对抗风浪，即使背负着蓬莱岛也轻而易举。游过了千万里，夕阳下只能见到它高耸的华美脊背。它就是翻个身还嫌东洋太小。这样的大鱼，姜太公要怎么钓呢？

简评：板眼是指戏曲唱腔音乐中的板式结构，基本上有慢板、快板、二八板、流水板、散板等板类。在各类板式中，强拍为板，弱拍为眼，板式的强弱关系就是所谓板眼。传统京剧伴奏中打鼓者右手里一根竹棍，左手拿着檀板，竹棍打鼓，声音清脆称为“眼”，檀板打出的声音就叫“板”。板眼是伴奏和唱腔的节奏快慢和强弱的依据。

有板有眼用于指演员的表演技艺。明代潘之恒提出了“度、思、步、呼、叹”五种技巧。清代王德晖、徐沅澂提出“度曲八法”，即戏曲表演要把握审题、叫板、出字、做腔、收韵、换板、散板、撤声。

66. 意取尖新

出处：《闲情偶寄》："尤物足以移人，尖新二字，即文中之尤物也。"

解析：指戏剧曲艺题材要新，立意要创新，用词用句也要新。

诗化：

如梦令·祝子山居

［清］李渔

远望山卑屋小，行到林深水渺。
幽径少人行，黄叶多年未扫。
休恼，休恼，今日苍苔破了。

诗义：远远望去山岭是矮的，屋子是小的，等到行至附近时才发现屋子附近树林茂盛，溪流蜿蜒。僻静的小径很少有人行走，飘落的枯叶多年没人打扫。莫要烦恼，莫要担忧，今日苔藓被人踩破了，久违的客人来到了。

简评：李渔是明末清初戏剧家、戏剧理论家、文学家、美学家，著述十分丰富，有《闲情偶寄》《笠翁十种曲》《无声戏》《十二楼》等著作。他提出了我国较为完善的戏剧理论体系，被誉为"中国戏剧理论始祖""东方莎士比亚"。李渔对戏曲的美学贡献主要有：一是关于戏曲的审美构成。李渔认为戏曲的情理、传奇是戏曲的最重要审美构成。情理是内容，内容要虚实结合；传奇多为虚构，传奇要在新奇上做文章，"人惟求旧，物惟求新。新也者，天下事物之美称也。而文章一道，较之他物，尤加倍焉。戛戛乎陈言务去，求新之谓也”（《闲情偶寄·词曲部》）。二是关于戏曲的功能。李渔提出戏曲要“劝善惩恶”（《闲情偶寄》）、“有裨风教”（《香草亭传奇序》）。三是关于戏曲的艺术结构。他主张把结构放在首位，注重结构的内涵构思，立意要正，内容要合乎情理，切忌荒唐，情节设计要立主线、重细节。四是关于戏曲表演。他强调演员要为所扮演的角色“设身处地”，要先代人立心。五是戏曲的创作。他认为要为所扮演的人设身处地，要为演员的表演设身处地，要为观众的接受设身处地。

意取尖新是李渔提出的戏曲审美观点。“尤物足以移人，尖新二字，即文中之尤物也”，他提倡选择精美、生动、活泼、富有感染力和吸引力的语言和文字，来丰富戏曲艺术。

67. 按情行腔

出处：《梨园原·宝山集》："曲者，勿直。按情行腔，阴阳缓急，板眼快慢，当时情理如何，身段如何，与曲合之为一，斯得之矣。"

解析：唱曲要将情理、身段、曲调结合起来。

诗化：

塞鸿秋

［元］郑光祖

雨余梨雪开香玉，风和柳线摇新绿。
日融桃锦堆红树，烟迷苔色铺青褥。
王维旧画图，杜甫新诗句。
怎相逢不饮空归去。

诗义：雨逐渐停歇，雪白的梨花绽放，馨香飘散。和风吹动着嫩绿的柳条，绿枝摇曳。温暖的阳光映照着桃林，远望去桃花就像红色锦缎；烟云笼罩着遍地苔藓，像铺上绿色的褥子。这美景曾入王维的画稿，杜甫也会为之吟作新篇。与老友相逢，怎能不开怀畅饮，就轻易地把家回呢！

简评：按情行腔体现了情与曲、内容与形式的关系。曲由情定，内容决定形式。元代汤显祖指出："为旦者常自作女想，为男者常欲如其人。其奏之也，抗之入青云，抑之如绝丝，圆好如珠环，不竭如清泉。微妙之极，乃至有闻而无声，目击而道存。使舞蹈者不知情之所自来，赏叹者不知神之所自止。"（《宜黄县戏神清源师庙记》）表演者要加强自身修炼，才能真正步入一个完美的艺术境界。

清代李渔说："唱曲宜有曲情。曲情者，曲中之情节也。解明情节，知情意之所在，则唱出口时，俨然此种神情，问者是问，答者是答，悲者黯然魂消而不致反有喜色，欢者怡然自得而不见稍有瘁容；且其声音齿颊间，各种俱有分别，此所谓曲情是也。"（《闲情偶寄·授曲部·解明曲意》）表演者要深刻理解曲中的内容，体会人物的思想感情，才能做到按情行腔。李渔还指出："言者，心之声也，欲代此一人立言，先宜代此一人立心。若非梦往神游，何谓设身处地？"（《闲情偶寄·词曲部·语求肖似》）表演者想要有精彩的表演，必须先代人立心，后代人立言。

68. 音声迭代

出处：《文赋》："暨音声之迭代，若五色之相宣。虽逝止之无常，固崎锜而难便。"

解析：指戏剧曲艺有华丽的唱词和唱腔，有抑扬顿挫的节律美、音乐美。

诗化：

叨叨令·道情

［元］邓玉宾

白云深处青山下，茅庵草舍无冬夏。
闲来几句渔樵话，困来一枕葫芦架。
您省的也么哥，您省的也么哥？
煞强如风波千丈担惊怕。

诗义：白云缭绕的青山脚下，有几间茅草屋远离尘喧，夏无酷暑，冬无严寒。闲暇时与渔父或樵夫闲聊一会，困了便卧倒在葫芦架下睡上一觉。你知道吧，你能领会这种生活的好处和乐趣吗？这远远强如在险恶的官场担惊受怕。

简评：中国传统戏曲以唱为主，特别重视音乐美，对于唱的著述和研究颇丰。元代燕南芝庵对唱法有着完整而深入的研究："歌之节奏：停声，待拍，偷吹，拽棒，字真，句笃，依腔，贴调。凡歌一声，声有四节：起末，过度，揾簪，攧落。凡歌一句，声韵有一声平，一声背，一声圆。声要圆熟，腔要彻满。凡一曲中，各有其声：变声，敦声，杌声，啀声，困声，三过声；有偷气，取气，换气，歇气，就气；爱者有一口气。”（《唱论》）明代魏良辅指出：“五音以四声为主，四声不得其宜，则五音废矣。”（《曲律》）魏良辅还提出了戏曲唱腔的三大准则，“曲有三绝：字清为一绝，腔纯为二绝，板正为三绝”（《曲律》）。清、纯、正构成了戏曲音声的主要美质。“凡曲：北字多而调促，促处见筋；南字少而调缓，缓处见眼。北则辞情多而声情少，南则辞情少而声情多。”（王世贞《曲藻》）辞情和声情构成了曲艺的主要审美元素。

69. 抑扬顿挫

出处：《遂志赋序》："崔、蔡冲虚温敏，雅人之属也。衍抑扬顿挫，怨之徒也。岂亦穷达异事，而声为情变乎。"

解析：指声音、语调等高低起伏、停顿转折。

诗化：

滚绣球

［元］关汉卿

有日月朝暮悬，有鬼神掌著生死权，
天地也，只合把清浊分辨，
可怎生糊突了盗跖、颜渊？
为善的受贫穷更命短，造恶的享富贵又寿延。
天地也，做得个怕硬欺软，却元来也这般顺水推船。
地也，你不分好歹何为地？
天也，你错勘贤愚枉做天！
哎，只落得两泪涟涟。

诗义：日月高悬，把人间的是是非非看在眼里，有鬼神执掌着生死的大权。天地应该把清浊分辨，可怎么竟巅倒了盗跖和颜渊，盗跖暴虐为恶却得到善终，颜渊善良贤能却早亡。为善的受贫穷更命短，造恶的享受富贵又长寿。天和地原来也是欺软怕硬，顺水推舟。地呀，你不分好歹不该为地；天呀，你错判贤愚白白地做了天。这样的世道我还能说什么，只落得满心悲愤，两眼泪汪汪。

简评：《窦娥冤》是元代关汉卿的杰作，受到人们广泛欢迎。《窦娥冤》《汉宫秋》《梧桐雨》《赵氏孤儿》是中国古代元杂剧四大悲剧。悲剧的审美价值在于能泣风雨、动鬼神、撼人心、警人世。“剧界佳作，皆为悲剧，无喜剧者。夫剧界多悲剧，故能为社会造福，社会所以有庆剧也；剧界多喜剧，故能为社会造孽，社会所以有惨剧也。”（蒋观云《中国之演剧界》）。《窦娥冤》中这首《滚绣球》抑扬顿挫，荡气回肠，在窦娥赴刑场处斩时刻，将她所遭遇的苦难、痛楚、冤屈、悲愤，顷刻表达了出来，正是叫天天不应，喊地地不灵。这一曲，使观众听完之后，耳畔总响起痛苦辛酸的悲歌，让人心碎痛楚。《滚绣球》全用口语化语言，自然流畅，气势充沛，具有很强的艺术感染力。一曲《滚绣球》，巧妙道出窦娥深深怨，可以让人感叹千年。

此外，窦娥在蒙冤被斩之前，为了让人们知其冤屈，希望感动天地来惩治邪恶，立下了“雪溅白练”“六月飞雪”“亢旱三年”三桩誓愿。这样的剧情安排是浪漫主义的美学手法，增强了剧情的感染力，使整个戏曲达到寓褒贬、别善恶、明是非、弘正义的目的，符合戏曲舞台上恪守忠孝道义、伸张正义、惩恶扬善的审美原则。明代贾仲明提出戏曲要有明确的是非伦理观，“将贤愚善恶分，戏台上考试人伦，大都来一时事，搬弄出千载因，辨是非好歹清浑”（贾仲明《吊王仲元》）。正是中国戏曲这些明辨是非的美学原则，使戏曲在社会中具有特殊的教育、美育功能。

70. 字正腔圆

出处：《顾误录》："惟腔与板两工，唱得出字真，行腔圆，归韵清，收音准，节奏细体乎曲情，清浊立判于字面。"

解析： 指戏剧、曲艺等说唱吐字准确，唱腔圆熟。

诗化：

汉宫秋·幺篇

［元］马致远

伤感似替昭君思汉主，
哀怨似作薤露哭田横，
凄怆似和半夜楚歌声，
悲切似唱三叠阳关令。

诗义： 那忧伤的感情似乎是替昭君思念汉元帝，那哀怨声似乎是为哭田横所作的挽歌，那凄怆声似乎在应和着半夜的楚歌声，那悲切声似乎在吟唱着阳关三叠离别曲。

简评：《汉宫秋》是元代马致远创作的历史剧。主要讲述汉元帝进行民间选美，王昭君美貌出众，但因不肯贿赂画师毛延寿，被他在美人图上做了手脚，入宫后无法得到汉元帝的宠爱。汉元帝偶然听到昭君弹琵琶，爱其美色，将她封为明妃，同时要将毛延寿问罪。毛延寿逃至匈奴，将昭君画像献给呼韩邪单于，让他向汉元帝索要昭君为妻。元帝舍不得昭君和番，但满朝文武无人敢应战，无力抵挡匈奴大军入侵。昭君得知后为了避免战争带来的灾难自愿前往和亲……

戏曲的唱词，是戏曲语音美、诗性美、音乐美的集中体现。字正腔圆是指戏曲表演要遵循一字一音的“古乐正声”原则，设计出为听众所喜爱的唱腔和道白。戏曲声乐是以字为主，唱腔旋律由字声生发，其四声阴阳包含着旋律及最合适的演唱方法。腔由字生、乐出既成、曲依调行。明代释真空对这些原则做了精辟的概括：“平声平道莫低昂，上声高呼猛烈强。去声分明哀远道，入声短促急收藏。”（《玉钥匙歌诀》）戏曲音乐的结构可分为“曲牌体”和“板腔体”两种体式。曲牌体的创作最难的地方在于其词曲结合，即选用了曲牌之后，哪个句子中哪个地方要用哪个声调的字就基本固定下来了。板腔体虽然要灵活一些，但也有七字句、十字句等句式的限制，对韵脚也有一定的要求，这样演唱起来才能够声韵和谐，体现戏曲字正腔圆的美学特点。

八、舞美篇

歌者蓄满了声音

在一瞬的震颤中凝神

舞者为一个姿势

拼聚了一生的呼吸

——陈敬容《力的前奏》(节选)

舞蹈是一门身体艺术，“舞是生命情调最直接、最实质、最强烈、最尖锐、最单纯而又最充足的表现”（闻一多《说舞》）。中国古代舞蹈艺术具有独特形态和神韵，具有翩跹而舞、矫若游龙、翩若惊鸿、缓歌曼舞、翾风回雪、衣袂飘飘、瑞彩蹁跹、舞姿曼妙、婆娑起舞、鸾回凤翥的美质。

71.翩跹而舞

出处：《元曲选〈硃砂担〉三》："我把这唐巾按，舞翩跹两袖风翻。"

解析：形容轻快柔美、旋转曼妙的舞姿。

诗化：

白纻曲

［南朝］刘铄

仙仙徐动何盈盈，玉腕俱凝若云行。
佳人举袖辉青蛾，掺掺擢手映鲜罗。
状似明月泛云河，体如轻风动流波。

诗义：翩跹徐动的舞步多么轻盈优美，碧玉般的臂腕好像云彩飘行。美丽的佳人挥动着衣袖，扬起了青黛般的眉毛，纤细的玉手映照着亮丽的罗衣。这景象好似明月荡漾在银河之中，她们娇柔的身体宛若轻风吹拂流水时水面荡起轻波。

简评：翩跹而舞属柔美、轻盈、飘逸、流动的美质。中国传统舞蹈具有独特的美质和特点，主要体现在以情带舞，以舞传情；动而合度，形变神真；技艺结合，引人入胜。其一，以情带舞，以舞传情。舞蹈是一种表情的艺术，舞蹈家通过对特定的生活内容的表演，抒发丰富的情感，使观众在审美活动中引起情感的共鸣，进而受到思想上的陶冶和感染。其二，动而合度，形变神真。动作性是舞蹈最重要的特征。经过提炼美化、节律化的动作成为舞，从而达到"动而合度，形变神真"的境界。其三，技艺结合，引人入胜。舞蹈艺术要求只有达到技和艺的高度结合统一，才能准确地把握舞蹈的特点、风格、韵律、节奏，从而创作出鲜明生动的舞蹈形象，产生引人入胜的艺术效果。

《白纻舞》是中国古代的名舞，因舞者穿用白纻制成的舞衣表演而得名。其特点是以袖舞为主，舞步轻盈飘逸，注重眼神的表演和运用；节奏由轻缓转快速，舞技偏重轻飘。历代诗人有很多赞《白纻舞》的诗词，如晋代无名氏的《晋白纻舞歌诗》："轻躯徐起何洋洋，高举两手白鹄翔。宛若龙转乍低昂，凝停善睐容仪光。"南朝齐王俭的《齐白纻辞》："阳春白日风花香，趋步明月舞瑶裳。情发金石媚笙簧，罗袿徐转红袖扬。清歌流响绕凤梁，如惊若思凝且翔。转眄流精艳辉光，将流将引双雁行。欢来何晚意何长，明君驭世永歌昌。"唐代李白的《白纻辞三首》："吴刀剪彩缝舞衣，明妆丽服夺春晖。扬眉转袖若雪飞，倾城独立世所稀。"

72. 矫若游龙

出处：《玉合记·义姤》："看他矫若游龙，超逾集乌。……夜月红楼，树下霓裳出月。是好舞也。"

解析： 形容舞姿飘逸婀娜，或书法笔势矫健飞动。

诗化： 霓裳羽衣舞歌（节选）

［唐］白居易

飘然转旋回雪轻，嫣然纵送游龙惊。
小垂手后柳无力，斜曳裾时云欲生。
烟蛾敛略不胜态，风袖低昂如有情。
上元点鬟招萼绿，王母挥袂别飞琼。
繁音急节十二遍，跳珠撼玉何铿铮。
翔鸾舞了却收翅，唳鹤曲终长引声。

诗义： 轻盈旋转的舞姿如回风飘雪，嫣然前行的步伐如游龙矫捷。垂手时像柳丝娇柔无力，舞裙斜飘时仿佛白云升起。黛眉流盼有着说不尽的娇美之态，舞袖迎风飘飞带着万种风情。就像是上元夫人招来了仙女萼绿华，又像是西王母挥袖送别仙女许飞琼。十二遍的曲破繁音急促而华丽，就像跳动的珍珠敲击玉片铿锵有力。舞罢如飞翔的鸾凤收起彩翅，终曲的长鸣声如空中鹤唳。

简评： 矫若游龙属轻盈、飘逸、流动的美质。《霓裳羽衣曲》又称《霓裳羽衣舞》，是唐代舞蹈的代表作之一，为唐玄宗所作之曲，安史之乱后失传。《霓裳羽衣舞》是一个带有宗教意识的、表现仙女姿态的艺术珍品。舞蹈大量运用了舞袖、旋转技巧，创造了多种意象，充分表现出一种飘飘欲仙的感觉。《霓裳羽衣舞》的音乐是唐明皇（玄宗）部分地吸收了《婆罗门曲》创作的，属于唐代音乐、舞蹈、诗歌三结合的大型乐舞大曲。

在结构上，它有严格的程式和特质。一开始的“散序”是没歌没舞的器乐曲，磬、箫、筝、笛依次进入，引出一个悠然舒展、含蓄朦胧的意境。六叠后中序起拍，舞者翩然起舞，然后由缓慢的拍子、悠然低昂的节奏，渐渐到急促的拍子，进入“曲破”部分。这时舞蹈的节奏由略快到急促，并逐渐激烈达到精彩的高潮部分。“天阙沉沉夜未央，碧云仙曲舞霓裳。一声玉笛向空尽，月满骊山宫漏长。”（张祜《华清宫》）突然乐器长吹一声，舞蹈出人意外地戛然而止，全舞在“仙境”的“忘我”中结束。

《霓裳羽衣舞》从音乐、舞蹈到服饰都力图创造和表现一种“仙意”，这是根据作曲者最初的创作意图而来的。在艺术上，它是以“我”为主“拿来”融合的产物。在音乐方面，它把中原清商乐的含蓄婉转、清丽悠扬与印度佛曲的空幻、渺远融为一体，是将外族音乐中原化的杰作。在舞蹈方面，它既柔又健。轻歌曼舞时，给人以温雅清馨的感觉；急音蹈节时，使人心热情扬。它把传统舞姿的柔媚、典雅与西域舞风的俏丽、明朗紧密结合，形成了既保持了本民族舞蹈神韵，又融入了外来风情，既不同于健舞，又有别于软舞的特殊风格。

73.翩若惊鸿

出处:《洛神赋》:“(洛神)其形也,翩若惊鸿,婉若游龙。”

解析: 形容舞蹈表演者体态轻盈,舞姿轻柔。

诗化: 田使君美人舞如莲花北鋋歌(节选)

[唐] 岑参

美人舞如莲花旋,世人有眼应未见。
高堂满地红氍毹,试舞一曲天下无。
此曲胡人传入汉,诸客见之惊且叹。
慢脸娇娥纤复秾,轻罗金缕花葱茏。
回裾转袖若飞雪,左鋋右鋋生旋风。
琵琶横笛和未匝,花门山头黄云合。
忽作出塞入塞声,白草胡沙寒飒飒。
翻身入破如有神,前见后见回回新。

诗义: 美人们跳舞时如莲花在旋转,这舞姿世人应该从未见过。高大的厅堂中,地上铺满了红地毯,舞者试着踏着节拍舞蹈了一曲。这曲舞是从胡人中流传入中原地区的,大家见了十分惊奇而且赞叹不已。舞者容貌美丽,身材苗条而且丰腴,身穿金线绣就的图案十分华丽的罗纱衣。她们回环转动裙子,挥舞起袖子,仿佛是雪花在飞舞,左右旋动的身影好像是一股旋风。琵琶和横笛的乐音伴奏还未过一遍,花门山顶的黄云因之已合拢驻听。音乐中忽然奏出《出塞》《入塞》两曲,顿时身边好像响起了吹折白草、卷起胡沙的冷飕飕的风声。舞者身形翻滚变换,音乐奏起的入破之音像是神仙所为一般，妙不可言。

简评：翩若惊鸿属流动、飘逸、优雅的美质。曹植在《洛神赋》中用“翩若惊鸿，婉若游龙”来描绘洛神优雅的美态，翩若惊鸿就成了形容女子身姿轻盈如燕的词语。翩若惊鸿形容飘逸飞舞貌。杜甫《西阁曝日》中说：“流离木杪猿，翩跹山巅鹤。”《红楼梦》第二十七回也有描写：“刚要寻别的姊妹去，忽见面前一双玉色蝴蝶，大如团扇，一上一下，迎风翩跹，十分有趣。”翩若惊鸿也常用以形容轻盈的舞姿。如何景明的《荷花赋》：“美曼如静女翩跹。”柳亚子的《浣溪沙》：“火树银花不夜天，弟兄姊妹舞翩跹。”

“美人舞如莲花旋，世人有眼应未见。”美女跳舞时就像莲花在旋转，这天仙一样的舞姿世人应该从未见过。岑参诗中所提到的莲花北铤舞是古代西域的一种少数民族舞蹈，属于节奏欢快、风格劲健、爽朗欢畅的健舞。

74. 缓歌曼舞

出处：《长恨歌》："缓歌曼舞凝丝竹，尽日君王看不足。"

解析： 形容柔和的歌声和舒缓的舞姿。

诗化：

舞

［唐］张祜

荆台呈妙舞，云雨半罗衣。
袅袅腰疑折，褰褰袖欲飞。
雾轻红踯躅，风艳紫蔷薇。
强许传新态，人间弟子稀。

诗义： 舞者在舞台上跳起了曼妙的舞蹈，身穿着轻飘的衣裙好像天空飘动的云彩。她们柔软的腰肢好像要折断，轻飘的衣袖似乎要飞出去。她们身上的衣裙宛若薄雾之中的红杜鹃，又好像风中艳丽的紫蔷薇。这是神女传授的新舞姿，人间学到的人很少。

简评： 缓歌曼舞属柔美、飘逸、流动的美质。舞蹈以人体的躯干和四肢作为工具，通过头、眼、颈、手、腕、肘、臂、肩、身、胯、膝、足等部位的协调活动，构成具有节奏感的舞蹈动作、姿态和造型，直接表达人的内心活动，反映社会生活。而表演性的舞蹈艺术则以舞蹈动作、动作组合、造型、手势、表情、构图、哑剧等表现手段，塑造典型化的舞蹈形象，表达人物的思想感情，体现完整的内容美和形式美。舞蹈艺术的共同特征是具有律动性、动态性、抒情性和象征性。

从周朝的文舞到唐代的软舞都属于缓歌曼舞的舞蹈类型。文舞注重仪态，表现文雅内省，如《云门》《咸池》《大韶》《大夏》等；软舞强调妙曼舒缓、温柔妩媚，如《绿腰》《凉州》《春莺啭》《回波乐》等。比较擅长舞蹈的有西施、绿珠、梅妃、杨贵妃等舞蹈家。

75.翾风回雪

出处：《长生殿·舞盘》："逸态横生，浓姿百出。宛若翾风回雪，恍如飞燕游龙，真独擅千秋矣。"

解析：形容舞姿轻盈曼妙。

诗化：

胡旋女（节选）

［唐］白居易

胡旋女，胡旋女，心应弦，手应鼓。
弦鼓一声双袖举，回雪飘摇转蓬舞。
左旋右转不知疲，千匝万周无已时。
人间物类无可比，奔车轮缓旋风迟。

诗义：跳胡旋舞的舞女，心随着曲调的旋律，手随着鼓点舞动。她在鼓乐声中舞动双袖，像雪花空中飘摇，像蓬草迎风飞舞。她左旋右转不知疲倦，千圈万周还在转个不停。世上万物都无可比拟，她的旋转比飞转的车轮和疾风还要快。

简评：翾风回雪属飘逸、流动、节律的美质。胡旋舞是古代由西域传来的民间舞蹈，因跳舞时须快速不停地旋转而得名，属健舞类舞蹈。其特点是旋律快、节奏快、转圈多而难分面背。《旧唐书·音乐志》载："急转如风，俗谓之胡旋。"《新唐书·礼乐志》载："胡旋舞者立毯上，旋转如风。"白居易这首诗歌生动地描写了胡旋女的舞姿神态和特点："胡旋女，胡旋女，心应弦，手应鼓。弦鼓一声双袖举，回雪飘摇转蓬舞。左旋右转不知疲，千匝万周无已时。……”诗中说，胡旋女在鼓乐声中急速起舞，像雪花空中飘摇，像蓬草迎风飞舞，左旋右转不知疲倦，千圈万周转个不停。转得那么快，观众几乎不能看出她的脸和背。

唐代元稹在诗中也赞叹胡旋舞的舞姿：“蓬断霜根羊角疾，竿戴朱盘火轮炫。骊珠迸珥逐飞星，虹晕轻巾掣流电。潜鲸暗吸笪波海，回风乱舞当空霰。万过其谁辨终始，四座安能分背面。”（《和李校书新题乐府十二首·胡旋女》）唐代李端的《胡腾儿》也生动地描绘了西域舞蹈的劲健、欢快、飞旋的风格：“扬眉动目踏花毡，红汗交流珠帽偏。醉却东倾又西倒，双靴柔弱满灯前。环行急蹴皆应节，反手叉腰如却月。丝桐忽奏一曲终，呜呜画角城头发。”

76. 衣袂飘飘

出处：《与殷晋安别》："飘飘西来风，悠悠东去云。"《丰陵行》："清风飘飘轻雨洒，偃蹇旗旆卷以舒。"

解析： 指舞者衣袖和衣衫随风飘动。形容舞蹈飘逸流畅。

诗化：

赠张云容舞

［唐］杨玉环

罗袖动香香不已，红蕖袅袅秋烟里。
轻云岭上乍摇风，嫩柳池边初拂水。

诗义： 衣袖舞动掀起香风阵阵，衣香体香飘散弥漫。纤细柔软的身姿亭亭玉立，像红莲摇曳在秋雾里。娇柔的身体和玉臂轻缓舞动，像轻云在山岭上随风飘动，又像柔嫩的柳条随着徐徐清风轻拂水面。

简评： 唐代的舞蹈分为健舞、软舞两种，健舞主要表现矫健之美，软舞主要表现柔和之美。杨玉环所描绘的张云容舞属于软舞。诗中的舞者衣袖飘逸，舞姿轻盈，宛若青烟袅袅。唐代的软舞，以《绿腰》《春莺啭》等作品影响最大。唐代诗人李群玉有诗赞《绿腰》："南国有佳人，轻盈绿腰舞。华筵九秋暮，飞袂拂云雨。翩如兰苕翠，婉若游龙举。越艳罢前溪，吴姬停白纻。慢态不能穷，繁姿曲向终。低回莲破浪，凌乱雪萦风。坠珥时流盼，修裾欲溯空。唯愁捉不住，飞去逐惊鸿。"（《长沙九日登东楼观舞二首》）

77. 瑞彩蹁跹

出处:《代曲江老人百韵》:“掉荡云门发，蹁跹鹭羽振。”

解析: 形容舞态多姿多彩，给人带来吉祥的气息。

诗化: 玉女舞霓裳

［唐］李太玄

舞势随风散复收，歌声似磬韵还幽。
千回赴节填词处，娇眼如波入鬓流。

诗义: 女子随风舞动身体，四肢打开又收起，歌声如乐器一样铿锵有力，既富有韵律又十分悠扬。她翩翩起舞以目传情，发鬓之间的那对娇眼，如水波一样清澈得让人神魂颠倒。

简评: 李太玄这首诗描写唐代著名的舞蹈《霓裳羽衣舞》的舞者。诗中所描写的舞蹈的婀娜、强节奏感，舞者传情的眼神，舞者的一举一动、一颦一笑都充满了抒情、传神的气息。最让人难以忘却的，就是那转身前，舞者留给观者的那一个妩媚的眼神。相传《霓裳羽衣舞》乐声节奏感很强，女子舞起来婀娜多姿，十分妩媚。“黄金双阙水晶宫，滟滟银潢贯碧空。一曲霓裳羽衣舞，桂花如露湿天风。”（滕宗谅《月》）“钧天按乐乐蓬瀛，手把芙蓉朝太清。一曲《霓裳羽衣舞》，仙家只数董双成。”（郭翼《游仙词·其八》）《霓裳羽衣舞》同时具有软舞和健舞的特征。

78. 舞姿曼妙

出处:《聊斋志异·陈云栖》:“见有少女在堂，年可十八九，姿容曼妙，目所未睹。”

解析: 形容舞姿轻盈曼妙。

诗化:

东山吟

［唐］李白

携妓东土山，怅然悲谢安。
我妓今朝如花月，他妓古坟荒草寒。
白鸡梦后三百岁，洒酒浇君同所欢。
酣来自作青海舞，秋风吹落紫绮冠。
彼亦一时，此亦一时，浩浩洪流之咏何必奇?

诗义: 我带着美丽的舞妓，来到东土山祭奠谢安，心情怅然伤悲。我的美妓如鲜花、明月一样恬美可爱，谢安当年喜欢的美妓早已是荒草萋萋的古坟中的寒土。从谢安梦见白鸡至今已有三百年，我在你的墓前为你洒酒，我们一起酣畅痛饮。喝到酒酣兴起的时候，我还为你献上自编的青海舞，秋风吹落了我漂亮的紫色帽子。那是一个时期，现在又是一个时期，时势不同，情况有异，如今歌颂你临危不惧的旷达也没有什么奇怪的。

简评:《东山吟》是李白悼念谢安之作。谢安是李白崇拜的偶像，曾任东晋宰相，其多才多艺，善行书、通音乐，对儒、道、佛等有较高的认识，主张治国以儒、道互补，性闲雅温和，处事公允，廉洁自律，不居功自傲，有宰相气度、儒将风范，曾策划指挥了以少胜多的著名战役淝水之战。

“酣来自作青海舞，秋风吹落紫绮冠。”青海舞，也称青海波舞，据称是唐朝的乐舞，后来传入日本。日本《源氏物语》也有诗句曰：“心多愁恨身难舞，扇袖传情知不知？”“唐人扇袖谁能解？绰约仙姿我独怜。”唐代是中华民族的鼎盛时代，国力强盛，经济繁荣，文化兴盛。除了精美绝伦的诗词外，唐代的舞蹈艺术也是值得称颂的，舞蹈形式多样，宫廷舞蹈服饰豪华，著名大型舞蹈有《破阵乐》《庆善乐》《上元乐》等。舞蹈艺术技艺精湛，引人入胜。小型舞蹈分健舞和软舞。健舞中以《剑器舞》《柘枝舞》《胡旋舞》为代表，软舞中以《绿腰》《凉州》《春莺啭》《乌夜啼》为代表。健舞的舞蹈风格节奏明快、矫捷雄健。

79. 婆娑起舞

出处：《诗经·陈风·东门之枌》："东门之枌，宛丘之栩。子仲之子，婆娑其下。"

解析：指姿态优美地跳舞。

诗化：

咏舞

［唐］萧德言

低身锵玉佩，举袖拂罗衣。
对檐疑燕起，映雪似花飞。

诗义：低下身子敲打着玉佩，抬起手轻拂着柔软的衣衫。舞姿轻盈得像屋檐上飞起的燕子，又宛若空中飘荡的雪花。

简评：婆娑起舞属流动、飘逸、轻柔的美质。舞蹈是时空表现艺术和动态造型艺术，它以艺术化的肢体动作，即通过人体富有协调性、韵律感的美感化的动作、姿势、动作组合和动作过程来表达思想情感，是人类审美意识和情感表达在人体动态形式中的对象化。动作是舞蹈艺术最基本的语言。唐代杨师道有《咏舞》诗："二八如回雪，三春类早花。分行向烛转，一种逐风斜。"在舞蹈艺术中，在音乐、舞美等多种手段的配合下，通过动作的节奏、速度、空间走向、力度等表演，表现不同的情感，塑造不同的人物和形象，展示人物复杂的心境和情感冲突，创造不同特色、生动鲜明的舞蹈形象，具有造型美、流动美、情感美的欣赏价值。

舞蹈表演要求以简代繁，以少总多，讲究生动传神，通过外在形象的塑造来抒发主体的思想情怀。从整体追求上看，其含蓄蕴藉，追求神似，注重当众展现人物的灵魂和情感，注重整体效果的传神写意。

80. 鸾回凤翥

出处:《临江仙》:“风引宝衣疑欲舞,鸾回凤翥堪惊。”

解析: 如鸾鸟回旋、凤凰飞举。形容舞姿优美曼妙。

诗化: 观公孙大娘弟子舞剑器行(节选)

[唐] 杜甫

㸌如羿射九日落,矫如群帝骖龙翔。
来如雷霆收震怒,罢如江海凝清光。

诗义:(公孙大娘的剑舞)剑光闪耀夺目,好像后羿射落九日;舞姿矫健敏捷,恰似天神驾龙飞翔。起舞时剑势如雷霆万钧,令人屏息,舞罢剑光凝固,如江海平静,水波澄澈。

简评: 剑舞,又称剑器舞,是中国古代的一种舞蹈,盛行于汉唐时期,延续至宋代。剑舞一般是由表演者手持短剑表演的具有格斗风格、刚柔结合的舞蹈。表演者自由甩动、旋转短剑,并伴有有节律的音乐,乐声与优美的舞姿相辅相成。起初为男性舞蹈,后来逐渐演变为曼妙、轻缓、优雅的女性舞蹈。先秦时期,中国古代就有持剑而舞祭神祭祖的习俗,“吉日兮辰良,穆将愉兮上皇;抚长剑兮玉珥,璆锵鸣兮琳琅”(屈原《九歌·东皇太一》)。子路向孔子拜师,戎装舞剑行拜师礼。从春秋至汉,剑舞表演成为一种必需的礼仪,助兴于宴席、客厅,招待亲朋宾客和来使。鸿门宴中,“君王与沛公饮,军中无以为乐,请以剑舞”“项庄拔剑起舞。项伯亦拔剑起舞,常以身翼蔽沛公,庄不得击”

（司马迁《史记·项羽本纪》）正是这一文化习俗的反映。

在崇文尚武的盛唐时期，舞剑不仅是武将的专长，也是文人的时尚。在那些激扬的文字间，充满着唐代诗人的剑胆诗魂。有李贺的《春坊正字剑子歌》："先辈匣中三尺水，曾入吴潭斩龙子。隙月斜明刮露寒，练带平铺吹不起。"张说的《幽州夜饮》："正有高堂宴，能忘迟暮心。军中宜剑舞，塞上重笳音。"李白的《司马将军歌》："北落明星动光彩，南征猛将如云雷。手中电曳倚天剑，直斩长鲸海水开。"颜真卿的《裴将军诗》："剑舞跃游电，随风萦且回。"盛唐时期的崇文尚武，造就了一代人文武双全的才华，铸造了一个民族剑胆诗魂的气质，也成就了一个空前繁荣的大唐盛世。

九、工艺篇

收拢纸扇
细腰的苏堤
又一寸寸地
折进了
梦中的晚秋

你最好把扇子搁在窗口
风来时
当可听到隔世的啁啾
那便是
柳浪闻莺

——洛夫《杭州纸扇》(节选)

中华有许多传统工艺，如雕塑、刺绣、瓷器等。传统工艺题材内容丰富、别出心裁；形式风格多样、随物赋形；所使用的材质广泛，具有浓郁的民族特色。技法上巧夺天工、鬼斧神工、吹影镂尘；艺术构思上独具匠心、刻雕众形；艺术表现上惟妙惟肖、栩栩如生、玲珑剔透。

81.巧夺天工

出处:《枫窗小牍》:“晶莹成形，巧绝天工。”

解析: 指人工的精巧胜过天然形成，形容手工技艺十分高超精妙。

诗化: 七律·赠放烟火者

[元] 赵孟頫

人间巧艺夺天工，炼药燃灯清昼同。
柳絮飞残铺地白，桃花落尽满阶红。
纷纷灿烂如星陨，赫赫喧虺似火攻。
后夜再翻花上锦，不愁零落向东风。

诗义: 人间的烟火制作工艺精湛，炼制的药做成烟火燃放，把夜晚照得如同白天一样明亮。烟花的纸屑如同柳絮般铺了满地，又像桃花花瓣落满了台阶。闪烁的礼花宛如流星坠落，划过夜空，震耳如雷的响声如同火攻。夜深了烟火再添新的花色，不要担心礼花被东风吹散。

简评: 巧夺天工属精美、精致、细腻的美质。烟花产生的美感有巧夺天工的效果。火药是中国古代的四大发明之一，烟花也是中华传统艺术瑰宝之一。人类自古以来对火有着特殊的感受，烟花之美，首先也正因为它是火，其次就是烟花具有综合的构成美的基本要素。比如，烟花飞行在夜空中，划出了一道道美丽的线条；烟花所发出的各种响声，构成了声音美；烟花那五彩斑斓的色彩，组成了画面美；烟花在空中构成的各种各样的造型，形成的造型美。在北京奥林匹克运动会开幕式上，象征奥运历史足迹的29个巨大的“焰火脚印”是烟花造型美的杰作。此外，还有烟花独特的刺激美。

中国是烟花的发明地，历代有许多赞美烟花的诗句，如隋朝隋炀帝的《元夕于通衢建灯夜升南楼》：“法轮天上转，梵声天上来。灯树千光照，花焰七枝开。月影疑流水，春风含夜梅。燔动黄金地，钟发琉璃台。”唐代苏味道的《正月十五夜》：“火树银花合，星桥铁锁开。暗尘随马去，明月逐人来。游伎皆秾李，行歌尽落梅。金吾不禁夜，玉漏莫相催。”宋代辛弃疾的《青玉案·元夕》：“东风夜放花千树。更吹落、星如雨。宝马雕车香满路。凤箫声动，玉壶光转，一夜鱼龙舞。”明代瞿佑的《烟火戏》：“天花无数月中开，五彩祥云绕绛台。堕地忽惊星彩散，飞空旋作雨声来。怒撞玉斗翻晴雪，勇踏金轮起疾雷。更漏已深人渐散，闹竿挑得彩灯回。”

82. 鬼斧神工

出处:《庄子·达生》:“梓庆削木为鐻,鐻成,见者惊犹鬼神。”

解析: 艺术技巧高超,像是鬼神制作出来的。形容建筑、雕塑等技艺的高超精巧。

诗化: 宝剑篇

［唐］郭震

君不见昆吾铁冶飞炎烟,红光紫气俱赫然。
良工锻炼凡几年,铸得宝剑名龙泉。
龙泉颜色如霜雪,良工咨嗟叹奇绝。
琉璃玉匣吐莲花,错镂金环映明月。
正逢天下无风尘,幸得周防君子身。
精光黯黯青蛇色,文章片片绿龟鳞。
非直结交游侠子,亦曾亲近英雄人。
何言中路遭弃捐,零落漂沦古狱边。
虽复尘埋无所用,犹能夜夜气冲天。

诗义: 你难道没有看到昆吾的铁石被炼成宝剑,通红的炉火与紫色的光焰璀璨夺目。良工巧匠们不知经过多少年的锻造冶炼,才铸出这把举世无双的龙泉宝剑。剑身铮亮得如雪如霜寒芒四闪,剑工们也赞叹宝剑做工的精巧。宝剑光芒四射,像琉璃玉匣里吐出的白莲,剑柄上镂刻的金环映照着明月的光芒。此剑出世,正逢天下没有战事,庆幸的是被君子佩带防身。耀眼的剑芒像青蛇游动，鞘上的花纹如浮起的绿色的龟鳞。不仅结交侠肝义胆的侠客，也曾经为英难人物所使用。为什么总说它曾中途遭到抛弃，飘零沦落在荒凉的古狱旁呢？虽然被泥土掩埋不能发挥作用，但其威武的剑气仍然夜夜照亮了天空。

简评：剑，是古代冷兵器之一，素有“百兵之君”的美称。宝剑是中华传统文化的一种象征，尤其是传说中的轩辕夏禹、纯钧、湛泸、承影、鱼肠、泰阿、七星龙渊、赤霄、干将、莫邪十大名剑，更是正德、正身、正义的气节的象征。中华传统文化特别注重剑的文化，庄子对剑有着专门的论述：“夫为剑者，示之以虚，开之以利，后之以发，先之以至。愿得试之。”“诸侯之剑，以知勇士为锋，以清廉士为锷，以贤良士为脊，以忠圣士为镡，以豪桀士为夹。”（《庄子·杂篇·说剑》）

中华传统美学特别强调“正”的审美观。治世之音为正，正风正雅就是治世之音。龙泉剑，又名七星龙渊剑，是中国古代名剑，代表着正义、诚信、高洁。传说它是由欧冶子和干将两大剑师联手所铸。据《越绝书》记载，楚王命令风胡子到越地寻找欧冶子，请他制造宝剑。于是欧冶子走遍江南名山大川，最后他来到了龙泉，经两年的努力，终于铸成龙渊、泰阿、工布三把斩铜剁铁如削泥去土的神剑。

剑早已超越兵器的概念，成为古代文人侠客精神的象征，体现着高贵、优雅的气质、格调和品位。文人学士都以书剑为时尚，以表“高士之风”“王者气象”，诗仙李白就是一位书剑侠客。《新唐书·文苑传》记载：“（李白）喜纵横术，击剑，为任侠”。李白自称：“十五好剑术……三十而成文章。”（《与韩荆州书》）李白自幼喜爱剑术，他的父亲曾赠与他龙泉剑，此剑伴随他游遍名山大川。李白一生中创作了上千首诗歌，其中与诗有关的有上百首。“壮士愤，雄风生。安得倚天剑，跨海斩长鲸。”（《临江王节士歌》）“晓战随金鼓，宵眠抱玉鞍。愿将腰下剑，直为斩楼兰。”

（《塞下曲·其一》）“知音不易得，抚剑增感慨。当结九万期，中途莫先退。”（《赠从弟宣州长史昭》）“抚剑夜吟啸，雄心日千里。誓欲斩鲸鲵，澄清洛阳水。”（《赠张相镐·其二》）可谓诗中有剑，剑中有诗，借剑抒情，以剑寓志，达到了诗剑合一的境界，蕴含了诗人的剑胆和诗魂，反映了诗人豪放雄浑的诗风。一千多年后，诗人余光中在《寻李白》中用月光和剑气总结了李白的诗性与人生特色：“酒入豪肠，七分酿成了月光。余下的三分啸成剑气，绣口一吐就半个盛唐。”

83. 惟妙惟肖

出处：《读聊斋杂说》："形容惟妙惟肖，仿佛《水经注》造语。"

解析： 形容描写、模仿得非常逼真，形象生动。

诗化：

咏绣障

［唐］胡令能

日暮堂前花蕊娇，争拈小笔上床描。

绣成安向春园里，引得黄莺下柳条。

诗义： 傍晚时分，堂屋前面的花朵开放得鲜艳美丽，女工们拿着描花的小笔，精心地把花朵描在绷着绣布的绣架上。绣成的屏风摆放在春意盎然的花园里，因绣得精巧逼真，竟引逗得黄莺飞下柳条，向着绣障上的花飞来。

简评： 刺绣是中国传统文化的代表之一。刺绣的美，美在其惟妙惟肖。妙是中华传统审美过程中一种超越物象的形式与情感。"无名，万物之始也；有名，万物之母也。故恒无欲也，以观其妙；恒有欲也，以观其所徼。"（《老子·第一章》）"神也者，妙万物而为言者也。"（《周易·说卦传》）神妙能使万物变化生成，无形存在于有形之中，自然化成。神秘莫测，不见端倪。妙就是一种把握审美对象的神奇技巧。

苏绣、粤绣、湘绣和蜀绣是我国四大名绣。苏绣自古便以精细素雅著称于世。苏绣图案秀丽、构思巧妙、绣工细致、针法活泼、圆转自如、色彩清雅，绣技具有“平、齐、细、密、和、光、顺、匀”的特点。粤绣图案构图饱满、均齐对称，色彩对比强烈、富丽堂皇，在针法上具有“针步均匀、纹理分明、处处见针、针针整齐”的特点。湘绣的美学特点是它以中国画为主，充分发挥针法的表现力，达到构图严谨、形象逼真、色彩鲜明、质感强烈、形神兼备的艺术境界。蜀绣的审美题材丰富，有花草树木、飞禽走兽、山水鱼虫、人物肖像等。蜀绣讲究“针脚整齐，线片光亮，紧密柔和，车拧到家”，是观赏性与实用性兼备的精美艺术品。

84. 栩栩如生

出处：《庄子·齐物论》：“昔者庄周梦为胡蝶，栩栩然胡蝶也，自喻适志与！不知周也。俄然觉，则蘧蘧然周也。”

解析：形容艺术形象生动逼真，就像活的一样。

诗化：

屏风绝句

［唐］杜牧

屏风周昉画纤腰，岁久丹青色半销。
斜倚玉窗鸾发女，拂尘犹自妒娇娆。

诗义：屏风上周昉画的美人丰满而腰细，时间长久画上的颜色大半已褪消。斜倚玉窗梳着鸾凤形发髻的少女，拂去画上灰尘还在嫉妒美人娇娆。

简评：屏风是中华传统文化元素之一，一般陈设于室内的显著位置，起到分隔、美化、挡风等作用。它的制作形式主要有立式屏风、折叠式屏风等。古代的古典屏风工艺精湛，用料讲究，风格各异。古典屏风有浮雕、透雕、彩绘、镶嵌等制作手法，把山水花鸟画、飞禽走兽、历史人物等图案刻绣在屏风上。

王室贵族的屏风比较讲究，在镶嵌工艺上，采用象牙、玉石、珐琅、翡翠等贵重物品。民间的屏风崇尚实用朴素。唐代白居易对屏风艺术有较深入的研究，曾作《素屏谣》曰：“当世岂无李阳冰之篆字，张旭之笔迹，边鸾之花鸟，张璪之松石？吾不令加一点一画于其上，欲尔保真而全白。”表明了其对素屏的崇尚之意。

85. 吹影镂尘

出处：《关尹子·一宇》："言之如吹影，思之如镂尘，圣智造迷，鬼神不识。"

解析：指用嘴吹影子，在尘土的微粒上雕刻。比喻工艺精细到不见形迹。

诗化：　　水调歌头·赠都料邵子和还嘉禾

［元］张雨

别有梓人传，精艺夺天工。
便使玉人雕琢，妙手略相同。
宝殿网珠窗户，华盖狻猊床座，金碧斗玲珑。
花萼间芝草，细缕一重重。
看挥斤，除鼻垩，连成风。
多少巧心奇思，舞凤更翔龙。
纵使棘端猴小，与刻三年楮叶，难比锦心胸。
快袖吴刚斧，修取广寒宫。

诗义：邵子和工匠别有一番大师的传奇，他的雕刻技艺巧夺天工，即便是玉雕，水平也相当精湛。宝殿上的窗花栏格，屋顶和床座上的瑞兽，都玲珑精巧。花卉间的灵兰芝草，精细地雕刻了一道又一道。看他挥动斧子，除垩成风，雕刻技术十分熟练。这些精湛的工艺凝聚了多少巧妙的构思和奇特的想法，塑造了多少龙翔凤舞的佳作。纵然是古时候在针端上刻猴子，以及三年才雕刻成的一枚楮叶，也难以和他的杰作相比。他的技艺之高就好比月宫里伐桂的吴刚，能快速修建那美妙的广寒宫。

简评：玉雕玉器是中华文明古老悠久的重要标志之一。8000年前，中华民族祖先就在磨制石器的过程中认识了玉石的珍贵。此后，工匠们剖璞取玉，琢玉成器，创造了独特的玉器艺术。先秦时期，玉器不仅具有审美价值，也是身份、财富和权力的象征。西周时期，玉器成为礼节、交往的重要载体，甚至成为道德情操高尚的谦谦君子的化身。玉器承载着人们祛祸祈福、安康吉祥的美好愿望。中国古代玉器艺术蕴含着中华民族的心理、意识、志趣和好尚，是中国古代灿烂文化与艺术的重要组成部分。

玉在中华传统审美文化里有着特别的象征意义。一是权以神授。远古时期，掌控祭祀大权者，身上带玉器，以增加神圣的色彩。人们用珍贵的美玉制作祭器，玉器上雕刻着人们想象中的神的形貌，人们希望借玉器特有的质地、造型、花纹与符号，产生神的法力，与神和祖先交流，汲取他们的智慧，获得福庇。二是象征尊贵。古代比较讲究地位高低，礼仪尊卑。“周制王执镇圭，公执桓圭，侯执信圭，伯执躬圭，子执谷璧，男执蒲璧。”（《周礼·春官》）六瑞形制大小各异，以示爵位等级的高低。“以玉作六器，以礼天地四方，以苍璧礼天，以黄琮礼地，以青圭礼东方，以赤璋礼南方，以白琥礼西方，以玄璜礼北方。”（《周礼·春官·大宗伯》）六器有玉璧、玉琮、玉圭、玉璋、玉琥、玉璜，分别代表天、地和东、南、西、北四方。三是以玉比德。孔子说：“昔者君子比德于玉焉，温润而泽，仁也。”（《礼记·聘义》）儒家学派更是将玉作为具有仁、智、义、礼、乐、忠、信、天、地、德、道等十一种品格的象征，“温润而泽，有似于智；锐而不害，有似于仁；抑而不挠，有似于义；有瑕于内必见于外，有似于信；垂之如坠，有似于礼”。（《五经通义》）《诗经》曰：“言念君子，温其如玉。”以物譬人，故而“君子必佩玉”“谦谦君子，温润如玉”“君子如玉玉生香，美玉含香香亦长”“宁为玉碎，不为瓦全”。

86.精妙绝伦

出处:《武林旧事·灯品》:“灯品至多,苏、福为冠,新安晚出,精妙绝伦。”

解析: 指无比精致巧妙,无与伦比。

诗化:

秘色越器

[唐] 陆龟蒙

九秋风露越窑开,夺得千峰翠色来。
好向中宵盛沆瀣,共嵇中散斗遗杯。

诗义: 在带有寒露秋风的早晨,越州的越窑开窑了,窑中精美的秘色陶瓷如千峰叠嶂,千峰翠色尽在窑中。若得瓷器,定用它盛着夜间的露水,与曾经的名士嵇康斗酒赏瓷。

简评: 瓷器是中华民族的重要发明创造,精美的瓷器已经超越生活用品成为珍贵的艺术品。“今俗语窑器谓之磁器者,盖河南磁州窑最多,故相沿名之,如银称‘朱提’,墨称‘隃麋’之类也。”(谢肇淛《五杂俎》)瓷器是由瓷石、高岭土、石英石、莫来石等高温烧制而成,外表施有玻璃质釉或彩绘的物器。瓷器表面的釉色会因为温度的变化而发生各种化学变化,从而形成不同的颜色。秘色越器,也称秘色瓷,是用保密的釉料配方涂抹器物表面而烧成的瓷器。秘色瓷特殊的釉料配方能使瓷器外表产生“如冰”“似玉”的美学效果,釉层特别薄,釉层与胎体结合特别牢固。秘色瓷是进贡朝廷的一种特制的精品瓷器。

历代诗人对瓷器赞赏有加，如唐代杜甫的《又于韦处乞大邑瓷碗》：“大邑烧瓷轻且坚，扣如哀玉锦城传。君家白碗胜霜雪，急送茅斋也可怜。”清代沈嘉徵的《窑民行》：“景德产佳瓷，产器不产手。工匠来八方，器成天下走。”清代弘历的《题宣德宝石红釉碗》：“雨过脚云婪尾垂，夕阳孤鹜照飞时。泥澄铁镞丹砂染，此碗陶成色肖之。”

87. 玲珑剔透

出处：《赵盼儿风月救风尘》：“那厮爱女娘的心，见的便似驴共狗，卖弄他玲珑剔透。”

解析： 形容山石、建筑、工艺品等精致通透，结构精巧。也形容人聪明机灵。

诗化：

咏玉

［唐］韦应物

乾坤有精物，至宝无文章。

雕琢为世器，真性一朝伤。

诗义： 玉是天地的精灵，过度的人工雕琢就失去玉的精华。一旦雕琢成为世俗的器皿，玉就失去朴实无华的品性。

简评：“玉”是一个美好、高尚的字眼，古人常用玉来比喻和形容一切美好的人或事物，如用玉颜来赞美美人姿色，此外形容人的还有“亭亭玉立”“玉树临风”等词，玉总是和美好的事物联系在一起。玉又是和平的象征，由于玉色纯净，质地坚密，也常用它来比喻贞操、节义，如“守身如玉”“玉洁冰清”“宁为玉碎，不为瓦全”。

玉的美质最能表达中国传统美学关于“外文内质”的审美理念。所谓的“外文内质”是指事物的外表和本质、形式与内容应统一。“书以笔为质，以墨为文。凡物之文见乎外者，无不以质有其内也。”（刘熙载《艺概·书概》）一切事物的形式不能脱离一定的充实的内容而单独具有美，即“文”不能离开“质”。玉首先要质地美，其次才是形式美。形式美对玉来说也十分重要。唐太宗说：“玉虽有美质，在于石间，不值良工琢磨，与瓦砾不别。若遇良工，即为万代之宝。”（吴兢《贞观政要・政体》）意思是玉虽有美好的本质，但藏在石头里，没有好的工匠去雕琢研磨，那就和瓦块碎石没有什么区别。如果遇上好的工匠，玉就可以成为流传万代的珍宝。玉雕是良工之作，是中华传统文化的标志之一。品玉重在追求玉的质地美和形式美，形式美主要体现在外形美和结构美。

88. 刻雕众形

出处：《庄子·天道》："覆载天地刻雕众形而不为巧。"

解析： 指雕刻各种物体的形象。

诗化： 白玉金边素瓷胎

［清］弘历

白玉金边素瓷胎，雕龙描凤巧安排。
玲珑剔透万般好，静中见动青山来。

诗义： 洁白的宛如美玉、镶嵌着金色花边的素瓷胎，上面的雕龙画凤栩栩如生。这素瓷胎玲珑剔透非常精美，在宁静之中又好像青山扑面而来。

简评："齑万物而不为戾，泽及万世而不为仁，长于上古而不为寿，覆载天地刻雕众形而不为巧。"（《庄子·天道》）宇宙自然的形象，都是天然造化自然雕刻而成，并非人工所为。因此，庄子提出了"天地有大美而不言，四时有明法而不议，万物有成理而不说"（《庄子·知北游》）。天地自然而然产生的美为大美。这样的美是朴素自然的，是美的最高境界。"朴素而天下莫能与之争美。"（《庄子·天道》）中国传统雕塑艺术如同书法、绘画艺术一样，追求作品表现传神是最高的境界。雕塑分为铜雕、石雕、木雕、玉雕、贝雕、漆雕等等。

中国古代最著名的雕塑是秦兵马俑，秦俑反映了秦军强大的军威，众多俑群构成规模庞大的秦军体系，兵马俑刻雕众形、千姿百态、形神兼备、栩栩如生，显现出崇尚写实、手法严谨的美学特点。汉代画像则是汉雕塑艺术的杰作，主要是画像石、画像砖浮雕或半浮雕的艺术，主要在墓葬、祠堂、庙阙中出现。汉代雕塑作品题材众多，一是表现车马出行、楼阁宴居、宴饮庖厨、乐舞百戏、战争场面等的题材；二是表现西王母、东王公、伏羲、女娲等神灵和各种奇禽怪兽、祥瑞灵异的题材；三是表现古代帝王圣贤、忠臣义士、孝子烈女等历史故事类的题材。汉画像主要采用物象外留有粗犷凿纹的浅浮雕，布局简洁疏朗，物象鲜明醒目，具有古朴豪放、深沉雄大的美学特点。鲁迅曾指出："唯汉人石刻，气魄深沉雄大，唐人线画，流动如生，倘取入木刻，或可另辟一境界。"

魏晋南北朝是佛教在我国盛行的时期，造型艺术也达到了巅峰，出现了莫高窟、云冈石窟、龙门石窟和麦积山石窟四大石窟，这些石窟的雕刻艺术主要是体现佛教艺术的特点，继承了秦汉时期艺术造型的风格。其中莫高窟是一座融绘画、雕塑和建筑艺术于一体，以壁画为主、塑像为辅的大型石窟寺，雄浑宽广，鲜艳瑰丽，具有形象生动的艺术风格和特色。云冈石窟的佛、菩萨、罗汉、飞天面相多为圆胖脸，有祥气和和悦的神态，艺术造型比较注重形态和精神。龙门石窟造像面相瘦削，菩萨广额、秀颈，眉宇开朗，神情恬淡；飞天清丽俊秀，飞扬动荡，是西域文化和中原文化的进一步结合的产物。麦积山石窟佛与菩萨面相由瘦长向丰圆转变，头发为小的螺旋形，佛端庄，菩萨慈祥，弟子和悦，都较为固定。魏晋南北朝之后，大型的雕塑艺术逐渐被书画艺术所取代，书画成为艺术的主角。

89. 独具匠心

出处:《题王右丞山水障》:“精华在笔端,咫尺匠心难。”

解析: 指具有独到的想法或创造性。

诗化: 谒金门·赠雕銮匠

[元] 善住

天赋巧,刻出都非草草。

浪迹江湖今欲老,尽传生活好。

万物无非我造,异质殊形皆妙。

游刃不因心眼到,一时能事了。

诗义: 上天赋予其心灵手巧,雕刻出来的作品都并非马虎草率之作。其行走四方到了今天也快要老了,到处传达着生活美好的信息。世间万物无不是我来创造,奇异的材质特殊的形状都表现得很巧妙。雕刻这门艺术,是需要日积月累的勤雕慢琢才能达到游刃有余的地步,并不是靠耍小聪明所能获得的!

简评: 在我国传统的木雕艺术中,尤其是在根雕中常常可以欣赏到大师们独具匠心的作品。根雕是充分挖掘、利用奇根异木而创造的艺术,蕴含着天人合一、与天同创、妙造自然的美学境界。根雕的美学特征如下:其一,自然美。“及光武中兴,斫雕为朴,六宫称号,唯皇后贵人。”(范晔《后汉书·皇后纪序》)根雕创作注重尊重自然,顺其自然,注意发现、挖掘根木的自然形态、构造、造型、纹理、颜色、神韵等要素,结合人文修养而创作出超越根木自身的作品，可以说“制器尚象”是根雕创作的重要原则。“刻雕万象出冥昧，不见刀斧曾经营。”（曾巩《琅琊泉石篆》）其二，残缺美。自然的神奇力量，塑造了无穷无尽、千姿百态的根木，产生了无数或具象或抽象的艺术造型，也会形成残缺美。“留得残荷听雨声”不就是一种残缺美吗？根雕艺术的残缺美不仅保持了根木的天然造化的自然美，而且让人在欣赏过程中有“迁想妙得”“言不尽意”的审美体验。

“不逢仁人，永为枯木。”（刘安《屏风赋》）经过根艺艺术大师的创作加工，一件件埋在地下的根木才真正化为一件件独具匠心的永恒的艺术作品，一棵棵永恒的树。“太阳给了你生命的照拂，大地给了你身躯的养哺，倘若你只是取暖的碳株，干脆就在草莽中干枯。岂不辜负了大自然的禀赋，怎对得起雷的劈削、雨的鞭驱，只有超越树的老秃你才真正是一棵永恒的树。”（陈立基《鹏风翱翔》）

90. 随物赋形

出处:《书蒲永升画后》:“画奔湍巨浪,与山石曲折,随物赋形,尽水之变,号称神逸。”

解析: 指艺术创造按照客观事物本来的面貌和造型雕刻、描绘和刻画各种事物的形象。

诗化: 杨生青花紫石砚歌

[唐] 李贺

端州石工巧如神,踏天磨刀割紫云。
佣刓抱水含满唇,暗洒苌弘冷血痕。
纱帷昼暖墨花春,轻沤漂沫松麝薰。
干腻薄重立脚匀,数寸光秋无日昏。
圆毫促点声静新,孔砚宽硕何足云!

诗义: 端州石工的手艺真是灵巧如神,磨刀采石山顶上,犹如脚踏青天割紫云。砚台削磨均匀,注上水,像满含水的嘴唇,砚台里花纹隐现仿佛苌弘的碧血印痕。放在书房中白天暖融融,磨动的墨花添春意,轻盈的墨泡和漂动的墨沫散发出松麝的芬芳。这块砚石质干而细润,砚体薄而坚实,在上头磨墨时砚脚紧贴案上,平稳匀称,墨色皎洁如秋阳之镜,明净无昏翳。用笔尖蘸着墨水,在纸上写字发出细微、清新之声,相比之下那又大又粗的孔砚有什么值得称颂!

简评: 随物赋形是强调按客观事物的自然属性来创作艺术作

品的美学观点。《周礼·考工记》指出："审曲面势，以饬五材，以辨民器，谓之百工。"指工匠做器物时通过审度材料的曲直，做具体安排营造。西汉刘胜在《文木赋》中描写了制作实木家具和木雕的技艺："制为乐器，婉转蟠纡。凤将九子，龙导五驹。制为屏风，郁蔣穹隆。制为杖几，极丽穷美。制为枕案，文章璀璨，彪炳焕汗。制为盘盂，采玩蜘蹰。猗欤君子，其乐只且。"

我国传统的各种雕塑雕刻类艺术，包括玉雕、石雕、根雕、漆雕等等，也是按照随物赋形的审美观念进行创作的。

随物赋形的美学观念不仅仅体现在雕塑艺术中，也可以运用于文学创作之中，苏轼说："吾文如万斛泉源，不择地皆可出，在平地滔滔汩汩，虽一日千里无难，及其与山石曲折，随物赋形，而不可知也。所知者，常行于所当行，常止于不可不止，如是而已矣。其他虽吾亦不能知也。"（《自评文》）苏轼的文赋创作，常常根据自然景色的特点，赋予其相匹配的人生哲理、思想观点、人生感悟，使自然景物与内心立意高度契合，由景向理自然过渡，再借景立论。《赤壁赋》《喜雨亭记》《石钟山记》《放鹤亭记》《凌虚台记》等，融记叙抒情于一体，作者随物赋形的思想和才华在这些作品中得以充分展现。

随物宛转、拟容取心、神与物游都属此类审美理念。

十、建筑篇

镗然起了，
嗡然远了，
渐殷然散了；
枫离镇上的人，
寒山寺里的僧，
九月秋风下痴着的我们，
都跟上沉凝的声音依依荡颤。
是寒山寺的钟么？
是旧时寒山寺的钟声么？
——俞平伯《凄然》（节选）

中国传统建筑正是中华传统文化和民族特色的最精彩、最直观、最鲜明的传承载体和表现形式。其特点体现在千门万户、琼楼玉宇、高台厚榭的大气上，体现在飞阁流丹、小桥流水的灵气上，体现在美轮美奂、雕栏玉砌的贵气上，体现在水木清华、曲径通幽的生气上。这些美质都是“天人合一”美学理念的表现。

91. 美轮美奂

出处:《礼记·檀弓下》:“美哉轮焉,美哉奂焉!歌于斯,哭于斯,聚国族于斯。”

解析: 形容房屋高大美观,也形容装饰、布置等美好漂亮。

诗化: 临高台(节选)

[唐] 王勃

临高台,高台迢递绝浮埃。
瑶轩绮构何崔嵬,鸾歌凤吹清且哀。
俯瞰长安道,萋萋御沟草。
斜对甘泉路,苍苍茂陵树。
高台四望同,帝乡佳气郁葱葱。
紫阁丹楼纷照耀,璧房锦殿相玲珑。
东弥长乐观,西指未央宫。
赤城映朝日,绿树摇春风。
旗亭百队开新市,甲第千甍分戚里。
朱轮翠盖不胜春,叠榭层楹相对起。
复有青楼大道中,绣户文窗雕绮栊。

诗义: 登临高台,台上仿佛远离尘世。美丽的楼阁高大雄伟,鸾凤鸣声都清脆而悲哀。俯瞰长安古道,宫墙外御沟里芳草萋萋。斜对着的是通往甘泉宫的官道,汉武帝陵园中树木郁郁苍苍。向四周望去,帝都瑞气笼罩,树木郁郁葱葱。紫红色的亭台楼阁交相辉映,用玉璧和锦缎装饰的房屋宫殿玲珑美丽。向东与长乐观相连，向西直指未央宫。红色的宫城辉映着朝日，碧绿的苑树在春风中摇曳。旗亭下四通八达的地方是新开的市场，千万座高门府第是达官皇戚居住的地方。红轮马车翠盖伞争奇斗艳，胜过春天的姹紫嫣红，层层叠叠的楼台亭榭相对而起，如同雨后的春笋。那些青楼矗立在大道上，雕龙描凤的门窗是格外秀美。

简评：中国的传统建筑具有较高的审美境界，宛若一幅画。在结构上，基本上是铺开成面的“群”，当然也是具有体积感的单体，但它不是独立自在之物，只是作为群体的一部分而存在。共性因素是基本的价值原则，比如平面围绕院落的布局等，代表着共同的生活方式、理想、宇宙观和审美习惯等。在色彩上，中国传统建筑非常注重色彩艺术。北方的红墙、红柱、黄瓦彩画，辉煌富丽，有若工笔重彩，代表着皇家气派；南方的园林、寺观，白墙、黑柱、青瓦，平和淡泊，好似水墨写意，透露出文人气息。无论是北方建筑或是南方建筑都堪称美轮美奂。

美轮美奂属宏大、雄伟、壮阔、气派的美质。秦朝阿房宫被誉为“天下第一宫”，唐代杜牧曾详细描绘了阿房宫的雄伟壮阔：“二川溶溶，流入宫墙。五步一楼，十步一阁；廊腰缦回，檐牙高啄；各抱地势，钩心斗角。盘盘焉，囷囷焉，蜂房水涡，矗不知其几千万落。长桥卧波，未云何龙？复道行空，不霁何虹？高低冥迷，不知西东。歌台暖响，春光融融；舞殿冷袖，风雨凄凄。一日之内，一宫之间，而气候不齐。”（《阿房宫赋》）

92. 千门万户

出处:《史记·孝武本纪》:“于是作建章宫，度为千门万户。”

解析: 形容建筑物规模庞大，门户众多。也形容许许多多的人家。

诗化: 帝京篇（节选）

［唐］骆宾王

山河千里国，城阙九重门。
不睹皇居壮，安知天子尊。
皇居帝里崤函谷，鹑野龙山侯甸服。
五纬连影集星躔，八水分流横地轴。
秦塞重关一百二，汉家离宫三十六。
桂殿嵚岑对玉楼，椒房窈窕连金屋。
三条九陌丽城隈，万户千门平旦开。
复道斜通鳷鹊观，交衢直指凤凰台。

诗义: 大唐山河千万里，都城门户九重。不曾见过帝都皇宫的壮丽，何曾知道天子的尊贵威严？帝都坐落于崤山与函谷关，秦地龙山一带都属于京郊地区。五星连缀与日月有序运行，八川分流纵横于地面上。秦汉关塞有一百二十重，离宫有三十六座。高耸的宫殿对着华丽的楼宇，幽深的后宫连着金屋。帝都的角落也都是纵横大道，千家万户一到清晨陆续开门。凌空的复道斜着伸向鳷鹊观，道路要冲直接通向凤凰台。

简评：千门万户形容建筑物宏大、壮丽的美质。“不睹皇居壮，安知天子尊。”中国古典建筑，尤其是皇家、衙门建筑是礼制的象征，建筑的门类、建筑的构件，甚至建筑体量大小、高低、造型、色彩、雕饰等等都有严格的规定。这些规定主要是出于礼制的考虑。《礼记》曰：“天子之堂九尺，诸侯七尺，大夫五尺，士三尺。”北宋李诫所著的《营造法式》对这些规定和要求都有详尽的记载，《营造法式》是我国古代最完整的建筑技术书籍，标志着中国古代建筑已经发展到了较高阶段。

北京故宫是世界上现存规模最大、保存最为完整的古建筑之一，是典型的有千门万户风格的建筑群，被誉为世界五大宫之首。故宫整体建筑大气恢宏，群落雄伟、主次分明，外观壮丽，造型丰富，雕饰精美，显示出庄严肃穆、唯帝王独尊的气势。整个建筑群体，通过空间、造型、比例、均衡、节奏、色彩、装饰等艺术语言和表现手段达到协调统一，形成了故宫建筑艺术特有的空间造型美。殿宇楼台高低错落，壮观雄伟。北京故宫体现了中国古代建筑美学的优秀传统和独特风格，是中国古代建筑艺术的绝品。

骆宾王的这首诗，主要描绘了帝京长安的繁华、壮丽、大气的景致，体现了大唐的富庶强盛和欣欣向荣的风貌。除了骆宾王，唐代其他诗人的笔下也留下了许多描写千门万户这一建筑风格的诗句。比如王维的《听百舌鸟》：“入春解作千般语，拂曙能先百鸟啼。万户千门应觉晓，建章何必听鸣鸡。”李白的《侍从宜春苑奉诏赋龙池柳色初青听新莺百啭歌》：“春风卷入碧云去，千门万户皆春声。”杜牧的《过华清宫》：“长安回望绣成堆，山顶千门次第开。一骑红尘妃子笑，无人知是荔枝来。”刘禹锡的《台城》：“台城六代竞豪华，结绮临春事最奢。万户千门成野草，只缘一曲后庭花。”张祜的《正月十五夜灯》：“千门开锁万灯明，正月中旬动帝京。三百内人连袖舞，一时天上著词声。”

93. 飞阁流丹

出处：《滕王阁序》："层峦耸翠，上出重霄；飞阁流丹，下临无地。"

解析： 飞阁指架空建造的阁道；流丹指彩饰的鲜艳多彩。形容装饰精巧华丽的建筑物有向上升腾的气势。

诗化： 滕王阁

［唐］王勃

滕王高阁临江渚，佩玉鸣鸾罢歌舞。
画栋朝飞南浦云，珠帘暮卷西山雨。
闲云潭影日悠悠，物换星移几度秋？
阁中帝子今何在？槛外长江空自流！

诗义： 雄伟高耸的滕王阁俯临着江心的沙洲，有着佩玉、鸾铃鸣响的华丽歌舞早已停息。清晨，彩绘的栋梁上飞来了南浦的云；傍晚，珠帘卷入了西山飘来的雨。悠闲的云彩倒映在江水之中，岁月悠悠不尽；景物改变，斗转星移，不知又过了几个春秋。昔日游赏于高阁中的滕王如今在哪里呢？唯有那栏杆外的滔滔江水独自流向远方。

简评： 飞阁流丹属劲健、飞昂、雄伟、华丽的美质。"披绣闼，俯雕甍，山原旷其盈视，川泽纡其骇瞩。闾阎扑地，钟鸣鼎食之家；舸舰弥津，青雀黄龙之舳。云销雨霁，彩彻区明。落霞与孤鹜齐飞，秋水共长天一色。渔舟唱晚，响穷彭蠡之滨；雁阵惊寒，声断衡阳之浦。”（《滕王阁序》）滕王阁位于江西南昌赣江畔，因唐太宗李世民之弟——滕王李元婴始建而得名，与湖南岳阳市的岳阳楼、湖北武汉市的黄鹤楼并称为“江南三大名楼”。唐代韩愈题记：“江南多临观之美，滕王阁独为第一，有瑰丽绝特之称。”（《新修滕王阁记》）如今重建的滕王阁属宋式建筑。宋代的楼阁建筑极窈窕多姿，建筑艺术造型达到极高成就。

飞阁是中国传统建筑与园林艺术追求体势向上升腾的美感的体现，“势”体现内在的生命活力显露于外的动感美。其特点是：其一，凌空飞昂。古建筑在外观上通过各种建筑构件表现出来，突出飞升的美感，以示天地人相通相合的追求。王夫之指出：“论画者曰，咫尺有万里之势，一势字宜着眼。若不论势，则缩万里于咫尺。”（《姜斋诗话》）在建筑造型上，追求静穆中有飞动飘逸的美感。其二，重叠厚重。古建筑比较注重屋檐构建的重叠繁复，“桁梧复迭，势合形离”（《景福殿赋》），表现一种繁复、厚重之美。其三，展翼飞翔。展翼就是建筑物的体势像鸟的双翅，向两边展开。“如跂斯翼，如矢斯棘，如鸟斯革，如翚斯飞，君子攸跻。”（《诗经·小雅·斯干》）新屋挺拔雄伟，如人恭敬竦立，规制严整如箭棱角分明，飞檐造型如大鸟展开双翼，色彩斑斓远看如锦鸡飞腾。

流丹表现建筑物色彩的华丽、鲜明。古代不同的建筑有着鲜明的色彩特征，江南的园林、民居是白墙黛瓦、绿水青山的淡雅宁静，北国的宫殿、王室是黄顶红墙、金碧琉璃的华丽大气。简约淡雅、繁复华丽都是中国传统审美的风格。黄色被誉为居中正统的颜色，为中和之色，“君子黄中通理，正位居体，美在其中而畅于四支，发于事业，美之至也”（《周易·坤》）。红色代表着火、太阳，蕴含着吉祥、旺盛、生机勃勃的寓意。

94. 琼楼玉宇

出处：《拾遗记》："翟乾祐于江岸玩月，或问：'此中何有？'翟笑曰：'可随我观之。'俄见琼楼玉宇烂然。"

解析：指月中宫殿，仙界楼台。形容富丽堂皇的建筑物。

诗化：

念奴娇·中秋

［宋］苏轼

凭高眺远，见长空、万里云无留迹。
桂魄飞来，光射处、冷浸一天秋碧。
玉宇琼楼，乘鸾来去，人在清凉国。
江山如画，望中烟树历历。
我醉拍手狂歌，举杯邀月，对影成三客。
起舞徘徊风露下，今夕不知何夕。
便欲乘风，翻然归去，何用骑鹏翼。
水晶宫里，一声吹断横笛。

诗义：登高远望，天空辽阔，万里无云。月亮的光辉从天上照射下来，使秋天的碧空更加清冷。在月宫的琼楼玉宇上，仙女们乘鸾凤自由自在地飞来飞去，我向往月宫里的清净自在。江山如图画般的美丽，朦胧的月色里，树影婆娑。我醉意迷茫，拍手高歌，举杯邀请明月，对着影子，三人一起蹁跹起舞，愉快地度过良宵，忘记了忧愁，不知道今天是哪一天。我想要乘风而去，飞入月宫，不用骑展翅的大鹏，在月宫里，把横笛吹得深情悠远。

简评：楼是重叠构筑的高层建筑类型。《园冶》解释说：“《说文》云：重屋曰‘楼’。《尔雅》云：陕而修曲为‘楼’。言窗牖虚开，诸孔慺慺然也。造式，如堂高一层者是也。”中国古代四大名楼为岳阳楼、滕王阁、黄鹤楼和蓬莱阁。李白有诗赞黄鹤楼曰：“东望黄鹤山，雄雄半空出。四面生白云，中峰倚红日。”（李白《望黄鹤楼》）

“独鹤高飞雪气浓，梅烟清浅月朦胧。一声箫管归何处？人在琼楼玉宇中。”（王冕《素梅》）玉宇指华丽的宫殿。《汉书》颜师古注：“古者屋之高严，通呼为殿。”明代张居正《宫殿纪》曰：“高皇帝定鼎金陵，文皇帝建都燕蓟，我皇上龙飞襄郢，三大都在寰宇间，皆据百二之雄胜，萃岳渎之灵秀。鸿图华构，鼎峙于南北。”我国著名的宫殿有长乐宫、未央宫、故宫、布达拉宫等，其中故宫的太和殿最为金碧辉煌。“九重宫阙晨霜冷，十里楼台落月明。白发苍颜君勿笑，少年惯听舜韶声。”（陆游《四鼓出嘉会门赴南郊斋宫》）

95. 雕栏玉砌

出处：《虞美人》："雕栏玉砌应犹在，只是朱颜改。"

解析：形容装饰富丽的建筑物。

诗化：

虞美人

［南唐］李煜

春花秋月何时了？往事知多少。
小楼昨夜又东风，故国不堪回首月明中。
雕栏玉砌应犹在，只是朱颜改。
问君能有几多愁？恰似一江春水向东流。

诗义：春花秋月的美景何时才能了结？因为一看到就会有无数往事涌上心头。昨夜小楼上又吹来了春风，在这皓月当空的夜晚，怎承受得了回忆故国的悲伤。故都金陵华丽的宫殿也许还在，但人已憔悴。要问我心中有多少哀愁，就像滚滚东流的一江春水一样流不尽。

简评：中国建筑十分注重群落风格，群落建筑除了殿、堂、楼、阁、厅、馆、亭、廊之外，还配有精美讲究的建筑装饰，比如牌楼、影壁、华表、狮子、日晷、龟鹤、香炉等丰富的艺术形象。古建筑的装饰基本上与建筑本身的构件相结合，如柱、梁、枋等都进行精美加工。房顶、屋身、门窗、屋檐、基座，都进行装饰，装饰的题材有动物中的龙、虎、凤、龟、狮子、麒麟、鹿、鹤、鸳鸯等，植物中的松、梅、竹、兰、菊、柏、荷等。这些建筑就是中华文化的标记和美学元素，能留住记忆，留住我们的建筑美质。

“秋光萧瑟亦心安，挑尽银釭到夜阑。唧唧虫声鸣石砌，沉沉花影压雕栏。”（费墨娟《秋夜》）雕栏也是其中之一。栏杆是中国传统古建筑比较常见的组成部分，无论是亭台楼阁，还是小桥池溪，都离不开栏杆。雕栏就是经过装饰雕刻的栏杆，比如柱头雕有狮子、圆球、莲花、莲瓣、云龙等。根据应用范围的不同而雕不一样的图案，如花鸟走兽，也常刻传统神话传说的图案。寺庙用的石栏杆则常雕刻佛教吉祥花纹。

96. 高台厚榭

出处：《墨子·非乐上》："非以高台厚榭邃野之居以为不安也。"

解析：园林中供休憩和观赏周边景观的建筑物。

诗化：

北楼

［唐］韩愈

郡楼乘晓上，尽日不能回。
晚色将秋至，长风送月来。

诗义：早晨登上北楼，一直待到日落时分，流连忘返，兴致未尽。夜幕降临，秋意阵阵，长风万里，皓月当空。

简评：台榭是古代高台建筑的统称。《墨子·辞过》有言："以为宫室台榭曲直之望，青黄刻镂之饰。""榭者，藉也。藉景而成者也。或水边，或花畔，制亦随态。"（计成《园冶》）"榭"是一种借助于周围景色而修建的供休憩观赏的建筑。临水或局部或全部建筑于水上的建筑称"水榭"，用以休憩和观赏水景，其典型形式是在水边建平台，一半伸入水中，一半靠岸边，上面建亭形建筑物，四周柱间设栏杆等，临水一面特别开敞。"竹映红蕖水榭开，门闲乳雀下青苔。伊人何恋五斗粟，不作渊明归去来。"（梅尧臣《依韵和希深游乐园怀主人登封令》）有的台上的建筑，用各式漏窗、粉墙或圆洞落地罩加以分隔，外围形成回廊，四周立面开敞，供人们休息和观景。"仙人有待乘黄鹤，海客无心随白鸥。屈平辞赋悬日月，楚王台榭空山丘。”（李白《江上吟》）也有建于花畔间，称“花榭”。“水轩花榭两争妍，秋月春风各自偏。惟有此亭无一物，坐观万景得天全。”（苏轼《涵虚亭》）

历史上著名的台榭有芙蓉榭、藕香榭等。唐代顾况曾以《芙蓉榭》为名题诗一首：“风摆莲衣干，月背鸟巢寒。文鱼翻乱叶，翠羽上危栏。”芙蓉榭是苏州拙政园的一处临水风景建筑，小榭前有水景，水中植芙蓉，小榭之名由此而来。每当皓月当空，明月、清风、月影、荷香齐至，美不胜收。藕香榭为《红楼梦》大观园里的景观建筑，史湘云曾在芙蓉榭开菊花诗社，设螃蟹宴。芙蓉榭有对联曰：“芙蓉影破归兰桨，菱藕香深写竹桥。”此对联写的是池中莲花的影子被归舟的兰桨荡破，竹桥架在水面上，菱藕深处的阵阵幽香流泻而出，描绘了藕香榭的美丽秋色。

97. 亭台楼阁

出处：《儿女英雄传》：“虽然算不得大园庭，那亭台楼阁，树木山石，却也点缀结构得幽雅不俗。”

解析：指供游赏、休憩的建筑物。

诗化：

苏溪亭

［唐］戴叔伦

苏溪亭上草漫漫，谁倚东风十二阑。
燕子不归春事晚，一汀烟雨杏花寒。

诗义：苏溪亭边芳草萋萋。谁站在苏溪亭上，在东风吹拂中，倚着栏杆？燕子还没归来，美好的春天就要远去。迷蒙的烟雨笼罩着沙洲，杏花在带有寒意的春风中摇曳。

简评：亭是中国最富有民族特色的建筑，原来只是一种有屋顶而无围蔽、供游人驻足休憩眺望的建筑。《释名》曰：“亭者，停也，所以停憩游行也。”（转引自计成《园冶》）在中国古代建筑中，亭本身具有灵活多变的形制、优美简洁的造型。亭身四面空灵，空间通透，常常成为一个空间中的视线集中点或放射点。亭顶的设计从三角、六角到八角，自方到圆，扇面、梅花、单檐、重檐，造型丰富，气势生动。“惟有此亭无一物，坐观万景得天全。”（苏轼《涵虚亭》）亭的建筑空间完全融于园林的环境之中，内外交融，浑然一体，在空间上体现了有限之中的无限性，能集纳园中的景色。亭的美质在于造型、选址，与周边环境的融合，取决于有限空间与无限空间的融合。

亭也是文人墨客抒怀、送别之处，如李白的《谢公亭·盖谢朓、范云之所游》："谢公离别处，风景每生愁。客散青天月，山空碧水流。池花春映日，窗竹夜鸣秋。今古一相接，长歌怀旧游。"李白的《菩萨蛮》："何处是归程？长亭更短亭。"柳永的《雨霖铃》："寒蝉凄切，对长亭晚，骤雨初歇。"李叔同的《送别》："长亭外，古道边，芳草碧连天。"

阁是类似楼房的建筑物，供远眺、游憩、藏书和供佛之用。《园冶》云："阁者，四阿开四牖。汉有麒麟阁，唐有凌烟阁等，皆是式。"古代阁多用于藏书。

98. 水木清华

出处：《游西池》："惠风荡繁囿，白云屯曾阿。晨戾鸣禽集，水木湛清华。"

解析：形容园林景色清幽美丽。

诗化：

游东田

［南北朝］谢朓

戚戚苦无悰，携手共行乐。
寻云陟累榭，随山望菌阁。
远树暧阡阡，生烟纷漠漠。
鱼戏新荷动，鸟散余花落。
不对芳春酒，还望青山郭。

诗义：戚然无欢，邀友一同游乐。登上云雾笼罩中的高高楼榭，顺着山势眺望远处的菌形台阁。远处树木郁郁葱葱，一片烟雾笼罩、昏暗不明的景象。游鱼嬉戏，触动水中新荷；飞鸟辞树，枝上余花散落。春酒虽美，还是停杯对景，眺望青山下的城郭。

简评：水木清华用于形容环境雅致清幽的园林美景，属清雅、清旷、自然、疏野的美质。清雅指自然风光或艺术风格秀丽雅致、清灵秀美。清雅也可以指文辞清晰明了、秀丽文雅。水木清华的山林地是造园的理想地址。计成在《园冶》中指出："园地惟山林最胜，有高有凹，有曲有深，有峻而悬，有平而坦，自成天然之趣，不烦人事之工。入奥疏源，就低凿水，搜土开其穴麓，培山接以房廊。杂树参天，楼阁碍云霞而出没；繁花覆地，亭台突池沼而参差。绝涧安其梁，飞岩假其栈；闲闲即景，寂寂探春。好鸟要朋，群麋偕侣。槛逗几番花信，门湾一带溪流，竹里通幽，松寮隐僻，送涛声而郁郁，起鹤舞而翩翩。阶前自扫云，岭上谁锄月。千峦环翠，万壑流青。欲藉陶舆，何缘谢屐。”

99. 曲径通幽

出处：《题破山寺后禅院》："清晨入古寺，初日照高林。曲径通幽处，禅房花木深。山光悦鸟性，潭影空人心。万籁此俱寂，但余钟磬音。"

解析： 形容景致僻静、幽雅。

诗化： 下终南山过斛斯山人宿置酒（节选）

［唐］李白

暮从碧山下，山月随人归。
却顾所来径，苍苍横翠微。
相携及田家，童稚开荆扉。
绿竹入幽径，青萝拂行衣。

诗义： 黄昏从终南山下山，山月伴随着行人而归。仔细回望来时走过的山间小路，暮色中山林一片苍茫青翠。偶遇斛斯山人，相携到他家，孩童急忙打开柴门。走进竹林中的幽静小路，青萝枝叶轻拂行人衣裳。

简评： 曲径通幽属含蓄、高古、寻幽之美。中华传统美学对"曲"和"幽"有天然的偏好。曲在中国传统建筑美学里蕴含着"以曲折之意取其幽深"（沈宗骞《芥舟学画编》）的哲理，曲折回环、曲折蜿蜒都能使人感觉到意趣无穷，曲尽其妙，有往复无尽的时空感。关于曲折的论述，计成的《园冶》云："曲折有情，疏源正可""随形而弯，依势而曲""任高低曲折，自然断续蜿蜒"

“深奥曲折，通前达后，全在斯半间中，生在幻境也”。

幽体现了中华传统美学追求藏、掩、隐、抑的理念，幽能产生空间的无限感，“善藏者未始不露，善露者未始不藏”“若主于露而不藏，便浅薄”（唐志契《绘事微言》）。“空山不见人，但闻人语响。返景入深林，复照青苔上。”（王维《鹿柴》）这首诗描绘了和谐宁静的自然景色，表达了诗人恬淡的心境，做到藏而不露，含蓄有致。曲径通幽是一种幽静绝美的环境，并使人产生忘却尘俗、遁世无闷的感觉。正如孟浩然《夜归鹿门歌》所言：“鹿门月照开烟树，忽到庞公栖隐处。岩扉松径长寂寥，唯有幽人自来去。”幽的美质，体现在诗中所写曲折的、幽静的山岩、松间小路上，更隐喻在幽人独自来去，从尘杂世俗到寂寥自然的隐逸道路中。

100. 小桥流水

出处:《人月圆·三衢道中有怀会稽》:“松风十里云门路,破帽醉骑驴。小桥流水,残梅剩雪,清似西湖。而今杖履,青霞洞府,白发樵夫。不如归去,香炉峰下,吾爱吾庐。”

解析: 形容景色宜人、环境幽雅的地方。

诗化:

天净沙·秋思

[元] 马致远

枯藤老树昏鸦,
小桥流水人家,
古道西风瘦马。
夕阳西下,
断肠人在天涯。

诗义: 黄昏,一群乌鸦落在枯藤缠绕的老树上,发出凄厉的哀鸣。小桥下流水潺潺,小桥边茅屋低矮,古道上一匹瘦马在秋风中缓缓前行。夕阳从西边落下,孤独的旅人在远离家乡的地方漂泊。

简评: 小桥流水属闲雅、宁静、淡泊的美质,特别用于形容悠闲、安宁、雅致的地方。清代杨夔生解释“闲雅”为:“疏雨未歇,轻寒独知。茶烟化青,煮藤一枝。秋老茅屋,檐挂虫丝。叶丹苔碧,酒眠悟诗。饮真抱和,仙人与期。其曰偶然,薄言可思。”(杨夔生《续词品·闲雅》)闲雅、宁静、淡泊、疏野是艺术家偏好和追求的风格。“枯藤老树昏鸦，小桥流水人家，古道西风瘦马。”小桥流水人家出现在悲秋的画面里，在孤寂的旅人的旅途中，小桥、流水与安详、宁静人家相互映衬，更显出诗境的古意、沉着。

“日暖泥融雪半消，行人芳草马声骄。九华山路云遮寺，清弋江村柳拂桥。”（杜牧《宣州送裴坦判官往舒州时牧欲赴官归京》）桥是架于水上或空中方便通行的建筑。桥不仅具有交通功能，而且具有供欣赏的景观功能。尤其在中国传统的园林景观中，小桥流水更是重要的景观。中国传统建筑审美特别注重水的布局，“水不在深，妙在曲折”（陈从周《说园》），曲折蜿蜒的流水能产生流水不尽的胜境感，而在曲折的流水上配上精美的小桥则起到画龙点睛的效果。唐朝扬州的二十四座桥及以“二十四”命名的二十四桥是古代小桥的杰作。据沈括《梦溪笔谈·补笔谈》记载，唐时扬州城内水道纵横，有茶园桥、大明桥、九曲桥等二十四座桥。以“二十四”命名的二十四桥为单孔拱桥，该桥长 24 米，宽 2.4 米，栏柱 24 根，台级 24 层，处处都与二十四对应。二十四桥更因唐代杜牧的诗“青山隐隐水迢迢，秋尽江南草未凋。二十四桥明月夜，玉人何处教吹箫”（杜牧《寄扬州韩绰判官》）而闻名天下。

十一、自然篇

云中的神呵，雾中的仙，
神姿仙态桂林的山！
情一样深呵，梦一样美，
如情似梦漓江的水！
……
呵！桂林的山来漓江的水——
祖国的笑容这样美！
——贺敬之《桂林山水歌》

自然美是指自然界中具有审美价值的事物或现象，自然美是天造地设、天地大美、风月无边，自然美是水碧山青、林籁泉韵、山水诗境。

101. 天造地设

出处：《问道堂后园记》："回思向所辟诸境，几若天造地设。"《艮岳记》："真天造地设，神谋化力，非人力所能为者。"

解析： 指自然景色、事物或艺术作品天然形成，合乎理想，没有人为加工雕琢。

诗化： 卜算子·送鲍浩然之浙东

［宋］王观

水是眼波横，山是眉峰聚。
欲问行人去那边？
眉眼盈盈处。
才始送春归，又送君归去。
若到江南赶上春，千万和春住。

诗义： 水像美人流动的眼波，山如美人蹙起的眉毛。想问行人去哪里？行人回答说要到山水交汇的地方。刚送走了春天，又要送你回去。假如你到江南，还能赶上春天的话，千万要把春天的景色留住。

简评："圣人者，原天地之美而达万物之理，是故至人无为，大圣不作，观于天地之谓也。"（《庄子·知北游》）经历了从天人合一的哲学认识，逐步进入到大美不言的艺术审美认识，就形成了自然而然、自然会妙的最高审美境界。"雕削取巧，虽美非秀矣，故自然会妙。"（《文心雕龙·隐秀》）从诗词文赋到戏剧曲艺，从书法绘画到园林建筑，中华传统审美观念都在追求与自然的契合，以自然之美为美。唐代王维指出：“肇自然之性，成造化之功。”（《山水诀》）明代计成说：“虽由人作，宛自天开。”（《园冶》）

“水是眼波横，山是眉峰聚。”天造地设是传统美学追求的最高原则。艺术都是人所创造的，而这样的创造就应该“做”就像没有“做”过一样，不露任何人为痕迹，“做”得就像自然一样。“彼波起辞间，是谓之秀。纤手丽音，宛乎逸态，若远山之浮烟霭，娈女之靓容华。然烟霭天成，不劳于妆点；容华格定，无待于裁熔；深浅而各奇，秾纤而俱妙，若挥之则有余，而揽之则不足矣。”（《文心雕龙·隐秀》）烟霭或浓或淡各显奇景，体态或胖或瘦都各有妙处，要是听其自然就美好有余，而加以人为造作便显得不够自然了。艺术创作必须以自然为最高标准，对人为的雕琢和加工进行规避，在师法自然原则下规避人为的秩序。

102. 天地大美

出处:《庄子·知北游》:“天地有大美而不言,四时有明法而不议,万物有成理而不说。”

解析: 指天地之间的美、大自然的美无穷无尽。

诗化: 鸟鸣涧

［唐］王维

人闲桂花落,夜静春山空。
月出惊山鸟,时鸣春涧中。

诗义: 春天夜晚,寂无人声,芬芳桂花,轻轻飘落。青山碧林,更显空寂。明月升起,惊动几只栖息山鸟。山鸟的清脆鸣叫,长久回荡在空旷山涧。

简评: 天地是造化大美的高超匠人。天地之美,在于宏伟,在于柔美,是一种无差异的齐一醇和之美。大美的天地是我们拥有的财富,可以尽情地欣赏和拥抱。正如苏轼所说:“且夫天地之间,物各有主,苟非吾之所有,虽一毫而莫取。唯江上之清风,与山间之明月,耳得之而为声,目遇之而成色,取之无禁,用之不竭。是造物者之无尽藏也,而吾与子之所共适。”(苏轼《前赤壁赋》)天地万物各有所归,唯有江上的清风、山间的明月是造物者恩赐的宝藏,你我可以一起享用。

历代诗人留下了无数赞扬天地大美的诗篇。称其宏伟的有“千山鸟飞绝,万径人踪灭”“星垂平野阔,月涌大江流”“大漠孤烟直，长河落日圆”等，称其柔美的有“竹香新雨后，莺语落花中”“桃花春水渌，水上鸳鸯浴”“淑气催黄鸟，晴光转绿苹”等。天地大美还表现在高山大河的汹涌之势，山间小溪的潺潺之音；河流的蜿蜒流淌，大江湖泊的烟波浩渺；微风涟漪的宁静素雅，急流奔腾的勃勃生机。瀑落深潭，声震故里；泉涌如驰，生机盎然。一山一水、一景一物都能表现出大自然的美丽和魅力。

在那些浪漫而富有想象力的诗人眼里就连秋天的残荷也是美的，“白露凋花花不残，凉风吹叶叶初干。无人解爱萧条境，更绕衰丛一匝看”（白居易《衰荷》）。而李商隐却在雨打枯荷的沙沙声中，寻找到秋思之美：“竹坞无尘水槛清，相思迢递隔重城。秋阴不散霜飞晚，留得枯荷听雨声。”（李商隐《宿骆氏亭寄怀崔雍崔兖》）而多愁善感的林黛玉将“留得枯荷听雨声”改为“留得残荷听雨声”，可谓恰到好处。天地间，一片普通的荷叶，从绿荷的葱郁，到残荷的枯败，从“映日荷花别样红”到“留得枯荷听雨声”，这一春去秋来的轮回，能勾起多少美妙遐想，寄托多少人间的喜怒哀愁？天地有大美而不言，美在哪呢？“去年今日此门中，人面桃花相映红。人面不知何处去，桃花依旧笑春风。”（崔护《题都城南庄》）美在于发现，在于邂逅，在于不经意的感动中。

103. 风月无边

出处：《六先生画像赞·濂溪先生》："风月无边，庭草交翠。"

解析：指自然和人文风景非常优美，风光无限。

诗化：

鹊桥仙

［元］滕宾

斜阳一抹，青山数点，万里澄江如练。
东风吹落橹声遥，又唤起、寒云一片。
残鸦古渡，荒鸡村店，渐觉楼头人远。
桃花流水小桥东，是那个、柴门半掩。

诗义：在一道夕阳的映照下，远处的群山只有山峰现出点点苍翠之色，一望无际的江流舒展在天空下，宛如一条白绢。和风送来了远处摇橹的响声，似乎唤来了一片飘浮的云朵。在荒凉的古老渡口，听夕阳下鸦阵聒噪着回巢，村舍荒坡上鸡群在暮野中回巢，渐渐感觉到故乡楼头颙望盼归的亲人离自己越来越远。在桃花掩映、溪流潺潺的那座小桥的东边，有一扇半遮半掩的柴门。

简评：这是一首非常绝妙、意境悠远、富有神韵的诗词。写在斜阳洒射的黄昏，数座青山远远地矗立着，光波在江面上呈现出了澄静的光彩，描绘了景色的恢宏、绚烂。从古渡寒鸦到野村荒店，衬托了旅人的孤独寂寞。视野由远而近、由近而远，心境由外而内、由内而外，有一种风月无边的感觉。风月无边属自然和人文的大美。历史上关于风月无边有个非常有趣的故事。相传乾隆下江南，曾游历西湖，行至湖心亭，被西湖的美景所吸引，便题下了“虫二”二字，寓意“风月无边”。这两个字是取“风”字的繁体字“風”中的“虫”字和“月”字中的“二”，变成“虫二”。

风月狭义指风景，广义包含丰富、美妙的人文故事、传说、佳话和审美境界。无边即无限、难以形容、言不尽意之美。“东风吹落橹声遥，又唤起、寒云一片。”“桃花流水小桥东，是那个、柴门半掩。”两句都有无边的味道。风月无边是景色的韵味，让审美主体的思绪和心情进入了怡然自得的境界，以至景与情相契，意与景相合，从自然的审美上升为艺术的审美，从具象的审美上升为意境的审美，达到万化冥合、心凝形释的心灵追求。“行到水穷处，坐看云起时。偶然值林叟，谈笑无还期。”（王维《终南别业》）“闲云随舒卷，安识身有无。”（李白《赠丹阳横山周处士惟长》）

104. 引人入胜

出处:《世说新语·任诞》:“王卫军云,酒正自引人著胜地。”

解析: 形容美妙的山水风景把人带到优美的境地。也比喻文艺作品吸引人。

诗化: 如梦令·常记溪亭日暮

［宋］李清照

常记溪亭日暮,沉醉不知归路。
兴尽晚回舟,误入藕花深处。
争渡,争渡,惊起一滩鸥鹭。

诗义: 常常回忆起在溪边的亭子里游玩直到日暮时分的美好情景,喝得大醉不知道回去的路。一直玩到兴尽,天色已晚才乘舟返回,却迷路误入荷花的深处。争着划呀,用力划,惊起了一群在滩上栖息的鸥鹭。

简评: 能引人入胜的是让人着迷、流连忘返的胜境、佳境。这样的胜境常常是指物质世界,但也可以指精神世界。历史上中国各地景点中被誉为胜境的地方有很多,比如方壶胜境、漓江胜境等等。其中,方壶胜境是圆明园中最为宏伟美丽的建筑,是以想象中的仙山楼阁为题材而建造的。清代乾隆皇帝有《方壶胜境》御诗赞曰:“飞观图云镜水寒,拿空松柏与天参。高冈翔羽鸣应六,曲渚寒蟾印有三。鲁匠营心非美事,齐人扼腕只虚谈。争如茅土仙人宅,十二金堂比不惭。”(《圆明园四十景图咏》)1860

年 10 月，整个胜境景群被英法联军劫掠后焚毁。现代画家李可染从传统美学原理出发，用“以大观小”的创造性实践以及有胆有识的发挥，创作出精神胜境《漓江胜境图》。

什么样的风景能引人入胜？唯有诗境。何为诗境？具有清朗、澄明、幽静、神逸等意境的美景，皆可称之为诗境。唐代白居易的诗境是闲逸的，“朝衣薄且健，晚簟清仍滑。社近燕影稀，雨余蝉声歇。闲中得诗境，此境幽难说。露荷珠自倾，风竹玉相戛。谁能一同宿，共玩新秋月。暑退早凉归，池边好时节”（《秋池·其二》）。而宋代吴龙翰心中的诗境是澄明的，“流水环诗境，未容尘土侵。步迂松径曲，坐占草堂深。秋句蛩分和，山杯鸟劝斟。好怀无客共，相对一瑶琴”（《诗境》）。而唐代的王昌龄从诗学的角度，实实在在对诗学中的诗境做了扼要的总结，“诗有三境。一曰物境：欲为山水诗，则张泉石云峰之境极丽绝秀者，神之于心，处身于境，视境于心，莹然掌中，然后用思，了然境象，故得形似。二曰情境：娱乐愁怨，皆张于意而处于身，然后驰思，深得其情。三曰意境：亦张之于意而思之于心，则得其真矣”（《诗格》）。

105. 人间仙境

出处：《游庐山吊大林》："康庐第一推仙境，遂使如今忍陆沉。"

解析： 比喻不受外界影响的幽静、景色优美的地方。也比喻理想中的世外桃源。

诗化：

点绛唇·桃源

［宋］秦观

醉漾轻舟，信流引到花深处。
尘缘相误，无计花间住。
烟水茫茫，千里斜阳暮。
山无数，乱红如雨，不记来时路。

诗义： 我酒醉后划着小船，飘荡在湖面上，听任流水把小船推向繁花深处。无法摆脱尘世间的名利纠缠，也没有办法在这仙境般的地方久留。离开时水面上烟雾茫茫，大地笼罩在夕阳的余晖里。两岸的青山无数，晚风吹来，落花如雨，再回头已看不到来时走过的路了。

简评： 传说蓬莱是"人间仙境"，为"八仙过海"之地。蓬莱是中国人心目中居住和游赏的理想之地，蓬莱这一称谓实际包含了蓬莱岛上的蓬莱、方丈、瀛洲、岱舆和员峤五座山。南朝陶弘景笔下的人间仙境是这样的："山川之美，古来共谈。高峰入云，清流见底。两岸石壁，五色交辉。青林翠竹，四时俱备。晓雾将歇，猿鸟乱鸣；夕日欲颓，沉鳞竞跃。实是欲界之仙都。”（《答谢中书书》）李白诗中的人间仙境是：“千岩万转路不定，迷花倚石忽已暝。熊咆龙吟殷岩泉，栗深林兮惊层巅。”（《梦游天姥吟留别》）

也有人将心安之处喻为仙境，哪怕是陋室一间，茅屋一座。唐代刘禹锡的仙境正是那一间陋室：“山不在高，有仙则名。水不在深，有龙则灵。斯是陋室，惟吾德馨。苔痕上阶绿，草色入帘青。谈笑有鸿儒，往来无白丁。可以调素琴，阅金经。无丝竹之乱耳，无案牍之劳形。南阳诸葛庐，西蜀子云亭。孔子云：何陋之有?”（《陋室铭》）宋代邵雍也安心于这样的仙境：“心安身自安，身安室自宽。心与身俱安，何事能相干。谁谓一身小，其安若泰山。谁谓一室小，宽如天地间。”（《心安吟》）

106.旖旎风光

出处:《官场现形记》:“一霎时局已到齐，真正是翠绕珠围，金迷纸醉，说不尽温柔景象，旖旎风光。”

解析: 指美丽的自然风光或柔和而美丽的风韵气质。

诗化:

周庄河

［唐］王维

清风拂绿柳，白水映红桃。

舟行碧波上，人在画中游。

诗义: 柔和的春风轻拂着翠绿的杨柳，清澈的水面倒映着殷红的桃花。坐着小船游荡在碧波之上，我们就像漫游在美丽的画中。

简评: 王维这首小诗虽然短小，但却具备了清韵、柔婉、绮丽、自然的美质，让人读起来觉得轻松直白、韵味悠长。“韵”是中华传统美学的重要审美理念。在人格美方面，“韵”可指人物超然脱俗的情操、气节、神态和风度。“阮浑长成，风气韵度似父。”（刘义庆《世说新语·任诞》）“小立背秋千，空怅望、娉婷韵度。”（张震《蓦山溪·春半》）在绘画方面，魏晋南北朝时期的谢赫在《古画品录》中常用“韵”来评论和衡量绘画的水平，“情韵连绵”“神韵气力”“体韵遒举，风彩飘然”。宋代黄庭坚指出：“凡书画当观韵。”（黄庭坚《题摹燕郭尚父图》）在诗词方面，“且以文章言之，有巧丽，有雄伟，有奇，有巧，有典，有富，有深，有稳，有清，有古……其次一长有余，亦足以为韵”（范温《潜溪诗眼》）。“韵”的美质成为各类艺术审美的重要标准。

“烟花淡淡雨声息，云脚疏疏日影红。桃花作雨梨花雪，春在绿杨芳草中。”（项安世《春阴》）要将身心融入旖旎的山水之中，把握山水的特性和情调，同时融入到丰富多彩的实践之中，了解真实生活的内涵与情感，才有利于艺术作品的创作。明代唐志契说：“凡画山水，最要得山水性情。得其性情，山便得环抱起伏之势，如跳，如坐，如俯仰，如挂脚，自然山性即我性，山情即我情，而落笔不生软矣。”（唐志契《绘事微言·山水性情》）明代王履提出：“吾师心，心师目，目师华山。”（王履《华山图序》）

107. 沧浪入画

出处：《楚辞·渔夫》："沧浪之水清兮，可以濯吾缨；沧浪之水浊兮，可以濯吾足。"《文选·塘上行》："发藻玉台下，垂影沧浪泉。"《合江亭》："长绠汲沧浪，幽蹊下坎坷。"

解析：指如诗如画的自然水面，泛指风景如画的大自然。

诗化： 西岳云台歌送丹丘子（节选）

［唐］李白

西岳峥嵘何壮哉！黄河如丝天际来。
黄河万里触山动，盘涡毂转秦地雷。
荣光休气纷五彩，千年一清圣人在。
巨灵咆哮擘两山，洪波喷箭射东海。

诗义：华山峥嵘而雄伟高峻！黄河像细丝一样从天边蜿蜒而来。奔腾万里，汹涌激射，山震谷荡地挺进。飞转的漩涡，犹如滚滚车轮；水声轰响，犹如秦地焦雷。阳光照耀，水雾蒸腾，瑞气祥和，五彩缤纷。千年一清，必有圣人出世。巨灵一般咆哮而进，擘山开路，一往而前。巨大的波澜喷流激射，一路猛进流入东海。

简评：优美的生态环境是一首诗，一幅画。"桂叶藏金屿，藤花闭石林。天窗虚的的，云窦下沉沉。"（沈佺期《从崇山向越常》）这几句诗生动地勾画出一幅仙境般的广西山水风景画。王维的"空山新雨后，天气晚来秋。明月松间照，清泉石上流。竹喧归浣女，莲动下渔舟。随意春芳歇，王孙自可留”（王维《山居秋暝》）被后人评价道：“写景之句，以工致为妙品，真境为神品，淡远为逸品。”苏轼评价王维的诗画时说：“味摩诘之诗，诗中有画；观摩诘之画，画中有诗。”优美的生态环境是宜居生活、幸福生活的基础，不长草木的金山银山是没办法生存的，更谈不上诗意地栖息。“苍苍森八桂，兹地在湘南。江作青罗带，山如碧玉簪。户多输翠羽，家自种黄甘。远胜登仙去，飞鸾不假骖。”（韩愈《送桂州严大夫》）在这首诗中诗人描绘了桂林的生态美。“江作青罗带，山如碧玉簪”，青山绿水带来了金山银山，“户多输翠羽，家自种黄甘”，同时也造就了人间仙境，“远胜登仙去，飞鸾不假骖”。

元代赵孟頫提出要外师造化，拜自然山水为师，提升对自然美的领悟力和表现力，“桑苧未成鸿渐隐，丹青聊作虎头痴。久知图画非儿戏，到处云山是我师”（赵孟頫《题苍林叠岫图》）。沧浪入画是人化自然的一种形式，指人在认识自然的实践活动中，使自然界成为自身的作品，成为人化的自然界，形成从“优美”的“有我之境”，到“壮美”的“无我之境”。沧浪入画是主动地认识自然，能动地创造自然美的实践活动。

108. 水碧山青

出处：《桐庐县作》："钱塘江尽到桐庐，水碧山青画不如。白羽鸟飞严子濑，绿蓑人钓季鹰鱼。"

解析： 形容景色和环境十分优美。

诗化： 洛中逢韩七中丞之吴兴口号五首（其四）

［唐］刘禹锡

骆驼桥上苹风起，鹦鹉杯中箬下春。

水碧山青知好处，开颜一笑向何人。

诗义： 骆驼桥上微风乍起，鹦鹉杯中盛满了箬下村的美酒。那里山青水绿实在是个好地方，但展颜一笑又能向着谁呢？

简评： 水碧山青属自然、清奇、绮丽的美质。自远古以来，中国人的审美之中对山水情有独钟，《诗经》中那些让人怦然心动的美好情感流淌在水碧山青之中。"关关雎鸠，在河之洲。窈窕淑女，君子好逑"（《诗经·周南·关雎》），青春靓丽的少男少女那美好的情感在水边激荡起来。"蒹葭苍苍，白露为霜。所谓伊人，在水一方"（《诗经·秦风·蒹葭》），所思念的那个人儿，就在水的那一边。"泛彼柏舟，在彼中河。髧彼两髦，实维我仪"（《诗经·鄘风·柏舟》），心中倾慕的美少年就在河的中央。那些人的胸怀也像青山般的宽厚。"考槃在阿，硕人之薖。独寐寤歌，永矢弗过"（《诗经·卫风·考槃》），与青山为伴，心神疏朗。"高山仰止，景行行止。四牡騑騑，六辔如琴"（《诗经·小雅·车辖》），先生大德如高山让人敬仰，行为正大光明令人追随。

“小斋清坐校韦编，水碧山青照几筵。窈窕虚窗云入屋，苍茫平野草浮烟。”（李延兴《山居》）在《诗经》的熏陶下，孔子提出了“乐山乐水”的重要审美思想，“知者乐水，仁者乐山；知者动，仁者静；知者乐，仁者寿”（《论语·雍也》），将山水的情怀从《诗经》的少男少女的思慕提升到了哲理和社会的大美层次。水，充满灵气与生机，代表着智者的智慧和灵性；山，坚实而厚重，代表着仁者的胸怀和气度。在水碧山青之中，人们体验着水的灵性和山的厚实，涵养着智慧和仁爱。

109. 林籁泉韵

出处：《汉文学史纲要·自文字至文章》："故凡虎斑霞绮，林籁泉韵，俱为文章。"

解析：指风吹林木和泉石相激而产生的悦耳声音。形容天籁之音。

诗化：

山店松声（其二）

［宋］杨万里

松本无声风亦无，适然相值两相呼。
非金非石非丝竹，万顷云涛殷五湖。

诗义：松树本来是没有声音的，风也是无声的，而当两者偶然相遇时便会发出美妙的天籁之音。不是金石之声，也非丝竹之音，而是好像万里云海震动五湖的浩瀚之声。

简评：林籁泉韵属自然、清新、典雅的美质。林籁是指风吹林木发出的悦耳的声音。南朝梁刘勰《文心雕龙·原道》有言："至於林籁结响，调如竽瑟；泉石激韵，和若球锽。"唐代沈亚之《歌者叶记》云："一歌而林籁荡，再歌则行云不流矣。"泉韵指潺潺的溪流声。中国传统美学对"韵"的美质特别青睐，有清韵、泉韵、风韵、神韵之说。艺术创作都十分注重"韵"的境界，"韵"是艺术的重要风格。魏晋南北朝时期的谢赫提出气韵是绘画艺术创作首要之法："六法者何？一气韵生动是也，二骨法用笔是也，三应物象形是也，四随类赋彩是也，五经营位置是也，六传移模写是也。”（《古画品录》）绘画中，以“情韵连绵”“神韵气力”“体韵遒举，风彩飘然”“力遒韵雅，超迈绝伦”来评价绘画艺术。清代黄钺也提出，气韵是画作的首要品格，“六法之难，气韵为最。意居笔先，妙在画外。如音栖弦，如烟成霭。天风泠泠，水波涉涉。体物周流，无小无大。读书万卷，庶几心会”（《二十四画品》）。

三国曹植谓琴的清韵是雅，“聆雅琴之清韵，记六翮之末流”（《白鹤赋》）。清韵也是历代诗人们心仪的美质。如唐代白居易的《官舍小亭闲望》：“风竹散清韵，烟槐凝绿姿。”宋代贺铸的《南歌子》：“傍水添清韵，横墙露粉颜。”清代姚鼐的《送郑羲民郎中守永州》：“雨窗黯青灯，听君绝妙辞。清韵倏邈远，南行诣湘漓。”

110. 山水诗境

出处:《诗境》:“流水环诗境,未容尘土侵。步迂松径曲,坐占草堂深。秋句蛩分和,山杯鸟劝斟。好怀无客共,相对一瑶琴。”

解析: 指大自然所形成的能给人以美感的意境。

诗化: 山园小梅(其一)

[宋] 林逋

众芳摇落独暄妍,占尽风情向小园。
疏影横斜水清浅,暗香浮动月黄昏。
霜禽欲下先偷眼,粉蝶如知合断魂。
幸有微吟可相狎,不须檀板共金樽。

诗义: 百花凋零,独有梅花迎着寒风昂然盛开,那明媚艳丽的景色把小园的风光占尽。稀疏的影子横斜在清浅的水中,清幽的芬芳浮动在黄昏的月光之下。寒雀想飞落下来时,先偷看梅花一眼;蝴蝶如果知道梅花的妍美,定会销魂失魄。幸喜我能低声吟诵,和梅花亲近,用不着俗人敲着檀板唱歌,执着金杯饮酒来欣赏它了。

简评:“疏影横斜水清浅,暗香浮动月黄昏”两句把梅花的气质风姿惟妙惟肖地表现了出来,突出了梅花的神清骨秀、高洁端庄、幽独超逸,真实地表现了诗人在朦胧月色下漫步在清澈的水边,对梅花清幽香气的感受。那静谧的意境,疏淡的梅影,缕缕的清香，使之陶醉。这两句浓缩了梅花独特的美学特征，给予了人们丰富的想象空间，是表现梅花诗境的千古绝句。

“微雨止还作，小窗幽更妍。盆山不见日，草木自苍然。忽登最高塔，眼界穷大千。卞峰照城郭，震泽浮云天。深沉既可喜，旷荡亦所便。”（苏轼《端午遍游诸寺得禅字》）该诗描绘了自然山水的美景。山水诗是指描写大自然风景或自然界事物的诗，并非局限于山水，也并非局限于自然界的一草一木。诗境是诗人所营造的给人以美感的意境。“疏影横斜水清浅，暗香浮动月黄昏”给读者呈现了超凡脱俗、内涵高雅、骨感俊逸的梅花傲然屹立的诗境。宋代张道洽的《岭梅》说：“到处皆诗境，随时有物华。应酬都不暇，一岭是梅花。”山水诗境让人与自然融为一体，形成更加美好的景象。比如“采菊东篱下，悠然见南山”达到了物我不分的诗境。“大自然的智慧，永远难以理喻。每一方土地，都是读不完的书”（孔林《智慧》），也只有优美的自然风景才能产生山水诗境。

十二、四季篇

风，把红叶
掷到脚跟前。
噢，
秋天！
绿色的生命也有热血，
经霜后我才发现……
——沙白《红叶》

一年四季，美无时不在，无处不在。春光明媚属秀丽、神旷的美质；夏树苍翠属润泽的美质；桂子飘香属清雅的美质；白雪皑皑属明洁、清旷的美质。

111.春光明媚

出处:《斗鹌鹑·踏青》:“时遇着春光明媚,人贺丰年,民乐雍熙。

解析: 形容春天的景物绚丽美好,怡人可爱。

诗化:

绝句(其一)

[唐]杜甫

迟日江山丽,春风花草香。

泥融飞燕子,沙暖睡鸳鸯。

诗义: 春日渐长,春光明媚,江山沐浴着春光,秀丽多姿,春风送来花草的阵阵芳香。燕子衔着湿泥忙着筑巢,暖和的沙滩上睡着成双成对的鸳鸯。

简评: 春光明媚属秀丽、神旷的美质。杜甫经过细心的观察,通过春日、春风、山川、花草来表现春光明媚、惠风和顺、草绿花香的春天大场景;又进一步通过描写燕子与融泥、鸳鸯与暖沙来描述春天的小场景,细微地刻画了燕子的轻盈欢快、鸳鸯的娇慵,表现了春天的自然、柔美、和谐。诗人以诗为画,笔法高妙。“水是眼波横,山是眉峰聚。欲问行人去那边?眉眼盈盈处。才始送春归,又送君归去。若到江南赶上春,千万和春住。”(王观《卜算子·送鲍浩然之浙东》)春天多么美好,千万好好享受美好的春光。

“爱看山水无虚日,等共渔樵老此生。最喜春光明媚里,同来柳陌听新莺。”（祝廷华《次韵再和章君慰农七律·其三》）描绘春色的诗词中还有很多佳作，如杜甫的《春日江村五首·其一》：“农务村村急，春流岸岸深。乾坤万里眼，时序百年心。”宋代苏轼的《蝶恋花》：“花褪残红青杏小。燕子飞时，绿水人家绕。枝上柳绵吹又少。天涯何处无芳草。墙里秋千墙外道。墙外行人，墙里佳人笑。笑渐不闻声渐悄，多情却被无情恼。”

112. 杏花春雨

出处：《山水图》：“展卷令人倍惆怅，杏花春雨隔江南。”

解析： 初春杏花绽放、细雨润泽的景象。

诗化： 风入松·寄柯敬仲

［元］虞集

画堂红袖倚清酣，华发不胜簪。
几回晚直金銮殿，东风软、花里停骖。
书诏许传宫烛，轻罗初试朝衫。
御沟冰泮水挼蓝，飞燕语呢喃。
重重帘幕寒犹在，凭谁寄、银字泥缄。
为报先生归也，杏花春雨江南。

诗义： 与宴画堂，有美人相伴劝酒，酒意微酣时斜着身子，头上白发稀疏无法束簪。数次值夜于金銮殿，春风轻拂，车马停靠在花丛间。为皇帝起草好诏书后，换上赏赐的轻罗朝衫，宫人执灯送回学士院。皇城的御沟里冰块初融，露出碧蓝的春水，燕子呢喃着迎接春天的到来。夜幕重重，春寒还没有消退，请谁寄出书信呢？将我归隐的讯息告诉你，京城比不上杏花盛开、烟雨朦胧的江南。

简评： 杏花春雨属艳丽、润泽、梦幻、朦胧的美质。“渔歌唱过鸥边月，牧笛吹残谷口烟。不独仙源异人境，杏花春雨自江天。”（王肆《题沈孟渊江乡深处》）王蒙曾经说过：“雨是梦的，风是灵的，自然的雨风被赋予了超自然的神灵与心灵的品格。”（王蒙《雨在义山》）春雨后万物复苏，生机勃勃，“昨夜一霎雨，天意苏群物。何物最先知，虚庭草争出”（孟郊《春雨后》）。杏花春雨带有梦幻，也带有灵性，更有着艳丽和润泽。春雨不同于秋雨，秋雨往往引起人们的哀愁，而春雨给人带来的多为窃窃的欢喜，唐代杜甫在《春夜喜雨》中写道：“好雨知时节，当春乃发生。随风潜入夜，润物细无声。”

春雨也带来远离尘世、心境淡泊的感受，如宋代陆游的《临安春雨初霁》：“世味年来薄似纱，谁令骑马客京华。小楼一夜听春雨，深巷明朝卖杏花。矮纸斜行闲作草，晴窗细乳戏分茶。素衣莫起风尘叹，犹及清明可到家。”当然，杏花春雨的季节，也是情意绵绵、思春的季节，如元代王冕的《山水图》：“展卷令人倍惆怅，杏花春雨隔江南。”清代蒋伟的《杏花春雨》：“好花容易占春光，十二阑杆倚额妆。寄语曲江春燕子，共邀雨露待新郎。”而春雨中的送别，更是难舍难分，“渭城朝雨浥轻尘，客舍青青柳色新。劝君更尽一杯酒，西出阳关无故人”（王维《渭城曲》）。杏花春雨给人飘渺的梦幻美感。

113. 红瘦绿肥

出处:《桃源忆故人·春暮》:“画桥流水飞花舞，柳外斜风细雨。红瘦绿肥春暮，肠断桃源路。”

解析: 形容花草枝叶茂盛，花瓣逐渐凋落的暮春景色。

诗化: 如梦令

[宋] 李清照

昨夜雨疏风骤，浓睡不消残酒。
试问卷帘人，却道海棠依旧。
知否？知否？应是绿肥红瘦。

诗义: 昨夜风急雨疏，酣睡了整夜可酒意尚在。试问卷帘的侍女：海棠花怎么样？她说海棠花依然如旧。可你知道吗？知道吗？应该是绿叶更加繁茂，红花凋零稀少了。

简评: 李清照这首词的美学意境是含蓄、委婉的。该词形象地描写出暮春草木枝繁叶茂，而百花逐渐凋落的景象，表达对艳丽的海棠花凋零的遗憾，对春天将逝的惋惜。词句虽短，但含蓄蕴藉、意味深长，以景衬情，对人物情绪和思想的刻画生动细致。

“画桥流水飞花舞，柳外斜风细雨。红瘦绿肥春暮，肠断桃源路。”（吴礼之《桃源忆故人·春暮》）肥与瘦是中国传统审美风格的一对范畴。从书画的角度来看，肥代表着笔墨饱满、圆润熟丰；瘦代表瘦硬峭拔、骨力劲健。在对肥与瘦尺度的偏好和把握上有三种主要的原则。其一，以瘦为美。“善笔力者多骨，不善笔力者多肉；多骨微肉者谓之筋书，多肉微骨者谓之墨猪。多力丰筋者圣，无力无筋者病。”（卫夫人《笔阵图》）其二，肥而有骨，风韵十足。“短长肥瘦各有态，玉环飞燕谁敢憎。”（苏轼《孙莘老求墨妙亭诗》）其三，肥瘦匀称，各得称宜。“用笔不欲太肥，肥则形浊；又不欲太瘦，瘦则形枯。”（姜夔《续书谱》）“书之要，统于骨气二字。骨气而曰洞达者，中透为洞，边透为达。洞达则字之疏密肥瘦皆善，否则皆病。”（刘熙载《艺概·书概》）

114. 夏山如碧

出处:《山海经·西山经》:“又西百五十里高山，其上多银，其下多青碧、雄黄。”

解析: 指夏季的山岭一片碧绿葱茏的景象。

诗化: 鹧鸪天·林断山明竹隐墙

［宋］苏轼

林断山明竹隐墙，乱蝉衰草小池塘。
翻空白鸟时时见，照水红蕖细细香。
村舍外，古城旁，杖藜徐步转斜阳。
殷勤昨夜三更雨，又得浮生一日凉。

诗义: 远处郁郁葱葱的树林尽头，耸立着一座清晰可见的高山。近处翠竹围绕的屋舍旁，有一个长满衰草的小池塘，蝉声四起。天空中偶有白色的小鸟掠过，塘中荷花散发着阵阵幽香。在乡村的野外，古城墙的旁边，我手持藜杖漫步，转眼间已是黄昏。昨夜天公殷勤地降下一场好雨，今天又能使闲逸的我享受一天的舒心清凉。

简评: 夏山如碧是大自然的恩惠。“林断山明竹隐墙，乱蝉衰草小池塘。”苏轼在这短短的两句诗里，就用了林、山、竹、墙、蝉、草、池塘七种景物来描写夏日，容量如此之丰富，堪为妙笔。苏轼另一首描写夏日的诗也堪称绝唱:“绿槐高柳咽新蝉，薰风初入弦。碧纱窗下水沉烟，棋声惊昼眠。微雨过，小荷翻，榴花开欲然。玉盆纤手弄清泉，琼珠碎却圆。”（苏轼《阮郎归·初夏》）诗中用一幅幅无声的画来展示大自然夏季的生机，营造出一种悠闲清雅的生活情趣。

“山如碧浪翻江去，水似青天照眼明。”（王安石《泊姚江》）“得天地之美，四时和矣。”（董仲舒《春秋繁露·循天之道》）天地的运行规律表现为不同的季节和节气有不同的美，在天地大美之中，我们获得美好的体验和灵感。“四时不同气，气各有所宜，宜之所在，其物代美，视代美而代养之，同时美者杂食之，是皆其所宜也。”（董仲舒《春秋繁露·循天之道》）因此，董仲舒提出：“故仁人之所以多寿者，外无贪而内清净，心和平而不失中正，取天地之美，以养其身。”（董仲舒《春秋繁露·循天之道》）顺应自然，养育身体是董仲舒“天人感应”思想的重要观点。我们也从中得到启发，取天地之美，以养其心，提升审美境界。

115. 夏树苍翠

出处:《林泉高致·山水训》:“真山水之烟岚四时不同，春山澹冶而如笑，夏山苍翠而如滴，秋山明净而如妆，冬山惨淡而如睡。”《冬日晚郡事隙》:“苍翠望寒山，峥嵘瞰平陆。”

解析: 指夏季的草木葱茏茂盛。

诗化:

怅诗

［唐］杜牧

自是寻春去校迟，不须惆怅怨芳时。
狂风落尽深红色，绿叶成阴子满枝。

诗义: 独自去踏春去得太晚，此时已是春尽花谢的时候了，暮春花谢是自然规律，又何须因此幽怨惆怅呢。狂风骤雨将仅剩的鲜花扫落，春天固然过去，但那个绿叶繁茂、果实累累的季节也将到来。

简评:“故天地之化，春气生，而百物皆出，夏气养，而百物皆长，秋气杀，而百物皆死，冬气收，而百物皆藏。”(《春秋繁露·循天之道》)夏季万物生长，植物茂盛，郁郁葱葱，夏树苍翠是夏天最迷人的景色。充满生机的自然现象在夏日无处不在，表现生机勃勃夏日的诗也有很多，如宋代赵师秀描写夏夜的《约客》:“黄梅时节家家雨，青草池塘处处蛙。有约不来过夜半，闲敲棋子落灯花。”杨万里的夏荷诗:“毕竟西湖六月中，风光不与四时同。接天莲叶无穷碧，映日荷花别样红。”(《晓出净慈寺送林子方》）明代刘基的雨过万蛙鸣：“风驱急雨洒高城，云压轻雷殷地声。雨过不知龙去处，一池草色万蛙鸣。”（《五月十九日大雨》）元代白朴的《天净沙·夏》：“云收雨过波添，楼高水冷瓜甜，绿树阴垂画檐。纱厨藤簟，玉人罗扇轻缣。”

“夏树始繁密，条缕方且柔。左右覆吾庐，合如张碧油。新蝉噪晴午，余响藏深幽。轩窗转炎日，清影为我留。”（《夏树》）夏树苍翠属润泽的美质。“润”是中华传统美学的重要审美风格。书法美学上以润取秀，讲究墨色的晕染，以湿润为运墨的手法。音乐审美上也有“润”的美质。

116.秋色宜人

出处:《周骠骑大将军柴烈李夫人墓志铭》:“秋色凄怆,松声断绝,百年几何,归于此别。”

解析: 指秋天的景色美丽迷人,气候、温度、湿度令人感到舒适。

诗化:

山行

[唐] 杜牧

远上寒山石径斜,白云生处有人家。

停车坐爱枫林晚,霜叶红于二月花。

诗义: 沿着蜿蜒的小路爬到已带凉意的山上,云雾缥缈之处隐隐约约有几户人家。停车欣赏这傍晚美丽的枫林景色,那被秋霜打过的枫叶比二月的花儿还要嫣红。

简评: 秋色总是那样的宜人。秋色属绚丽、清奇、自然、疏野等美质。杜牧的这首《山行》向人们展现出一幅动人的山林秋色图。诗中将山川、石径、白云、人家、枫林等高低远近的景物有机地联系在一起,主次分明,形成一幅立体的画卷。“霜叶红于二月花”是整首诗的主题。《唐诗笺注》评论:“‘霜叶红于二月花’,真名句。诗写山行,景色幽邃,而致亦豪荡。”《唐人绝句精华》称:“读此可见诗人高怀逸致。霜叶胜花,常人所不易道出者。一经诗人道出,便留诵千口矣。”

秋天进入白露秋分时节,就有一场秋雨一场凉、一场白露一场霜的感觉，但秋日仍然赋予了人们浪漫、活力和激情。秋色常常是诗人创作的主题，北齐阳休之有《秋》：“日照前窗竹，露湿后园薇。夜蛩扶砌响，轻蛾绕烛飞。”唐代刘禹锡有《秋词》：“自古逢秋悲寂寥，我言秋日胜春朝。”杜甫有《月夜忆舍弟》：“戍鼓断人行，边秋一雁声。露从今夜白，月是故乡明。”南宋辛弃疾有《水龙吟·登建康赏心亭》：“楚天千里清秋，水随天去秋无际。”元代朱庭玉的《天净沙·秋》充满了想象力：“庭前落尽梧桐，水边开彻芙蓉。解与诗人意同。辞柯霜叶，飞来就我题红。”那殷红的霜叶飞到作者身边让他题写诗句，这是多么丰富而浪漫的意境！红叶题诗有着美丽的传说。据传唐僖宗在位时，一名宫女在红叶上写了一首诗：“流水何太急，深宫尽日闲。殷勤谢红叶，好去到人间。”红叶顺着水流漂出宫外。书生于祐无意中捡到后在叶子上添诗写道：“曾闻叶上题红怨，叶上题诗寄阿谁？”随后把叶子放入水中流入皇宫里，又被那位宫女拾到。最终两位有情人终为眷属。

117. 桂子飘香

出处:《灵隐寺》:“桂子月中落,天香云外飘。”

解析: 指桂花绽放,散发淡淡的清香。

诗化: 鹧鸪天·桂花

[宋] 李清照

暗淡轻黄体性柔,情疏迹远只香留。
何须浅碧深红色,自是花中第一流。
梅定妒,菊应羞,画栏开处冠中秋。
骚人可煞无情思,何事当年不见收。

诗义: 淡黄色的桂花,并不艳丽,但秉性柔和,性情疏淡,在不引人注意的幽静地方,只留给人们无尽的芳香。桂花不需要那些名花的浓妆艳抹,它色淡味浓,是花中的一流品种。梅花会妒嫉,菊花也自当羞惭,桂花是秋天里的花中之冠。可遗憾的是屈原却对桂花没有情意,不然,他在《离骚》中赞美那么多花,为何就没有提到桂花呢?

简评:“金气秋分,风清露冷秋期半。凉蟾光满。桂子飘香远。”(谢逸《点绛唇·金气秋分》)桂花为木樨科常绿灌木或小乔木,花生叶腑间,花冠合瓣四裂,形比较小,品种繁多,最具代表性的有金桂、银桂、丹桂、月桂等。桂花是中国传统十大名花之一,是集绿化、美化、香化于一体的观赏与实用兼备的优良园林树种。桂花清可绝尘,浓能远溢,堪称一绝。尤其是仲秋时节，丛桂怒放，夜静轮圆之际，把酒赏桂，阵香扑鼻，令人神清气爽。一般的花，香气或清或浓，不能两兼。然而，桂花却具有清浓两兼的特点，它清芬袭人、浓香远逸，那独特的带有一丝甜蜜的幽香，总能把人带到美妙的世界。

桂花自古就深受中国人的喜爱，在中国古代的咏花诗词中，咏桂之作的数量也颇为可观。如唐代王绩的《古意·其五》："桂树何苍苍，秋来花更芳。自言岁寒性，不知露与霜。幽人重其德，徙植临前堂。"唐代李峤的《咏桂花》："未植蟾宫里，宁移玉殿幽。枝生无限月，花满自然秋。"宋代吕胜己的《点绛唇·桂子飘香》："桂子飘香，江南秋老霜风作。自怜漂泊。几度伤离索。孤馆迢迢，满引村醪酌。情无著。好音难托。又失黄花约。"

118. 层林尽染

出处:《西厢记》:“晓来谁染霜林醉。”

解析: 形容秋天树林色彩纷呈，像是被染成金黄或殷红色。

诗化: 沁园春·长沙

毛泽东

独立寒秋，湘江北去，橘子洲头。
看万山红遍，层林尽染；漫江碧透，百舸争流。
鹰击长空，鱼翔浅底，万类霜天竞自由。
怅寥廓，问苍茫大地，谁主沉浮?
携来百侣曾游，忆往昔峥嵘岁月稠。
恰同学少年，风华正茂；书生意气，挥斥方遒。
指点江山，激扬文字，粪土当年万户侯。
曾记否，到中流击水，浪遏飞舟?

诗义: 在带有寒意的深秋，我独自伫立在橘子洲头，望着湘江缓缓北流。群山已经变成了红色，层叠的树林好像染过颜色一样；江水清澈澄碧，一艘艘船只乘风破浪，争先恐后。雄鹰在天空翱翔，鱼在清澈的水里穿游，万物都在深秋季节里竞相自由地生活。面对着无边无际的宇宙，我不禁自问：这苍茫大地的盛衰兴废由谁来主宰呢?

回想当年，我和同学们经常结伴来到这里游玩，那些不平凡的岁月至今还萦绕在我的心头。同学们正值青春年少，风华正茂；大家踌躇满志，意气风发。我们评论国家大事，写出了慷慨激昂、忧国忧民的文章，把那些军阀官僚看得如同粪土。还记得吗？那时我们在湍急的江中游泳，那激起的浪花几乎挡住了疾驰而来的船只。

简评： 层林尽染属绚丽、多彩、自然的美质。《沁园春·长沙》描绘了山红水碧的秋景。山上的植物，如红霞一般的绚烂，树林像是染上了红色；江水澄碧，江上行驶的船，如同万马奔腾。仰观鹰飞，俯看鱼游，“万类霜天竞自由”，呈现出一幅色彩斑斓、生机勃勃的湘江秋色图，美不胜收，使人沉醉其中。

从战国时期宋玉的《九辩》“悲哉，秋之为气也！萧瑟兮草木摇落而变衰”起，悲秋成了中国古代文人墨客笔下描写秋天的主流，比如汉代刘彻的《秋风辞》：“秋风起兮白云飞，草木黄落兮雁南归。”三国魏曹丕的《燕歌行》：“秋风萧瑟天气凉，草木摇落露为霜。”也有诗人从另一个角度，赞许秋天层林尽染之美，比如唐代刘禹锡的《秋词》：“山明水净夜来霜，数树深红出浅黄。试上高楼清入骨，岂如春色嗾人狂。”宋代杨万里的《秋凉晚步》：“秋气堪悲未必然，轻寒正是可人天。绿池落尽红蕖却，荷叶犹开最小钱。”

现代国画大师李可染以“万山红遍，层林尽染”为主题创作了《万山红遍》系列绘画作品，融汇中西艺术手法，采用层次浑厚的“积墨”与“破墨”并用的方法。积墨就是层层皴染，在画上逐渐加深，使画面浑厚华滋，具有深度和体积感。

119. 白雪皑皑

出处：《薜荔园诗集·三洲十景叙》："几千里白雪皑皑，疑为广陵八月涛也。"

解析： 形容洁白的积雪发出银光而耀目的景象。

诗化：

霁雪

［唐］戎昱

风卷寒云暮雪晴，江烟洗尽柳条轻。
檐前数片无人扫，又得书窗一夜明。

诗义： 傍晚时大风卷走寒云，雪停了，天气晴朗了。江边的烟雾一扫而空，柳树的枝条显得更加轻盈。屋檐下空地上的积雪没有人打扫，这一夜又能得到洁白明亮的雪光照窗读书。

简评： 白雪皑皑是自然、清旷、平淡的美质。平淡指艺术风格平和、静谧，意境自然、淡泊。戎昱这首《霁雪》前两句描绘的是雪后天晴，风卷烟云，江天如洗，柳条轻盈，婀娜摆动的景象。接着从自然景色的平淡、清旷转为表现人内心的平和与静谧。"檐前数片无人扫，又得书窗一夜明。"屋檐前还堆积着洁白的残雪，显得环境格外清幽；借着映照在书窗上的雪光，可以在书桌前映雪夜读，更显内心的平和。

120. 千里冰封

出处：《沁园春·雪》："北国风光，千里冰封，万里雪飘。"

解析： 形容冰天雪地、广袤无垠的景象。

诗化： 白雪歌送武判官归京（节选）

［唐］岑参

北风卷地白草折，胡天八月即飞雪。
忽如一夜春风来，千树万树梨花开。

诗义： 呼啸的北风席卷大地，把野草吹折，西域的天空八月就飘降大雪。宛如一夜之间春风吹来，好像千树万树雪白的梨花盛开。

简评： 千里冰封属雄浑、清旷、自然的美质。千里冰封，描绘了冰天雪地、广袤无垠的塞北风光。冰雪世界的美景为历代诗人所赞美。如唐代柳宗元的《江雪》："千山鸟飞绝，万径人踪灭。孤舟蓑笠翁，独钓寒江雪。"唐代祖咏的《终南望余雪》："终南阴岭秀，积雪浮云端。林表明霁色，城中增暮寒。"明代程通的《青山白雪》："一夜严风透客窗，晓来六出遍穹苍。青山上下如银饰，绿树高低似粉妆。"

十三、湖海篇

永无止息地运动，
应是大自然有形的呼吸，
一切都因你而生动，
波浪啊！没有你，天空和大海多么单调，
没有你，海上的道路就可怕地寂寞；
你是航海者最亲密的伙伴，
波浪啊！
——蔡其矫《波浪》（节选）

湖海之美在于湖光山色、水天一色的自然美，在于烟波浩渺、海阔天空、万顷烟波的壮阔美，在于波澜壮阔、海立云垂的雄浑劲健美。

121. 湖光山色

出处：《梦粱录·历代人物》："杭城湖光山色之秀，钟为人物，所以清奇杰特，为天下冠。"

解析：指湖上风光，山中景色。形容风光优美秀丽。

诗化：

望洞庭

［唐］刘禹锡

湖光秋月两相和，潭面无风镜未磨。
遥望洞庭山水色，白银盘里一青螺。

诗义：秋夜，湖面月光与水色相映融合，湖面风平浪静，犹如未磨的铜镜。遥望洞庭的湖光山色，令人浮想联翩，翠绿的君山宛如银盘里的一枚玲珑的青螺。

简评：湖光山色属自然、空旷、澹远的美质。计成指出："江干湖畔，深柳疏芦之际，略成小筑，足征大观也。悠悠烟水，澹澹云山；泛泛鱼舟，闲闲鸥鸟。漏层阴而藏阁，迎先月以登台。拍起云流，觞飞霞伫。何如缑岭，堪偕子晋吹箫；欲拟瑶池，若待穆王侍宴。寻闲是福，知享既仙。"（计成《园冶》）湖光山色蕴含着天人合一的哲学理念，在这美好的景致之中，人们领悟出"天地与我并生""万物与我为一"的理念。湖光山色还是一种天然去雕饰的审美境界，使人的身心融化在大自然的优美环境里。"至若春和景明，波澜不惊，上下天光，一碧万顷；沙鸥翔集，锦鳞游泳；岸芷汀兰，郁郁青青。而或长烟一空，皓月千里，浮光跃金，静影沉璧，渔歌互答，此乐何极！登斯楼也，则有心旷神怡，宠辱偕忘，把酒临风，其喜洋洋者矣。”（范仲淹《岳阳楼记》）在湖光山色之中，人们的情感会随之而变化，心情也会随之而愉悦舒畅。

“予观夫巴陵胜状，在洞庭一湖。衔远山，吞长江，浩浩汤汤，横无际涯；朝晖夕阴，气象万千。此则岳阳楼之大观也。”（范仲淹《岳阳楼记》）在湖光山色之中，易激发人的创作灵感，甚至出现千古佳作。在洞庭湖的湖光山色之中，诗仙李白的风格还是那样的豪气：“楼观岳阳尽，川迥洞庭开。雁引愁心去，山衔好月来。云间连下榻，天上接行杯。醉后凉风起，吹人舞袖回。”（李白《与夏十二登岳阳楼》）孟浩然则写下了《望洞庭湖赠张丞相》：“八月湖水平，涵虚混太清。气蒸云梦泽，波撼岳阳城。欲济无舟楫，端居耻圣明。坐观垂钓者，徒有羡鱼情。”在中华传统文化中，水代表着灵性和智慧，山代表着厚实和仁慈，有山有水才是完美的结合。

122. 烟波浩渺

出处：《将归海东巉山春望》："目极烟波浩渺间，晓乌飞处认乡关。"

解析：形容烟雾笼罩的江湖水面广阔无边。

诗化： 卜算子·春事到西湖

［宋］吴潜

春事到西湖，处处梅花笑。
抖擞长安车马尘，眼底青山好。
身世两悠悠，岁月闲中老。
极目烟波万顷愁，此意谁知道。

诗义：春天来到美丽的西湖，到处是绽放的梅花。抖落了长安城里沾染的官场气息，眼前一片大好青山。感叹身世浮沉，年华在闲散中匆匆度过。远眺这烟波浩渺的湖面，惆怅满怀，这种内心的苦闷只能埋在心里。

简评：烟波浩渺属神妙、空旷、壮阔的美质。神妙是一种具有无穷意味的审美境界。何为神？何为妙？"阴阳不测之谓神。"（《周易·系辞上》）"神也者，妙万物而为言者也。"（《周易·说卦》）"妙：百般滋味曰妙。"（《语例字格》）各门类艺术创作都在追求神妙的境界，沈括提出"书画之妙，当以神会"（《梦溪笔谈·书画》）。黄钺则认为绘画的神妙在于"造化在我"，造化于心，神妙是众多美质的最高品质："神妙：云蒸龙变，春交树花。

造化在我，心耶手耶？驱役众美，不名一家。工似工意，尔众无哗。偶然得之，夫何可加？学徒皓首，茫无津涯。”（《二十四画品》）

诗词的美也在神妙。“文之神妙，莫先于诗。若妙与神，则吾岂敢？如梦得‘雪里高山头白早，海中仙果子生迟’‘沉舟侧畔千帆过，病树前头万木春’之句之类，真谓神妙！”（《刘白唱和集解》）在烟波浩渺的壮阔景色中，宋人张孝祥也有着难以言表的神妙之感，“洞庭青草，近中秋，更无一点风色。玉鉴琼田三万顷，著我扁舟一叶。素月分辉，明河共影，表里俱澄澈。悠然心会，妙处难与君说”（《念奴娇·过洞庭》），秋月下的洞庭湖风平浪静、烟波浩渺、一碧万顷。皎洁的明月和灿烂的银河，在这浩瀚的玉镜中映照它们的芳姿，水面上下一片明亮澄澈。体会着万物的空明，这种神妙的美感体验却不知如何说出来与君分享。神妙是无法用语言表达出来的美质！

123. 波光潋滟

出处：《浪淘沙》："今日北池游。漾漾轻舟。波光潋滟柳条柔。如此春来春又去，白了人头。"

解析：指水波荡漾，水面闪着粼光的景象。

诗化： 饮湖上初晴后雨（其二）

［宋］苏轼

水光潋滟晴方好，山色空蒙雨亦奇。
欲把西湖比西子，淡妆浓抹总相宜。

诗义：天晴时秀美的西湖波光粼粼，雨天的西湖另有一番奇妙，在雨幕下四周山色迷蒙，若隐若现。若把西湖比作美女西施，淡妆浓抹都是十分适宜。

简评：波光潋滟属秀丽、自然、流动的美质。秀丽是指清秀美丽，艺术形式上为华美。传统美学比较注重"丽"，"丽"的审美风格不同于"媚"，"丽"源于"雅"，"媚"出于"妖"。诗词文赋提倡"丽"。刘勰将雅与丽并提："然则圣文之雅丽，固衔华而佩实者也。"（《文心雕龙·征圣》）刘勰还说："妙极生知，睿哲惟宰。精理为文，秀气成采。"（《文心雕龙·征圣》）"原夫登高之旨，盖睹物兴情。情以物兴，故义必明雅；物以情观，故词必巧丽。丽词雅义，符采相胜。"《文心雕龙·诠赋》）传统音乐上，"丽"也是重要的美质，"丽者，美也，于清净中发为美音。丽从古淡出，非从妖冶出也。若音韵不雅，指法不隽，徒以繁声促调

触人之耳，而不能感人之心，此媚也，非丽也。”（《溪山琴况》）

“丽者，美也。”宽广的湖面一望无尽，远处的潋滟波光，天上自在的云，空中无声的风，给人以无尽的遐想。情由境生，诗人总能在这样的景色之中迈入诗境，卢纶的“树色参差绿，湖光潋滟明”（《上巳日陪齐相公花楼宴》），方干的“势横绿野苍茫外，影落平湖潋滟间”（《题应天寺上方兼呈谦上人》），唐寅的“秋老芙蓉一夜霜，月光潋滟荡湖光”（《题画九首》），这些清丽秀雅的诗句余韵无穷，顿生美感。

124. 碧波荡漾

出处：《梦游天姥吟留别》："谢公宿处今尚在，渌水荡漾清猿啼。"

解析： 形容水面上青绿色的波浪起伏不定的宜人景象。

诗化： 黄鹤楼送孟浩然之广陵

[唐] 李白

故人西辞黄鹤楼，烟花三月下扬州。
孤帆远影碧空尽，唯见长江天际流。

诗义： 老朋友与我分别于黄鹤楼，在这春暖花开、柳絮如烟的三月顺江而下去扬州。他乘坐的帆船的影子渐渐地远去，并消失在碧空的尽头，只看见滔滔的长江向遥远的天际奔流。

简评： 两位挚友在碧波荡漾的长江之滨话别，各自奔向远方。这首《黄鹤楼送孟浩然之广陵》体现了君子之交淡如水的情怀，也体现了两位诗人在大自然的绚丽山水之间遨游不羁的心态。历史上李白与孟浩然的友情是一段志同道合的佳话，李白非常敬重孟浩然的人品："吾爱孟夫子，风流天下闻。红颜弃轩冕，白首卧松云。醉月频中圣，迷花不事君。高山安可仰，徒此揖清芬。"（李白《赠孟浩然》）李白敬仰孟浩然的庄重潇洒，他为人高尚，风流倜傥，闻名天下。孟浩然年轻时鄙视功名不爱高官厚禄，高龄白首又归隐山林摒弃尘杂。明月夜常常饮酒醉得非凡高雅，他不事君王却迷恋花草胸怀豁达。高山似的品格怎么能仰望着他？

只在此揖敬他芬芳的品德光华。

碧波荡漾属浩荡、空旷的美质。面对荡漾碧波，苏轼发出无奈的感叹：“寄蜉蝣于天地，渺沧海之一粟。哀吾生之须臾，羡长江之无穷。”（苏轼《前赤壁赋》）“江湖浩瀚，游泳自在，各足深水，无复往还，彼此相忘。”（成玄英《庄子疏》）无须再羡慕江河之浩渺，感叹时光的无情，也无须再对离别而伤感，“挟飞仙以遨游，抱明月而长终”（苏轼《前赤壁赋》）。志同道合的朋友告别在这碧波荡漾的江边，奔向各自的江湖，与仙人携手遨游万水千山，与明月相拥共沐日月光辉。“且夫天地之间，物各有主，苟非吾之所有，虽一毫而莫取。唯江上之清风，与山间之明月，耳得之而为声，目遇之而成色，取之无禁，用之不竭。是造物者之无尽藏也，而吾与子之所共适。”（苏轼《前赤壁赋》）在各自行迹的江湖上，共享那明月清风，感受那大自然无穷的宝藏。“梦想平生在一丘，暮年方此得优游。江湖相忘真鱼乐，怪汝长谣特地愁。”（王安石《寄吴氏女子》）

125. 水天一色

出处：《滕王阁序》：“落霞与孤鹜齐飞，秋水共长天一色。”

解析： 指水和天几乎同为一色，形容水天相接的辽阔浩瀚的景象。

诗化：

之零陵郡次新亭

［南北朝］范云

江干远树浮，天末孤烟起。
江天自如合，烟树还相似。
沧流未可源，高帆去何已。

诗义： 江边隐隐约约漂浮着树林，一缕轻烟在天边袅袅升起。碧波与蓝天浑然一体，云烟和隐约的远树交织在一起。江水流淌不息很难究其源头，扬帆的轻舟不知漂到哪才是尽头？

简评： 水天一色属清远、旷达、开阔的美质。“旷”是重要的审美境界。在人格美方面，老子指出：“敦兮其若朴；旷兮其若谷；混兮其若浊。”（《老子·第十五章》）三国时期嵇康说：“旷然无忧患，寂然无思虑。”（《养生论》）海涵旷达、虚怀若谷、博厚澄明是超凡脱俗的人格魅力。“生者百岁，相去几何？欢乐苦短，忧愁实多。何如尊酒，日往烟萝。花覆茆檐，疏雨相过。倒酒既尽，杖藜行过。孰不有古，南山峨峨。”（《二十四诗品·旷达》）司空图心中的旷达是人生苦短，且行且歌。

在诗词的美质方面，也追求旷达的意境，唐代皎然指出：

“达：心迹旷诞曰达”。（《诗式》）“东坡之词旷，稼轩之词豪。”（《人间词话》）要创作出清旷意境的诗词，最重要的是诗人的人格修炼要先达到旷达，只有超凡脱俗的胸怀才能发掘自然美，把主观情志与山水相结合，才能创作出清旷的艺术风格。在水天一色的自然美景中，那些具备超凡脱俗胸怀的诗人创作出了清旷佳作。如孟浩然的《宿建德江》：“移舟泊烟渚，日暮客愁新。野旷天低树，江清月近人。”白居易的《春题湖上》：“湖上春来似画图，乱峰围绕水平铺。松排山面千重翠，月点波心一颗珠。碧毯线头抽早稻，青罗裙带展新蒲。未能抛得杭州去，一半勾留是此湖。”

126. 万顷烟波

出处：《潮阳海岸望海》："客间供给能消底，万顷烟波一白鸥。"

解析：形容广阔的水面雾气弥漫，波浪起伏荡漾的景色。

诗化：

秋江晓望

［唐］皮日休

万顷湖天碧，一星飞鹭白。
此时放怀望，不厌为浮客。

诗义：碧波万顷的湖面上晴空无瑕，一只白鹭在天空翱翔，宛如一颗星星点缀在蓝蓝的空中。此时开怀远眺，极目千里，早已忘记自己是一位漂泊的旅人。

简评：万顷烟波属雄大、高远、旷达的美质。"万顷湖天碧，一星飞鹭白。"万顷碧天与一星鹭白形成了数量上的对比，而碧与白两种颜色相衬，显得画面自然、清新、宁静。李白也有类似的手法，"两岸青山相对出，孤帆一片日边来"（《望天门山》），从两岸青山之间远望，长河无际，水天相接处，孤帆、红日似乎相依相伴。其立体感之真切，色彩之清晰，层次之鲜明，给人以强烈的动态感与和谐美。还有宋代张孝祥的《过三塔寺》："层峦叠嶂几重重，万顷烟波浩渺中。钓艇未归饶夕照，耳边芦苇战寒风。"

127.波澜壮阔

出处：《登大雷岸与妹书》："旅客贫辛，波路壮阔。"

解析：形容水面辽阔，波涛翻滚。现一般比喻声势雄壮或规模宏大。

诗化：

送邢桂州

［唐］王维

铙吹喧京口，风波下洞庭。
赭圻将赤岸，击汰复扬舲。
日落江湖白，潮来天地青。
明珠归合浦，应逐使臣星。

诗义：京口上喧响起乐鼓声，乘风破浪扬帆起航直向洞庭。经过赭圻城和赤岸山，驾着轻舟航行在沅水湘江之上。夕阳西沉浪花飞翻，潮水涌来江天一色。明珠重归合浦，那定是追随着使臣的星星。

简评：波澜壮阔属壮美、浩瀚、宏大的美质。"上有青冥之长天，下有渌水之波澜。"（李白《长相思》）在书画、诗词的创作中，波澜壮阔的风格通常是优秀作品都具备的品格之一。比如，关于书画的品格，清代黄钺指出："沉雄：目极万里，心游大荒。魄力破地，天为之昂。"（黄钺《二十四画品》）关于诗词的创作，清代郎廷槐认为："七言诗须波澜壮阔，顿挫激昂，大开大阖耳。"（郎廷槐《师友诗传录》）

128. 海阔天空

出处:《一片石·宴阁》:“空江夜气凉如水，共记滕王阁下时，海阔天空任所之。”

解析: 指大海宽广辽阔，天空无边无际。形容海洋辽阔宏大。

诗化:

送朴山人归新罗

［唐］尚颜

浩渺行无极，扬帆但信风。
云山过海半，乡树入舟中。
波定遥天出，沙平远岸穷。
离心寄何处，目断曙霞东。

诗义: 大海浩渺无垠，无边无际，扬帆启航凭风远去。像山一样的白云遮盖了一半的大海，在远航的船上想起了家乡的景色。大海风平浪静，海阔天高，海岸线沙滩平缓，一望无际。离别之情向何处诉说，唯有向曙光初露的东方寄予祝福。

简评: 海阔天空属澹远、宽阔、恢宏、包容的美质。“浩渺行无极，扬帆但信风”是作者描绘的一幅气势恢宏的海景画卷。广阔无垠的大海没有尽头，扬起风帆向着目的地御风而行。这风是顺风、好风、利风，承载了诗人对行者的美好祝愿。“白云在空，好风不收。瑶琴罢挥，寒漪细流。偶尔坐对，啸歌悠悠。遇简以静，若疾乍瘳。望之心移，即之销忧。于诗为陶，于时为秋。”（黄钺《二十四画品》）海阔天空，漫无边际，极目无涯，心胸开阔。

“大海从鱼跃，长空任鸟飞。”在这澹远的海空之下，浑然就是王国维所指的“有有我之境，有无我之境……有我之境，以我观物，故物皆著我之色彩”。海阔天空会产生自由自在的、包容万物的广阔胸襟。

129. 海市蜃楼

出处：《史记·天官书》：“海旁蜃气象楼台，广野气成宫阙然。”

解析：指一定条件下海洋等地方出现的自然奇异幻景。也用于比喻虚幻的事物。

诗化：

浪淘沙·望海

［清］纳兰性德

蜃阙半模糊，踏浪惊呼。
任将蠡测笑江湖。
沐日光华还浴月，我欲乘桴。
钓得六鳌无，竿拂珊瑚。
桑田清浅问麻姑。
水气浮天天接水，那是蓬壶。

诗义：伫立海边，眺望茫茫大海，那梦幻般的海市蜃楼，真令人不由得惊呼。听任用贝瓢来量海，回头却笑江湖的渺小。我欲乘着木筏沐浴日月的光辉。希望钓得大鳌，但只钓起了小珊瑚。沧海桑田的巨变，只有麻姑知晓。水汽蒸腾，水天交接，哪儿才是蓬壶？

简评：海市蜃楼属隐隐约约、若有若无的缥缈的美质。海市蜃楼是剧烈的温度梯度使光线发生显著折射时，在空中或地平线下出现的奇异幻景，它与地理位置、地球物理条件以及特定时间的气象特点有密切联系，属于一种光学幻景。“忽闻海上有仙山，山在虚无缥缈间。”（《长恨歌》）明代袁可立将在海边看到的海市蜃楼景象做了详细描述：“登楼披绮疏，天水色相溶。云霭[illegible]无际，豁达来长风。须臾蜃气吐，岛屿失恒踪。茫茫浩波里，突忽起崇墉。坦隅迴如削，瑞采郁葱葱。阿阁叠飞槛，烟霄直荡胸。遥岑相映带，变幻纷不同。峭壁成广阜，平峦秀奇峰。高下时翻覆，分合瞬息中。云林荫琦珂，阳麓焕丹丛。浮屠相对峙，峥嵘信鬼工。村落敷洲渚，断岸驾长虹。人物出没间，罔辨色与空。倏显还倏隐，造化有元功。”（《甲子仲夏登署中楼观海市》）

海市蜃楼蕴含着中华传统美学中“有与无”的美学理念，老子的“有无相生，有生于无”“大音希声，大象无形”“至乐无乐，至誉无誉”的哲学思想对传统审美产生了重大影响。在诗词方面，汤显祖提出：“诗乎，机与禅言通，趣与游道合。禅在根尘之外，游在伶党之中。要皆以若有若无为美。”（《如兰一集序》）王维有《汉江临眺》：“江流天地外，山色有无中。”杜甫有《倦夜》：“重露成涓滴，稀星乍有无。”吴融有《红白牡丹》：“不必繁弦不必歌，静中相对更情多。”一切美的景色、美的境界都似乎在无声、无息、不语、不歌之中让人得以感受和体验出更美的景致，更动人的声音，更美妙的境界。

130. 海立云垂

出处：《朝献太清宫赋》："九天之云下垂，四海之水皆立。"

解析： 形容自然界云端下垂、海水立起的景致。也比喻文辞雄伟，有压倒一切的气势。

诗化：

有美堂暴雨

［宋］苏轼

游人脚底一声雷，满座顽云拨不开。
天外黑风吹海立，浙东飞雨过江来。
十分潋滟金樽凸，千杖敲铿羯鼓催。
唤起谪仙泉洒面，倒倾鲛室泻琼瑰。

诗义： 一声雷鸣在游人的足下响起，有美堂上云雾缭绕，挥散不去。狂风挟带着乌云自天边刮来，把海水吹得如山一样地直立起来。暴雨从浙东飞过钱塘江，向杭州城袭来。西湖好像一盏金樽，装满了雨水，几乎要溢出来了。雨点击打着湖边的树林，像是羯鼓般急切。想用清爽的泉水泼醒沉醉的诗仙李白，请他看看这美妙的景色，宛如倾倒鲛人的宫殿，把珠玉洒遍了人间。

简评： 海立云垂属雄浑、劲健的飞动之美。"雄浑：大用外腓，真体内充。反虚入浑，积健为雄。具备万物，横绝太空。荒荒油云，寥寥长风。"雄浑描写的是包罗万物、横贯长空的气势，宛如苍茫滚动的飞云，如浩荡翻腾的长风。"海立云垂澜拥紫，星房雾牖亘天起。列肆骈阗一闤兴，隐隐十洲见城市。"（韦国琛《海市》）

十四、山川篇

山的腾飞
峰的飘荡

松的遐思
瀑的狂想

泉的和弦
花的意象

蜜蜂的憧憬
彩蝶的翅膀

太阳失踪了
风，在寻觅太阳

——晏明《黄山印象》(节选)

山川之美，美在千岩万壑、崇山峻岭、重岩叠嶂、奇峰突起的劲拔奇峻；美在钟灵毓秀、山红涧碧、涧流岩曲的清雅韵秀；美在澄江如练、奔流不息、波涛滚滚的豪放壮阔。

131. 千岩万壑

出处:《世说新语·言语》:“顾长康从会稽还，人问山川之美。顾云:‘千岩竞秀，万壑争流，草木蒙笼其上，若云兴霞蔚。’”

解析: 山峦连绵，高低重叠。形容山峰、山谷极多，连绵不绝。

诗化:

游泰山六首（其五）

［唐］李白

日观东北倾，两崖夹双石。
海水落眼前，天光遥空碧。
千峰争攒聚，万壑绝凌历。
缅彼鹤上仙，去无云中迹。
长松入霄汉，远望不盈尺。
山花异人间，五月雪中白。
终当遇安期，于此炼玉液。

诗义: 泰山的日观峰朝东北方向倾斜，两座山崖夹着一双巨石。仿佛海水就在眼前翻滚，遥远的天空一片蔚蓝。千峰林立，万壑如渊。思念那骑鹤而至的神仙，可他们现在又无踪无影。古松高耸入云，远远望去，离天咫尺。山花有别于寻常人间的花，五月间那花朵与雪花浑然一色。总会遇到千岁仙人安期翁，就在泰山一起炼金丹玉液。

简评：千岩万壑属劲健、峻峭、豪放、韵秀的美质。“劲健：行神如空，行气如虹。巫峡千寻，走云连风。”（司空图《二十四诗品》）泰山是一座蕴藏丰富美质，易激发人的创作灵感、触动爱国情思的名山。“昔，盘古之死也，头为四岳，目为日月，脂膏为江海，毛发为草木。”（祖冲之《述异记》）自古民间有传说：“盘古氏头为东岳，腹为中岳，左臂为南岳，右臂为北岳，足为西岳。”意为泰山由盘古氏头部化成，成为五岳之首。历代有文人墨客把泰山视为“国家柱石”“民族精神”的象征，他们留下大量诗文和 1000 多处摩崖石刻。泰山之美，美在壮丽，累叠的山势，厚重的形体，苍松顽石的古朴，云烟岚光的变幻；泰山之美，美在险峻，悬崖峭壁，山势陡峭，大自然的鬼斧神工，把泰山雕琢成神态各异的面孔。

历代文人墨客留下大量赞美泰山的作品，唐代李白在游历泰山后，运用奇妙的想象与夸张手法，写出了《游泰山六首》，“千峰争攒聚，万壑绝凌历”，描绘了泰山的美丽、雄伟和神奇。“会当凌绝顶，一览众山小。”（杜甫《望岳》）“泰山嵯峨夏云在，疑是白波涨东海。散为飞雨川上来，遥帷却卷清浮埃。”（李白《早秋单父南楼酬窦公衡》）“鸡鸣日观望，远与扶桑对。沧海似熔金，众山如点黛。遥知碧峰首，独立烟岚内。此石依五松，苍苍几千载。”（李德裕《泰山石》）泰山的美质在于巍峨、雄奇、沉浑、峻秀，泰山集雄、奇、险、秀、幽、奥等于一体，在雄浑中兼有明丽，静穆中透着神奇，自然中包含着人文，成为我国山水名胜的集大成者。

132. 崇山峻岭

出处:《兰亭集序》:“此地有崇山峻岭,茂林修竹。”

解析: 形容山势高大而陡峭的景色。

诗化: 望黄山诸峰

[唐] 释岛云

峰峰寒列簇芙蕖,静想嵩阳秀不如。
峭拔虽传三十六,参差何啻一千余。
浮丘处处留丹灶,黄帝层层隐玉书。
终待登临最高顶,便随鸾鹤五云车。

诗义: 群峰峻峭簇拥着莲花峰,仔细思量着嵩山的确不如黄山秀丽。虽然山势高耸陡峭、有名可指的只有三十六峰,但大大小小的山峰何止千余座。浮丘仙人到处留下了炼丹的炉灶,黄帝在层层山峰隐藏着玉书。等到登临了黄山的最高顶峰,就可以随着鸾鹤乘着五云车随风而去。

简评: 黄山被誉为“天下第一奇山”,自古就有“五岳归来不看山,黄山归来不看岳”之说。黄山延绵数百里,崇山峻岭,千峰万壑。黄山的美质体现在峥嵘、险壑、奇峻、缥缈之中。黄山山峰林立,莲花峰、光明顶、天都峰三个主峰高风峻骨,鼎足而立,直撑青天。莲花峰主峰突出,小峰簇拥,峻峭高耸,气势雄伟,宛如初绽的莲花,画家石涛有诗赞曰:“壁立不知顶,崔嵬势接天。”黄山的奇峻体现在奇松、奇石上,可以说无峰不石,无石不松，无松不奇。黄山的松苍翠浓密、干曲枝虬、千姿百态，或倚岸挺拔，或独立峰巅，或倒悬绝壁。黄山一年四季大部分时间都被云雾笼罩，所形成的云海波澜壮阔，一望无边，堪称绝世美景。

峥嵘除了形容山势的险峻之外，也可形容诗文的气象万千、绚丽多彩。苏轼指出："大凡为文，当使气象峥嵘，五色绚烂，渐老渐熟，乃造平淡。"（周紫芝《竹坡诗话》）李白的山水诗就体现了气象峥嵘的艺术风格。富有峥嵘美质的诗文，境界纵横奔放，物象灿烂，生机勃勃。李白曾云游黄山，写下了《送温处士归黄山白鹅峰旧居》的著名诗篇，"黄山四千仞，三十二莲峰。丹崖夹石柱，菡萏金芙蓉。伊昔升绝顶，下窥天目松。仙人炼玉处，羽化留馀踪。亦闻温伯雪，独往今相逢。采秀辞五岳，攀岩历万重。归休白鹅岭，渴饮丹砂井。凤吹我时来，云车尔当整。去去陵阳东，行行芳桂丛。回溪十六度，碧嶂尽晴空。他日还相访，乘桥蹑彩虹"。诗人以丰富的想象力、生动的语言描绘了黄山壮丽多姿的崇山峻岭景象，点出众峰、炼玉处、丹砂井。诗歌表现出一种气象峥嵘、飘然欲仙的浪漫主义色彩，使人产生身临其境的美感。

133. 重岩叠嶂

出处:《水经注·江水二》:“自三峡七百里中，两岸连山，略无阙处，重岩叠嶂，隐天蔽日。自非亭午夜分，不见曦月。”

解析: 形容山岭重重叠叠，连绵不断的景色。

诗化:

北岳庙（节选）

［唐］贾岛

天地有五岳，恒岳居其北。
岩峦叠万重，诡怪浩难测

诗义: 天地之间有五大名山，恒山位于北方。恒山重岩叠嶂，山势诡谲怪异，浩荡缥缈难以预测。

简评: 重岩叠嶂属峻峭、雄奇的美质。峻峭用于形容豪迈健拔、险峰绝壁、奇松怪石、穷崖绝谷的自然物象。北岳恒山位于山西省浑源县，恒山与泰山、华山、衡山、嵩山并称五岳，为中国地理标志。清代魏源《衡岳吟》曰:“恒山如行，岱山如坐，华山如立，嵩山如卧，惟有南岳独如飞。”据称恒山有108峰，西衔雁门关，东连太行山，横跨山西、河北两省，山势莽莽苍苍，巍峨耸峙，气势雄伟。天峰岭与翠屏峰是恒山主峰的东西两峰，两峰对望，断崖绿带，层次分明，美如画卷。悬根松、紫芝峪、苦甜井更是自然景观中的奇迹。恒山也是历代文人向往的地方，与恒山有关的文人诗作有金朝元好问的《登恒山》:“大茂维岳古帝孙，太朴未散真巧存。乾坤自有灵境在，奠位岂合他山尊。椒原旌旗白日跃，山界楼观苍烟屯。谁能借我两黄鹄，长袖一拂元都门。”明代汪承爵的《登恒山》：“云中天下脊，尤见此山尊。八水皆南汇，群峰尽北蹲。仙台临日迥，风窟护云屯。剩有搜奇兴，空怜前路昏。”

峻峭也用来形容诗文的风格和美质。“风清骨峻，篇体光华。”（刘勰《文心雕龙·风骨》）“文字不刻削，则雍容乏力，无高峻之态；运语不险劲，则平易铺叙，无挺拔之气。”（赵秉文《答李天英书》）李白、李贺的诗歌都属于峻峭挺拔、风清骨峻的风格。

134. 奇峰突起

出处:《南山诗》:“西南雄太白，突起莫间篷。”

解析: 形容奇异险怪的山峰高耸而突起。

诗化: 独秀峰

［清］袁枚

来龙去脉绝无有，突然一峰插南斗。
桂林山水奇八九，独秀峰尤冠其首。
三百六级登其巅，一城烟水来眼前。
青山尚且直如弦，人生孤立何伤焉？

诗义: 无法知道独秀峰的来龙去脉，突然间一座山峰陡然而起，直插南斗星。桂林山水十有八九奇绝卓异，独秀峰更是高居第一。要爬三百六十阶梯才能登上峰顶，此时全城风光尽收眼底，但见轻雾缭绕，烟雨朦胧。青山还能够矗立如琴弦，守正直却孤寂无助的人生又何必伤感呢？

简评: 桂林山水属典型的喀斯特地貌，青山、秀水、奇洞、美石交相辉映，形成了“城在景中、景在城中、城景交融、相映成趣”“千峰环野立，一水抱城流”的绝世景观。历代有许多赞美桂林山水的艺术作品，诗词方面有唐代韩愈的《送桂州严大夫》:“苍苍森八桂，兹地在湘南。江作青罗带，山如碧玉簪。”张固的《独秀峰》:“孤峰不与众山俦，直入青云势未休。会得乾坤融结意，擎天一柱在南州。”宋代王正功的《嘉泰改元桂林大比与计偕者十有一人九月十六》：“桂林山水甲天下，玉碧罗青意可参。”清代张宝的《叠彩山口占一绝》：“奇石嵯峨古渡头，訾洲红叶桂林秋。洞中穿过高楼望，人在荆关画里游。”现代陈毅元帅也有诗曰：“愿做桂林人，不愿做神仙。”

古人将奇峰峻岭作为艺术创作的灵感和素材，清代著名画家石涛说：“山川脱胎于予也，予脱胎于山川也。搜尽奇峰打草稿也，山川与予神遇而迹化也，所以终归之于大涤也。”（《石涛画语录·山川章第八》）石涛也在游历大江南北的奇峰怪石中寻找创作的灵感和素材，给后人留下了《搜尽奇峰打草稿图》《淮扬洁秋图》《惠泉夜泛图》《山水清音图》《细雨虬松图》《梅竹图》《墨荷图》《竹菊石图》等传世之作。

135.钟灵毓秀

出处：《红楼梦》第三十六回："亦且琼闺绣阁中亦染此风，真真有负天地钟灵毓秀之德了！"

解析：美好的山川孕育出优秀人才。

诗化：

湖口望庐山瀑布泉

［唐］张九龄

万丈红泉落，迢迢半紫氛。
奔流下杂树，洒落出重云。
日照虹霓似，天清风雨闻。
灵山多秀色，空水共氤氲。

诗义：万丈瀑布好像从天上落下，天空呈现半红半紫的云雾。飞瀑穿过杂树而直下，飞溅出重重云雾。在阳光照射下显现出美丽的霓虹，在这晴空里，似乎听到了风雨声。庐山钟灵毓秀，云烟氤氲。

简评：钟灵毓秀属灵秀、清旷、清奇的美质。庐山位于江西省九江市，其山势雄伟，瀑布飞泻，云雾缭绕。庐山险峻与柔丽相济，以"雄""奇""险""秀"闻名于世，属中国十大名山。庐山钟灵毓秀，人文荟萃。"秀"是中华传统美学的重要美质之一，比如清秀、韶秀、隐秀、秀丽、秀美等。"韶秀：间架是立，韶秀始基，如济墨海，此为之涯。媚因韶误，嫩为秀歧，但抱骨妍，休憎面媸。有如艳女，有如佳儿，非不可爱，大雅其嗤。"（黄钺

《二十四画品》）

历代诗人留下了不少描写庐山的佳作，其中最著名的是唐代李白的《望庐山瀑布》：“日照香炉生紫烟，遥看瀑布挂前川。飞流直下三千尺，疑是银河落九天。”诗人以夸张的手法，将飞流直泻的瀑布描写得出神入化、雄伟奇丽、气象万千，宛如一幅生动的山水画。李白的《庐山谣寄卢侍御虚舟》：“庐山秀出南斗傍，屏风九叠云锦张。影落明湖青黛光，金阙前开二峰长，银河倒挂三石梁。香炉瀑布遥相望，回崖沓嶂凌苍苍。翠影红霞映朝日，鸟飞不到吴天长。登高壮观天地间，大江茫茫去不还。黄云万里动风色，白波九道流雪山。”诗人以大手笔描绘了庐山雄奇壮丽的风光，被誉为赞美庐山秀美风光的千古绝唱。唐代孟浩然的《晚泊浔阳望庐山》：“挂席几千里，名山都未逢。泊舟浔阳郭，始见香炉峰。尝读远公传，永怀尘外踪。东林精舍近，日暮空闻钟。”这首诗展现了庐山秀美的风光和深厚的人文底蕴。宋代苏轼的《题西林壁》：“横看成岭侧成峰，远近高低各不同。不识庐山真面目，只缘身在此山中。”诗词描写庐山变化多姿的面貌，并借景说理，表达应站在不同角度看问题的哲学思想。

136. 山红涧碧

出处：《山石》：“山红涧碧纷烂漫，时见松枥皆十围。”

解析： 指山花鲜红灿烂、涧水清澈碧绿的美景。

诗化：

山下泉

［唐］皇甫曾

漾漾带山光，澄澄倒林影。
那知石上喧，却忆山中静。

诗义： 荡漾澄澈的清波映照着秀美的山色，倒映着婆娑的树影。哪知这山涧流水的喧闹声，却更使人感到山林的幽静。

简评： 山红涧碧属清雅、清幽、清韵的美质。以清为美，是我国传统文化的审美追求，从内容到形式，从意境到风格，创作者都追求清新、清雅、清远。唐代司空图指出：“清奇：娟娟群松，下有漪流。晴雪满汀，隔溪渔舟。可人如玉，步屧寻幽。载瞻载止，空碧悠悠。神出古异，淡不可收。如月之曙，如气之秋。”（《二十四诗品》）清代黄钺指出：“清旷：皓月高台，清光大来。眠琴在膝，飞香满怀。冲霄之鹤，映水之梅。意所未设，笔为之开。可以药俗，可以增才。局促瑟缩，胡为也哉！”（《二十四画品》）中国古代文人特别青睐在山红涧碧的地方，选择有奇峰怪石、灵泉深潭、老木嘉草，视野旷远的幽境作为山居生活之处。古人认为这样的清幽山居生活有八种德行和四条原则：“山居胜于城市，盖有八德：不责苛礼，不见生客，不混酒肉，不兑田宅，不问炎凉，不闹曲直，不征文逋，不谈仕籍。如反此者，是饭侩牛店，贩马驿也。”“居山有四法：树无行次，石无位置，屋无宏肆，心无机事。”（《岩栖幽事》）李白在诗中更是表达了切身的体会：“问余何意栖碧山，笑而不答心自闲。桃花流水窅然去，别有天地非人间。”（《山中问答》）

中华传统审美自古就有“以清比德”之说，讲究人格审美的自我完善。儒家提倡激浊扬清，正本清源。孟子说：“胸中正，则眸子瞭焉。”（《孟子·离娄上》）荀子指出：“原清则流清，原浊则流浊。”（《荀子·君道》）道家则提倡清静无为，静而徐清。

137. 涧流岩曲

出处：《游钟山诗应西阳王教》："八解鸣涧流，四禅隐岩曲。"

解析：指山涧中的流水沿着弯曲的岩石流淌。

诗化：

武陵泛舟

［唐］孟浩然

武陵川路狭，前棹入花林。
莫测幽源里，仙家信几深。
水回青嶂合，云度绿溪阴。
坐听闲猿啸，弥清尘外心。

诗义：武陵的江水水路狭窄，划船前行驶入桃花林。测不出幽深的桃花源里，仙人隐居的地方究竟有多深远。溪水迂回，青山环抱，云朵飘过来，清澈的溪水也随之变阴暗。恰巧听到悠闲的山猿啼叫，更加净化我超脱尘世的心。

简评：涧流岩曲属清雅、清奇、清新的美质。孟浩然的诗作突出清疏、简朴的美质，他一生创作了大量描绘涧流岩曲自然山水的诗歌，开创了盛唐时期诗词的清新风格。王士源在《孟浩然集序》称其"骨貌淑清，风神散朗"。陈贻焮先生评论说："继陶之后，大力写作田园、隐逸题材，并将之与谢灵运所开创、谢朓所发展的山水、行旅题材结合起来，开盛唐山水田园诗派风气之先的，当首推孟浩然。"（《孟浩然诗选·后记》）孟浩然的诗充满了明澈、灵动的情韵，蕴含着清疏、清旷的美质。其诗歌的美学风格有三点：

其一，清疏。孟浩然的诗注重与清疏、清野的自然之景结合，描写以清音、清风、清泉、清晖、清波为主的清景，展现出令人心旷神怡的自然之美。比如："松泉多清响，苔壁饶古意。"《寻香山湛上人》）"松月生夜凉，风泉满清听。"（《宿来公山房期丁大不至》）"落景余清晖，轻桡弄溪渚。"（《耶溪泛舟》）"垂钓坐磐石，水清心益闲。"（《万山潭》）

其二，清幽。将描写清幽的山水与恬淡幽静的情怀结合。比如："岩扉松径长寂寥，惟有幽人自来去。"（《夜归鹿门歌》）"烟容开远树，春色满幽山。"（《游风林寺西岭》）"幽赏未云遍，烟光奈夕何?"（《夏日浮舟过滕逸人别业》）

其三，清旷。孟浩然深受道家和禅宗思想的影响，注重清净、淡泊品格的修炼，这种虚静恬淡的境界也常表现在他的诗歌之中。如："野旷天低树，江清月近人。"（《宿建德江》）"地偏香界远，心净水亭开。"（《来阇黎新亭作》）"试览镜湖物，中流玉泉清。"（《与崔二十一游镜湖寄包、贺二公》）"鱼行潭树下，猿挂岛藤间。"（《万山潭》）

138. 澄江如练

出处:《晚登三山还望京邑》:“余霞散成绮，澄江净如练。”

解析: 指清澈明净的江水，像一条白绢一样。

诗化:

塞鸿秋·浔阳即景

［元］周德清

长江万里白如练，淮山数点青如淀，
江帆几片疾如箭，山泉千尺飞如电。
晚云都变露，新月初学扇，塞鸿一字来如线。

诗义: 万里长江犹如一条长长的白绢飘向远方，淮河岸边的数点青山宛如蓝靛。江上的几艘帆船飞快地行驶，如同离弦的箭。山上的泉水从高耸的悬崖上飞流而下，仿佛是迅捷的闪电。夜幕降临，天空的云层渐渐模糊，一弯新月宛若刚刚展开的扇子。从边塞归来的大雁在天上一字排开，好像一条细细的线。

简评: 澄江如练属清新、明净、洁白的天然美质。“清”在中国传统美学里有着重要的地位，不论是人格修养、生活品味，还是艺术审美，都追求“清”的境界。“天得一以清，地得一以宁，神得一以灵，谷得一以盈，万物得一以生。”（《老子·第三十九章》）“静胜躁，寒胜热。清静为天下正。”（《老子·第四十五章》）晋代阮籍就“清”字写下了《清思赋》，言美质则“窈窕而淑清”，论心境品格则“冰心玉质，则激洁思存；恬淡无欲，则泰志适情”，论身体健康则“沐洧渊以淑密兮，体清洁而靡讥”，论语言文字要“清言窃其如兰兮，辞婉婉而靡违”。诗词、绘画、音乐艺术审美也追求“清”的境界。清代黄钺将“清旷”列为一品，“清旷：皓月高台，清光大来。眠琴在膝，飞香满怀。冲霄之鹤，映水之梅。意所未设，笔为之开。可以药俗，可以增才。局促瑟缩，胡为也哉!”（《二十四画品》）“清”是天然清新的质朴的审美原则。李白有诗曰：“清水出芙蓉，天然去雕饰。”（《经乱离后天恩流夜郎忆旧游书怀赠江夏韦太守良宰》）

如练的美质贵在“清”，文人十分偏好“如练”一词，比如湖光如练、碧天如练、月光如练、心境如练等描述。古诗词中有不少关于“如练”的佳句，比如李白的《陵城西楼月下吟》：“月下沉吟久不归，古来相接眼中稀。解道澄江净如练，令人长忆谢玄晖。”宋代陈德武的《水龙吟·问津扬子江头》：“雪销天气，澄江如练，碧峰无数。银瓮春回，金山钟晓，梦闲鸥鹭。早归来，尽日风平人静，孤舟横渡。”

139. 奔流不息

出处：《论语·子罕》："子在川上曰：逝者如斯夫，不舍昼夜。"《千字文》："孝当竭力，忠则尽命。临深履薄，夙兴温凊。似兰斯馨，如松之盛。川流不息，渊澄取映。容止若思，言辞安定。"

解析：指江河水流奔腾而不停止。也用于形容事物运动永不停息。

诗化： 春江花月夜（节选）

［唐］张若虚

江天一色无纤尘，皎皎空中孤月轮。

江畔何人初见月？江月何年初照人？

人生代代无穷已，江月年年只相似。

不知江月待何人，但见长江送流水。

诗义：江天一色，万里澄澈，皎洁的明月高高悬挂在空中。江边上是谁最初看见月亮，江上的月亮又是哪一年最初照耀着人？人生一代代地无穷无尽，只有江上的月亮每一年总是十分相似。不知江上的月亮在等待着什么人，只见长江的流水奔流不息，永无休止。

简评：奔流不息属沉雄、流动的美质，而沉雄指沉稳、厚重、雄健。沉雄是艺术创作和欣赏的风格之一。书画讲究沉毅雄健，古朴飘逸。清代黄钺对沉雄的解释是："沉雄：目极万里，心游大荒。魄力破地，天为之昂。括之无遗，恢之弥张。名将临敌，骏马勒缰。诗曰魏武，书曰真卿。虽不能至，夫亦可方。”（《二十四画品》）《清史稿·王时敏传》亦有论述：“与时敏砥砺画学，以董源、巨然为宗，沉雄古逸，虽青绿重色，书味盎然。”

诗词也以沉雄为美，司空图将“雄浑”列为诗词一品，“雄浑：大用外腓，真体内充。反虚入浑，积健为雄。具备万物，横绝太空。荒荒油云，寥寥长风。超以象外，得其环中。持之匪强，来之无穷”。（《二十四诗品》）蓄积正气，笔力方可显出豪雄。雄浑的诗句拥有包罗万物的气势，像苍茫滚动的飞云，如浩荡翻腾的长风。敖陶孙《诗评》曰：“魏武帝如幽燕老将，气韵沉雄。”

140. 波涛滚滚

出处:《楚宫》:“便有那波涛滚滚长江限,假若是无敌手战应难。”

解析: 指江河大水汹涌奔流的样子。形容江河奔流而来或迅猛发展的事物趋势。

诗化: 南乡子·登京口北固亭有怀

[宋] 辛弃疾

何处望神州?满眼风光北固楼。
千古兴亡多少事?悠悠。
不尽长江滚滚流。
年少万兜鍪,坐断东南战未休。
天下英雄谁敌手?曹刘。
生子当如孙仲谋。

诗义: 什么地方可以遥望中原大地?在北固楼上,四处都是绚丽的风光。自古至今,有多少朝代的兴亡?历史浩浩荡荡,如同这不尽的长江之水波涛滚滚地奔流不息。当年孙权年轻气盛便做了三军统帅。他占据东南,独霸一方,从不向强敌屈服。天下英雄谁是孙权的敌手呢?只有曹操和刘备而已。也就难怪曹操惊叹:“生下的儿子就应当如孙权一般。”

简评: 波涛滚滚属壮美、壮阔的美质。壮美指豪放雄浑、劲健宏伟的美质。“不尽长江滚滚流”描写了长江的壮美。历代有不少赞美长江壮美的佳作，如唐代李白的《黄鹤楼送孟浩然之广陵》：“故人西辞黄鹤楼，烟花三月下扬州。孤帆远影碧空尽，唯见长江天际流。”唐代杜甫的《登高》：“风急天高猿啸哀，渚清沙白鸟飞回。无边落木萧萧下，不尽长江滚滚来。”《旅夜书怀》：“细草微风岸，危樯独夜舟。星垂平野阔，月涌大江流。”唐代崔季卿的《晴江秋望》：“八月长江万里晴，千帆一道带风轻。尽日不分天水色，洞庭南是岳阳城。”宋代苏轼的《念奴娇·赤壁怀古》：“大江东去，浪淘尽，千古风流人物。故垒西边，人道是，三国周郎赤壁。乱石穿空，惊涛拍岸，卷起千堆雪。”宋代吴潜的《水调歌头·焦山》：“长江万里东注，晓吹卷惊涛。天际孤云来去，水际孤帆上下，天共水相邀。远岫忽明晦，好景画难描。”

十五、花木篇（上）

遍江北底野色都绿了。
柳也绿了。
麦子也绿了。
水也绿了。
鸭尾巴也绿了。
茅屋盖上也绿了。
穷人底饿眼儿也绿了。
和平的春里远燃着几野火。
——康白情《和平的春里》

花木是大自然最平常，也是最丰富的美景，无论是苍翠欲滴、郁郁葱葱、柳暗花明，还是枯木逢春、叶落知秋都蕴含着自然、清新的美质；而国色天香、万紫千红、含苞欲放、花团锦簇、争奇斗艳则饱含纤秾、多彩的美质。

141. 苍翠欲滴

出处：《冬日晚郡事隙》：“苍翠望寒山，峥嵘瞰平陆。”

解析： 形容树木野草等植物翠绿得仿佛要滴落下来一样。

诗化：

辋川闲居赠裴秀才迪

［唐］王维

寒山转苍翠，秋水日潺湲。
倚杖柴门外，临风听暮蝉。
渡头馀落日，墟里上孤烟。
复值接舆醉，狂歌五柳前。

诗义： 傍晚寒冷的深山显得格外苍翠，秋天的溪水缓缓地流向远方。我倚着拐杖伫立在柴门外，迎风聆听着那深秋老蝉的吟唱。太阳快要落山了，渡头一片宁静，村子里炊烟袅袅。又碰到这狂放的裴迪喝醉了酒，在我这位隐居的人面前放声唱歌。

简评： 苍翠欲滴属苍润、深邃、清旷、韵秀的美质。宋代郭熙《山川训》曰：“春山澹冶而如笑，夏山苍翠而如滴，秋山明净而如妆，冬山惨淡而如睡。”意思是春天的山恬淡秀丽，生机盎然，恰如欢快的微笑；夏天的山葱茏翠绿，那翠绿的颜色似乎要滴落下来；秋天的山十分明净，像是梳妆打扮过似的；冬天的山暗淡无色，像要昏然入睡的样子。

苍翠是植物最美的芳华。“清流细响独依依，不羡临渊问钓矶。坐对寒泉不知晚，满山苍翠扑人衣。”（郭敏《倚石听泉·其八》）“出门见南山，引领意无限。秀色难为名，苍翠日在眼。有时白云起，天际自舒卷。心中与之然，托兴每不浅。何当造幽人，灭迹栖绝岩。”（李白《望终南山寄紫阁隐者》）“数竿苍翠拟龙形，峭拔须教此地生。无限野花开不得，半山寒色与春争。”（裴说《春日山中竹》）

142. 郁郁葱葱

出处:《论衡·恢国》:“初者,苏伯阿望舂陵气郁郁葱葱。”

解析: 形容草木苍翠茂盛,生机勃勃。也形容事物趋势美好,生机勃勃的样子。

诗化:

清平乐·会昌

毛泽东

东方欲晓,
莫道君行早。
踏遍青山人未老,
风景这边独好。
会昌城外高峰,
颠连直接东溟。
战士指看南粤,
更加郁郁葱葱。

诗义: 东方晨曦初露,不要说你来得早。遍踏青山仍正当年华,这边的风景独好。会昌县城外面的山峰,绵延连接东海。战士们眺望指点南粤,那边更为郁郁葱葱。

简评: 郁郁葱葱属自然、纤秾、疏野的美质,多用于描写春夏的美景。“归耕况复苍梧近,郁郁葱葱佳气新。”(陆游《望永思陵》)“至若春和景明,波澜不惊,上下天光,一碧万顷;沙鸥翔集,锦鳞游泳;岸芷汀兰,郁郁青青。”(范仲淹《岳阳楼记》)

“霜崖突出藓纱斑，铁笛临风去不还。百里帆墙千里水，一层城郭几层山。遥知郁郁葱葱地，只在熙熙攘攘间。沙鸟窥鱼鸥觅渚，试看何物是清闲。”（袁宏道《登晴川阁望武昌》）

郁郁葱葱也用于形容生机勃勃、祥和的氛围。“羽林十二将，罗列应星文。霜仗悬秋月，霓旌卷夜云。严更千户肃，清乐九天闻。日出瞻佳气，葱葱绕圣君。”（李白《侍从游宿温泉宫作》）“吹铜和气集佳祥，郁郁葱葱震色苍。山岳东明开宝禁，星辰南极注瑶觞。”（崔敦礼《东宫寿章》）

143. 柳暗花明

出处：《游山西村》："山重水复疑无路，柳暗花明又一村。"

解析： 形容柳树成阴、繁花似锦的春天景色。也比喻在困难中遇到转机。

诗化：

咏柳

［唐］贺知章

碧玉妆成一树高，万条垂下绿丝绦。

不知细叶谁裁出，二月春风似剪刀。

诗义： 高高的柳树长满了翠绿的新叶，万千条柳枝像飘动的绿丝带，轻柔地垂下来。这精巧的嫩叶是谁裁剪出来的呢？哦，是那二月和煦的春风，它就像一把灵巧的剪刀。

简评： 柳在中国传统文化里代表着柔美、轻盈、流动、飘逸的美质。这在古诗词中可以体现出来，如唐代贺知章的《咏柳》："碧玉妆成一树高，万条垂下绿丝绦。"宋代辛弃疾的《武陵春》："桃李风前多妩媚，杨柳更温柔。"宋代张先的《千秋岁》："雨轻风色暴，梅子青时节。永丰柳，无人尽日花飞雪。"

除了这些美质，柳还用来表达"以柳赠别""以柳诉愁"的感情。古人常以折柳相赠来寄托依依惜别之情，也借柳表达对远方亲友的思念，借柳抒发远方旅人的思乡之情。唐代长安的灞陵桥旁栽满了杨柳树，是古人折柳送别最著名的地方。唐代李白有词："箫声咽，秦娥梦断秦楼月。秦楼月，年年柳色，灞陵伤别。"（《忆秦娥》）

144. 枯木逢春

出处：《景德传灯录》："枯树逢春时如何？师曰：'世间希有。'"

解析：指即将枯死的树木遇到了春天，获得重生。常比喻事物重新获得生机。

诗化：

述怀

［清］吕留良

清风虽细难吹我，明月何尝不照人。

寒冰不能断流水，枯木也会再逢春。

诗义：清风虽无孔不入，但却难以让我屈服，明月还时刻陪伴着我。寒冰挡不住前进的流水，干枯的树木还会再次迎来春天。

简评：枯木逢春属朴拙、含蓄、自然的美质。朴拙是中国传统美学的审美概念。老子说："大巧若拙。"北宋陈师道也提出："宁拙毋巧，宁朴毋华，宁粗毋弱，宁僻毋俗。"（《后山诗话》）中国传统美学欣赏"见素抱朴""返璞归真"的自然之美。而枯木正因为历经百年的沧桑之后，着眼之处尽是布满粗拙纹理的枝干，形容枯槁，看似粗拙，却蕴着自然之魂。如宋代仲并的《画枯木》："乞与空斋伴我闲，风霜谙尽各苍颜。不妨黛色凌云干，蟠屈生绡寻尺间。"唐代刘禹锡的《酬乐天扬州初逢席上见赠》："沉舟侧畔千帆过，病树前头万木春。"唐代崔道融的《古树》："古树春风入，阳和力太迟。莫言生意尽，更引万年枝。""上百年炎热的煎熬，数百个春秋的苦雨凄风，锻造了那根曲折的树精，纵然是心肺都被掏空了，那副铮铮铁骨依然闪耀着，迷人的金星。”（陈立基《鹏风翱翔》）

枯木不仅在世人的眼里具有特别的美质，在画家的眼里也具有无尽的韵味。明代董其昌说：“山水画中，无枯木则不能出苍古之态。”苏轼的惊世之作《枯木怪石图》，画作中，没有巍峨山川，没有茂林修竹，只有几枝甚是张牙舞爪的枯木，配以形状怪异的石头。“散木支离得自全，交柯蚴蟉欲相缠。不须更说能鸣雁，要以空中得尽年。”从苏轼的题诗中，便能领略几分“枯木怪石”之意，绿意不再的枯木看似沉着冷静，实则表达的是画者本人的处世之态。

145. 叶落知秋

出处：《淮南子·说山训》："以小明大，见一叶落而知岁之将暮。"

解析：看到树上枯叶飘落，便知秋天到来。也比喻从细微的变化可以推测事物的发展趋向。

诗化：

苏幕遮·怀旧

［宋］范仲淹

碧云天，黄叶地。秋色连波，波上寒烟翠。
山映斜阳天接水。芳草无情，更在斜阳外。
黯乡魂，追旅思。夜夜除非，好梦留人睡。
明月楼高休独倚。酒入愁肠，化作相思泪。

诗义：碧空上飘荡着白云，大地落满了黄叶。秋景倒映在江中的轻波里，波上弥漫着苍翠的寒烟。夕阳映照着山峦，水天相接。芳草不谙人情，一直延绵到斜阳照不到的天边。

默默思念着故乡黯然伤感，羁旅愁思难以挥去，除非夜夜都做美梦才能得到些许安慰。月明之夜不应独倚高楼，以酒消愁，却化作相思的眼泪。

简评：叶落知秋是中国传统美学创造美的方法之一。"夫《易》，彰往而察来，而微显阐幽，开而当名，辨物正言断辞，则备矣。其称名也小，其取类也大。其旨远，其辞文，其言曲而中，其事肆而隐。"（《周易·系辞下》）所谓"称名也小，取类也大"

就是用一个别的卦象符号象征某种事物或宇宙中某个现象的审美方法。“以鸟鸣春，以虫鸣秋，此造物之借端托寓也。绝句之小中见大似之”（刘熙载《艺概·诗概》）就是这个道理。

“忽看落叶知秋早，偶坐吟诗到日斜。”（丘葵《古藤》）落叶是秋天的讯号，是秋天绚丽多彩的美景。自古诗人对秋天落叶或树叶的感慨有着不同的审美体验，产生不同的审美作品。有对秋天壮阔的审美感悟，如唐代刘禹锡的《秋词》：“自古逢秋悲寂寥，我言秋日胜春朝。晴空一鹤排云上，便引诗情到碧霄。”宋代黄庭坚的《登快阁》：“痴儿了却公家事，快阁东西倚晚晴。落木千山天远大，澄江一道月分明。”

有对秋天悲凉的感悟，如庚信的《重别周尚书》：“阳关万里道，不见一人归。惟有河边雁，秋来南向飞。”王实甫的《西厢记》中的名句：“碧云天，黄花地，西风紧，北雁南飞。晓来谁染霜林醉？总是离人泪。”走过了冬、春、夏，最坦然的还是那淡泊、宁静的心境，“少年不识愁滋味，爱上层楼。爱上层楼，为赋新词强说愁。而今识尽愁滋味，欲说还休。欲说还休，却道天凉好个秋”（辛弃疾《丑奴儿·书博山道中壁》），也许对大多数人来说，那“天凉好个秋”的淡泊、坦然、沉稳更为合适。

146.国色天香

出处：《咏牡丹》："闲花眼底千千种，此种人间擅最奇。国色天香人咏尽，丹心独抱更谁知。"

解析：形容绝美的牡丹花色香不凡。也比喻容颜比较好的女子。也作为富贵吉祥、繁荣兴旺的象征。

诗化：

赏牡丹

［唐］刘禹锡

庭前芍药妖无格，池上芙蕖净少情。
唯有牡丹真国色，花开时节动京城。

诗义：庭院中的芍药花虽艳丽，但格调不高；池面上的荷花倒是明净，却缺少热情。只有牡丹花才是真正的国色，是最美的花，当它开花的时候，其盛况轰动了整个京城。

简评：国色天香属华美、艳丽的美质。牡丹花美在花朵硕大、花瓣肥厚，寓示着饱满厚实，圆融幸福；美在五彩缤纷、绚丽娇艳，代表着雍容华贵，吉祥幸福。牡丹有着"君形者"的气度风范，被誉为"国色天香"当之无愧。所谓的"君形"是指形象、外表具有王者、统帅的形貌和神态。中国传统美学注重统帅的神貌，"公忠者雕以正貌，奸邪者刻以丑形"（吴自牧《梦粱录》），形成了别善恶，分正丑，好人好相，坏人坏相的审美观。同时，认为"神"，即气质、涵养、内在品格比外表更重要，"神贵于形也，故神制则形从，形胜则神穷"（《淮南子·诠言训》）。牡丹被赋予了许多美好寓意，乃花中“君形者”。

历代有大量赞美牡丹的诗篇。如唐代王维的《红牡丹》：“绿艳闲且静，红衣浅复深。花心愁欲断，春色岂知心。”晚唐皮日休的《牡丹》：“落尽残红始吐芳，佳名唤作百花王。竞夸天下无双艳，独立人间第一香。”宋代范成大的《再赋简养正》：“南北梅枝噤雪寒，玉梨皴雨泪阑干。一年春色摧残尽，更觅姚黄魏紫看。”明代冯琦的《牡丹》：“百宝阑干护晓寒，沉香亭畔若为看。春来谁作韶华主，总领群芳是牡丹。”明代俞大猷的《咏牡丹》：“闲花眼底千千种，此种人间擅最奇。国色天香人咏尽，丹心独抱更谁知。”

147. 万紫千红

出处：《赏花时·弄花香满衣》："万紫千红妖弄色，娇态难禁风力摆。"

解析：形容百花齐放，色彩艳丽。一般指百花盛开的繁盛景色，也比喻事物丰富多彩。

诗化：

和沈石田落花诗

［明］唐寅

万紫千红莫谩夸，今朝粉蝶过邻家。
昭君偏遇毛延寿，炀帝难留张丽华。
深院青春空白锁，平原红日又西斜。
小桥流水闲村落，不见啼莺有吠蛙。

诗义：万紫千红的景色不必过分夸耀，今早那些蝴蝶已经奔邻家的花丛去了。美貌也不必夸耀，王昭君因美貌遇到了贪婪的毛延寿，毁掉了人生和前程；隋炀帝容不下陈后主的爱妃张丽华，把她处死了。深深的庭院白白地锁住了青春，而原野上的红日又西斜了。小桥流水的村子已萧瑟零落，流莺没了踪影，只有青蛙在鸣叫。

简评：万紫千红属绚丽、妍美、盛美的美质。中华传统美学注重自然为美、朴素为美，但也不排除万紫千红的丰富美质，肯定美质的多样性。《国语·郑语》指出："声一无听，物一无文；味一无果，物一不讲。"意思是说一种声响不成音乐，没有听头；

一种颜色不成文采，没有看头；一种味道不成美食，食之无味；一种事物没有比较，无法品评。《文心雕龙·情采》也说："五色杂而成黼黻，五音比而成韶夏，五情发而为辞章，神理之数也。"五色渲染而成悦目的锦绣，五音运用而成悦耳的声律，五情抒发而成动人的辞章，这是自然的规律。五色是指青、赤、黄、白、黑五种颜色。

"等闲识得东风面，万紫千红总是春。"（朱熹《春日》）汉代刘安认为："佳人不同体，美人不同面，而皆说于目；梨、橘、枣、栗不同味，而皆调于口。""西施、毛嫱，状貌不可同，世称其好，美钧也。尧、舜、禹、汤，法籍殊类，得民心一也。"（《淮南子·说林训》）唐代张彦远说："运墨而五色具。谓之得意。"（《历代名画记·论画体工用拓写》）五种颜色相互调和搭配，就形成万紫千红的美丽画卷。

148. 含苞欲放

出处：《蔷薇篇》："偷将纤指尝红露，折得含苞笼绛绡。"

解析：花还在叶片里，很快就要开放出来，指花朵将开而未开的样子。也用来形容充满青春气息的少女。

诗化： 浪淘沙·昨日出东城

［宋］苏轼

昨日出东城，试探春情。
墙头红杏暗如倾。
槛内群芳芽未吐，早已回春。
绮陌敛香尘，雪霁前村。
东君用意不辞辛。
料想春光先到处，吹绽梅英。

诗义：昨天出东城踏青试探春天的究竟。墙上的红杏花红得发紫，茂密得像要倾泻下来。栏杆内的各种花卉正含苞欲放，而栏杆外早已春回大地。蜿蜒的村间小路飘洒着落花，前面的村子刚刚下过雪。这是司春之神东君不辞辛劳的缘故吧。想必春天来到之时，春风一定会先吹开梅花。

简评：含苞欲放属清新、自然的美质。唐代杜牧《赠别·其一》诗曰："娉娉袅袅十三余，豆蔻梢头二月初。春风十里扬州路，卷上珠帘总不如。""豆蔻梢头"指的是早春二月的豆蔻枝梢上含苞欲放的花。宋代李清照《玉楼春》："红酥肯放琼苞碎，探著南枝开遍未。不知酝藉几多香，但见包藏无限意。”词中以“琼苞”来形容梅花花苞的美好，抓住了梅花的特征，“肯放琼苞碎”是对“含苞欲放”的巧妙说法。明代徐熥《山居四时词·其三》：“天末金风荐爽，夜深玉露生寒。黄菊含苞欲吐，芙蓉褪粉将残。”明代于若瀛《山茶》：“丹砂点雕蕊，经月独含苞。既足风前态，还宜雪里娇。”

149. 花团锦簇

出处：《西游记》第九十四回："真是个花团锦簇！那一片富丽妖娆，真胜似天堂月殿，不亚于仙府瑶宫。"

解析：形容花朵五彩缤纷、十分华丽的景象。

诗化：

江畔独步寻花七绝句

［唐］杜甫

黄四娘家花满蹊，千朵万朵压枝低。
留连戏蝶时时舞，自在娇莺恰恰啼。

诗义：黄四娘家种植的鲜花茂盛得把路都遮蔽了，千万花朵儿把枝条压得低低的。彩蝶在芬芳的花丛间飞舞，自由自在娇媚的黄莺发出嘹亮的啼叫声。

简评：花团锦簇属秀美、艳美、华丽的美质。形容山川秀美，如唐代李白的《上皇西巡南京歌十首·其二》："九天开出一成都，万户千门入画图。草树云山如锦绣，秦川得及此间无"。指花色艳美，如唐代杨巨源的《城东早春》："诗家清景在新春，绿柳才黄半未匀。若待上林花似锦，出门俱是看花人。"宋代杨万里的《道旁槿篱》："夹路疏篱锦作堆，朝开暮落复朝开。"宋代司马光的《看花四绝句·其三》："洛阳春日最繁华，红绿阴中十万家。谁道群花如锦绣，人将锦绣学群花。"又比喻华丽的服饰，如唐代王昌龄的《春宫曲》："昨夜风开露井桃，未央前殿月轮高。平阳歌舞新承宠，帘外春寒赐锦袍"。

150. 争奇斗艳

出处:《能改斋漫录·方物·芍药谱》:“名品相压，争妍斗奇，故者未厌，而新者已盛。”

解析: 形容百花竞放，十分艳丽。一般用来形容花与美貌女子。

诗化: 晚春

［唐］韩愈

草树知春不久归，百般红紫斗芳菲。
杨花榆荚无才思，惟解漫天作雪飞。

诗义: 春天不久就将归去，花草树木想方设法挽留春天，于是就争奇斗艳，形成了万紫千红的景象。那杨花榆钱，没有艳丽颜色，只知漫天飞舞，好似片片雪花。

简评: 争奇斗艳属艳美、华丽的美质。其实，在中华传统美学博大的思想里，并非只是注重单一的淡雅、朴素，也提倡“争奇斗艳”。荀子指出:“若夫重色而衣之，重味而食之。”(《荀子·王霸》)就是提倡衣着色彩的多样性和丰富性。怎样才能实现“争奇斗艳”? 应尊重自然之道，莫要轻意破坏自然，让宇宙间各种各样的美展现出来。“是故至道无为，一龙一蛇；盈缩卷舒，与时变化。外从其风，内守其性；耳目不耀，思虑不营；其所居神者，台简以游太清，引楯万物，群美萌生。是故事其神者神去之，休其神者神居之。”(《淮南子·俶真训》)

历代关于争奇斗艳的诗词有许多。如唐代李白的《清平调·其二》：“一枝红艳露凝香，云雨巫山枉断肠。借问汉宫谁得似，可怜飞燕倚新妆。”宋代苏轼的《饮湖上初晴后雨二首·其一》：“朝曦迎客艳重冈，晚雨留人入醉乡。此意自佳君不会，一杯当属水仙王。”宋代晏几道的《御街行·街南绿树春饶絮》：“街南绿树春饶絮，雪满游春路。树头花艳杂娇云，树底人家朱户。北楼闲上，疏帘高卷，直见街南树。”

十六、花木篇（下）

冰雪里的梅花呵！
你占了春先了
看遍地的小花
随着你零星开放
——冰心《春水·一八》

寓意比德是中华传统文化的独特形式，梅、兰、竹、菊被誉为“花中四君子”，分别代表着傲、幽、坚、淡四种品格。梅花疏影暗香、傲雪凌霜，蕴含着高洁、脱俗的美质，代表高洁志士的品格；兰花蕙质兰心、清婉素淡，具有清幽、自傲的美质。

151.疏影暗香

出处：《林和靖集·山园小梅》："疏影横斜水清浅，暗香浮动月黄昏。"

解析：指梅花稀疏的树影，扑鼻的清香。形容梅花超凡脱俗的气质和意境。

诗化：

卜算子·咏梅

［宋］陆游

驿外断桥边，寂寞开无主。
已是黄昏独自愁，更著风和雨。
无意苦争春，一任群芳妒。
零落成泥碾作尘，只有香如故。

诗义：在驿馆外的断桥边，一株孤寂的梅花正在绽放，无人欣赏。已是日落黄昏，也许它正独自忧愁感伤，又忍受着凄风苦雨的吹打。它根本就不想去同百花争奇斗艳，任凭群芳妒忌和中伤。纵然片片花瓣凋落在地，被碾作泥尘，它也永远保持自身的芬芳清香。

简评：中国历代文人雅士对梅花情有独钟，认为梅花是"花魁"。疏影暗香是文人对梅花的传统审美情结。南宋诗人范成大酷爱梅花，晚年退居石湖，筑"石湖别墅"，广植梅花于所居村庄，并著《范村梅谱》。《范村梅谱》是我国最早的梅花专著。范成大认为："梅，天下尤物。无问智贤愚不肖，莫敢有异议。"（《范村梅谱》）在关于梅花的美学特征上，范成大说：“梅以韵胜，以格高，故以横斜疏瘦与老枝怪奇者为贵。”（《范村梅谱》）明代陈仁锡认为：“梅有四贵：贵稀不贵繁，贵老不贵嫩，贵瘦不贵肥，贵含不贵开。”（《潜确类书》）清代龚自珍主张：“梅以曲为美，直则无姿；以欹为美，正则无景；以疏为美，密则无态。”（《病梅馆记》）而在内在的美质上，梅花具有神清骨秀、高洁端庄、幽独闲静的气质风韵，更有“无意苦争春，一任群芳妒。零落成泥碾作尘，只有香如故”“万花敢向雪中出，一树独先天下春”的品格，因而历代都将梅花视为坚贞、顽强、高洁及清傲的象征。

北宋时期著名的隐士林逋曾在江淮一带漫游，后隐居杭州西湖孤山，一生无妻无子，酷爱梅花与白鹤，人称“梅妻鹤子”。他的著名诗篇《山园小梅》展现出了他超凡脱俗的气质：“众芳摇落独暄妍，占尽风情向小园。疏影横斜水清浅，暗香浮动月黄昏。霜禽欲下先偷眼，粉蝶如知合断魂。幸有微吟可相狎，不须檀板共金樽。”

152. 傲雪凌霜

出处：《张天师》："梅花云：我这梅花……玉骨冰肌谁可匹，傲雪欺霜夺第一。"

解析：形容不畏霜雪严寒，条件越是艰苦越有斗志。比喻经过长期磨炼，面对艰难困苦的环境无所畏惧、毫不退缩。

诗化：

梅花落

［南北朝］鲍照

中庭多杂树，偏为梅咨嗟。问君何独然？
念其霜中能作花，露中能作实。
摇荡春风媚春日，念尔零落逐风飚，徒有霜华无霜质。

诗义：庭院中有很多杂树，却偏偏赞许梅花。请问您为何会如此？是因为梅能在寒霜中开花，在寒露中结果实。而那些杂树只能在春风中摇荡，在暖和的春日里妩媚。即使有的偶尔能在霜中开花，却又随寒风飘落凋零，徒有抗寒霜的外表，却没有抗寒霜的品质。

简评："念其霜中能作花，露中能作实。"梅花不畏严寒的风骨，为历代文人所称颂，这与中国传统文化提倡的"天行健，君子以自强不息"的人生态度是分不开的。我们的传统文化里注重"浩然之气"，注重培育坚强旺盛的内在精神力量，以应对艰难险阻，成就人生事业，这是中国传统文化偏爱梅花的文化根源。

鲍照在我国文学史上有着重要的地位，尤其是在诗歌方面，他被称为“上挽曹、刘之逸步，下开李、杜之先鞭”（胡应麟《诗薮》）的诗人。其艺术风格俊逸豪放、奇矫凌厉，思想深沉含蓄，意境清新幽邃，辞藻华美流畅，抒情淋漓尽致。杜甫曰：“白也诗无敌，飘然思不群。清新庾开府，俊逸鲍参军。”（《春日忆李白》）沈德潜曰：“明远乐府，如五丁凿山，开人世所未有。后太白往往效之。”（《古诗源》）鲍照为李白所尊崇，朱熹云：“鲍明远才健，其诗乃《选》之变体，李太白专学之。”（《朱子语类》）且鲍照的乐府歌行影响了李白的乐府歌行，李白尊其为“先师”。鲍照的咏梅诗开创了文人以梅比德的风气和传统，他的梅花诗风格别致，以物喻人，由物及人，通篇以梅为线，展现了诗人傲雪凌霜、独立不移的品格。

153. 雪胎梅骨

出处：《怜香伴·香咏》："这等诗真有雪胎梅骨，冷韵幽香。"

解析： 形容品行高洁，意志坚韧，人格高尚。

诗化：

眼儿媚·咏梅

［清］纳兰性德

莫把琼花比澹妆，谁似白霓裳。
别样清幽，自然标格，莫近东墙。
冰肌玉骨天分付，兼付与凄凉。
可怜遥夜，冷烟和月，疏影横窗。

诗义： 莫以为琼花就是淡雅素妆，哪一种花能像梅花有白色的霓裳。它有着另一番清新幽雅，自然风姿，仪态优美得让人只可远观。梅花的冰肌玉骨是上天的赐与，具有孤寂高冷的气质。长夜漫漫，梅花在月光之下绽放冷艳，疏朗的影子横落在窗前。

简评： 梅系落叶乔木，属蔷薇科，为传统观赏植物。梅在中国传统艺术中占有重要的地位，是各类艺术创作的主题和素材。诗词方面，有宋代苏轼的《松风亭下梅花盛开》："罗浮山下梅花村，玉雪为骨冰为魂。"宋代林逋的《山园小梅》："众芳摇落独暄妍，占尽风情向小园。疏影横斜水清浅，暗香浮动月黄昏。"宋代陆游的《卜算子·咏梅》："驿外断桥边，寂寞开无主。已是黄昏独自愁，更著风和雨。无意苦争春，一任群芳妒。零落成泥碾作尘，只有香如故。"元代叶颙的《述怀》："一径梅香云满地，半窗花影月笼纱。”

如同诗人一样，历代画家也喜欢以梅花为题材创作作品。据记载，梅花作为绘画题材，最早出现在南北朝时期的梁代，张僧繇曾画过《咏梅图》。唐代，画梅先是勾勒着色；宋代的画梅图，大都疏枝浅蕊，以表达清冷孤高的传统审美追求；元代，以王冕为代表的画梅名家的作品则显得珠玉迸发、清气袭人，其中王冕的《墨梅图》《南枝春早图》较为著名。近现代吴昌硕、齐白石、陆俨少、关山月等也各擅胜名，留下了众多梅画精品，风格多样、技法精妙。当代王成喜的梅花作品具有气盛、意浓、笔新、情沛的风格，为大众所喜爱。

154.冰肌玉骨

出处:《洞仙歌》:“冰肌玉骨,自清凉无汗。”

解析: 指高洁脱俗的气质和品格。

诗化:

西江月·梅花

[宋] 苏轼

玉骨那愁瘴雾,冰姿自有仙风。
海仙时遣探芳丛,倒挂绿毛么凤。
素面翻嫌粉涴,洗妆不褪唇红。
高情已逐晓云空,不与梨花同梦。

诗义: 玉洁冰清的风骨怎会去理会那些瘴雾,那高雅的气质是它特有的飘逸风度。海上的仙人时常派遣绿毛的凤儿来看望这芬芳的花丛。施粉饰还嫌弄脏了她那素雅的面容,就算雨雪洗去了妆色,那如红唇般的颜色也不会褪去。高尚的情操已经追随万里晴空,不会与低俗的梨花有同一种理想。

简评: 冰肌玉骨是古人对梅花枝干的美称,形容梅花高洁脱俗的气质和品格。梅花为天下神奇,为历代文人所酷爱。南宋时期出现了范成大的《范村梅谱》、宋伯仁的《梅花喜神谱》和张功甫的《梅品》等关于梅花的专论。《范村梅谱》是介绍梅花品种、性状及栽培嫁接和应用技艺的科普文献;《梅花喜神谱》以木刻版画和诗咏手法,讴歌梅花的精神品格面貌,把梅花上升到了艺术高度;《梅品》侧重从审美的角度,介绍品梅、赏梅的标准和方法。

155. 凌寒留香

出处：《十一月八日夜灯下对梅花独酌累日劳甚颇自慰也》："移灯看影怜渠瘦，掩户留香笑我痴。"

解析：指梅花冒着严寒绽放芬芳。

诗化：

梅花

［宋］王安石

墙角数枝梅，凌寒独自开。
遥知不是雪，为有暗香来。

诗义：墙角有几枝梅花在严寒中独自开放。在远处就知道那不是雪，因为有梅花的幽香传来。

简评：王安石这首《梅花》语言朴素，对梅花的形象并没有太多的描绘，但意蕴深致，耐人寻味。"为有暗香来"，"暗香"就是梅花的清香，诗句以梅拟人，比喻品格高贵、才气横溢。汉代朱熹也有类似的梅花诗："君欲赋梅花，梅花若为赋？绕树百千回，句在无言处。"（《赋梅》）此诗不写梅花神清骨秀的风姿，也不写梅花傲雪凌霜的骨气，"绕树百千回，句在无言处"两句，对梅花的万千宠爱尽在不言中，此时无声胜有声。

古人有赏梅、品梅的雅趣。张功甫的《梅品》就是一篇专门阐述品赏梅花的著作。《梅品》首先分析了欣赏梅花的主体。不同的人，由于文化修养、社会阅历、思想境界、心理特点的不同，审美的层次和态度也不尽相同。《梅品》认为比较懂得品梅的人有：林间吹笛者、膝上横琴者、石枰下棋者、扫雪煎茶者、美人淡妆簪戴者，等等。而品梅最适宜的环境是：“为澹阴；为晓日；为薄寒；为细雨；为轻烟；为佳月；为夕阳；为微雪；为晚霞；为珍禽；为孤鹤；为清溪；为小桥；为竹边；为松下；为明牕；为疏篱；为苍崖……”阴天、小雪、轻烟、微寒、细雨、清晨、黄昏等都是赏梅的最佳时间。而在清溪畔、小桥边、竹松下、窗篱旁……都是赏梅的最佳环境，比如陆游的《卜算子·咏梅》：“驿外断桥边，寂寞开无主。已是黄昏独自愁，更著风和雨……”断桥边、黄昏、风雨都是赏梅的适宜地方和时候。

156. 蕙质兰心

出处：《王子安集·七夕赋》："金声玉韵，蕙心兰质。"

解析：指心地像兰花一样纯洁，品质似香草一样高雅。比喻女子性情高雅，心地纯洁。

诗化：

兰花

［明］孙克弘

空谷有佳人，倏然抱幽独。
东风时拂之，香芬远弥馥。

诗义：空寂的山谷中生长着一枝兰花，悄然融汇在这幽静孤寂之中。东风不时地吹拂着，兰花向远处散发着迷人的芳香。

简评：蕙质兰心属天然纯洁、雅丽的美质。兰花，属兰科，是单子叶植物，是备受人们喜爱的常绿草本植物，与竹、菊、梅合称"花中四君子"。兰花素而不艳，亭亭玉立。兰叶多而不乱，自茎部簇生，呈线状披叶，仰俯自如，姿态端秀，别具神韵。自古以来，有"看叶胜看花"之说。

在中国传统文化中，兰花出于幽谷，代表独立自处、馨香远溢，蕴含着独立不倚、孤芳自赏的高贵品质，是君子的象征。历代有大量赞美兰花的诗词，如唐代张九龄的《感遇》："兰叶春葳蕤，桂华秋皎洁。欣欣此生意，自尔为佳节。谁知林栖者，闻风坐相悦。草木有本心，何求美人折！"明代杨慎的《采兰引》："秋风众草歇，从兰扬其香。绿叶与紫茎，猗猗山之阳。结根不当户，无人自芬芳。”元末明初张羽的《咏兰花》：“能白更兼黄，无人亦自芳。寸心原不大，容得许多香。”清代郑燮更是感叹：“兰花不是花，是我眼中人。难将湘管笔，写出此花神。”（《题兰》）“此是幽贞一种花，不求闻达只烟霞。采樵或恐通来径，更写高山一片遮。”（《兰》）

157. 空谷幽兰

出处：《幽兰赋》："阳和布气兮，动植齐光；惟彼幽兰兮，偏含国香。吐秀乔林之下，盘根众草之旁。"

解析： 指在山谷或僻静地方生长的优美兰花。常用来比喻人品高洁，气质高雅。

诗化：

猗兰操

［春秋］孔子

习习谷风，以阴以雨。
之子于归，远送于野。
何彼苍天，不得其所。
逍遥九州，无有定处。
世人暗蔽，不知贤者。
年纪逝迈，一身将老。

诗义： 微风在山谷之间轻拂，天空阴沉，细雨绵绵。把出嫁的女儿送到城郊荒野，难舍难分。苍天啊，怎么不让我能得其所？无可奈何地周游列国，没有一个固定安身的居所。世人让利害遮盖了眼睛和心灵，辨别不出谁是贤者，谁是愚者。而我为弘扬道德奔波，随着时光逝去，生命已经进入老年了。

简评： 孔子酷爱兰花，称赞兰花有"王者之香"。据传，孔子周游列国宣传和推行他的哲学思想、治国理念和政治主张，但都没有得到认可和重视，甚至性命难保。在返回鲁国的途中，他看到被誉为“王者香草”的兰花，竟然与杂草混杂生长在一起，由此触景生情，写下了这首《猗兰操》。“芝兰生于深谷，不以无人而不芳；君子修道立德，不为困穷而改节。”（《孔子家语》）兰花色淡香清，多生幽僻之处，人们将兰花比喻为坚贞执着、淡泊名利的君子。兰花宠辱不惊，不因无人而不芳的品格受到人们的喜爱。

《猗兰操》是中国早期的托物言志诗，对后世影响很大，唐代韩愈敬慕孔子，同情孔子的遭遇，仿作《猗兰操》诗：“兰之猗猗，扬扬其香。不采而佩，于兰何伤。今天之旋，其曷为然。我行四方，以日以年。雪霜贸贸，荠麦之茂。子如不伤，我不尔觏。荠麦之茂，荠麦有之。君子之伤，君子之守。”宋代曹勋亦有《猗兰操》：“猗嗟兰兮，其叶萋萋兮。猗嗟兰兮，其香披披兮。胡为乎生兹幽谷兮，不同云雨之施纷。霜雪之委集兮，其茂茂而自持。”东晋陶渊明爱菊，也爱兰，因为菊与兰有着同样的品格。陶渊明留有“幽兰生前庭，含熏待清风。清风脱然至，见别萧艾中。行行失故路，任道或能通。觉悟当念还，鸟尽废良弓”（《饮酒·幽兰生前庭》）的佳句。

158. 茂林修竹

出处：《兰亭集序》："此地有崇山峻岭，茂林修竹。"

解析：形容高大茂密的树林竹林。

诗化：

晚春归山居题窗前竹

［唐］钱起

谷口春残黄鸟稀，辛夷花尽杏花飞。
始怜幽竹山窗下，不改清阴待我归。

诗义：谷口已是暮春百花凋残，黄莺儿的叫声也稀疏了，迎春花已凋谢，只有杏花随风飘落。春也匆匆，山窗下那惹人怜爱的修竹依旧郁郁葱葱，幽雅含韵，等候着我的归来。

简评：茂林修竹属自然、清淡的美质。茂林修竹之地是抒怀畅饮之地，也是萌发灵感、创作出杰出作品之地。"永和九年，岁在癸丑，暮春之初，会于会稽山阴之兰亭，修禊事也。群贤毕至，少长咸集。此地有崇山峻岭，茂林修竹；又有清流激湍，映带左右，引以为流觞曲水，列坐其次。虽无丝竹管弦之盛，一觞一咏，亦足以畅叙幽情。是日也，天朗气清，惠风和畅。仰观宇宙之大，俯察品类之盛，所以游目骋怀，足以极视听之娱，信可乐也。"（王羲之《兰亭集序》）一篇思考和探索人生问题的美文就在这崇山峻岭、茂林修竹、清流激湍、流水潺潺之地——兰亭产生了。一幅伟大的传世书法绝品《兰亭序帖》也由此产生。

在《兰亭集序》中，王羲之就人生问题总结了四点：一是人生短暂，即“人之相与，俯仰一世”；二是生命无常，人终归会死去，即“况修短随化，终期于尽”；三是人的爱好和追求都有可能随着时间或场合的变化而变化，即“或取诸怀抱，悟言一室之内；或因寄所托，放浪形骸之外。虽趣舍万殊，静躁不同，当其欣于所遇，暂得于己，快然自足，不知老之将至。及其所之既倦，情随事迁，感慨系之矣”；四是活着是值得珍惜、珍重的，即“死生亦大矣”。王羲之也曾在“读书多为做官”的观念熏染下，热衷于追求官场；但真的体味了其中的丑恶昏昧后，他便滋生厌恶，从而更喜好老庄，喜爱山水，爱好能舒展个性的书法艺术。

159. 竹苞松茂

出处：《诗经·小雅·斯干》："如竹苞矣，如松茂矣。"

解析： 形容竹松繁茂。也用来比喻家门兴盛，人丁兴旺。

诗化：

题竹

［唐］李群玉

一顷含秋绿，森风十万竿。
气吹朱夏转，声扫碧霄寒。

诗义： 上百亩的竹林在秋天还是郁郁葱葱，秋风吹拂，十万竿绿竹攒动，枝叶飒飒作响。竹海散发出清凉的空气使夏日转凉，竹海发出的声浪横扫着秋叶的寒意。

简评： 竹也是中国传统文化比德的象征，其蕴含的意义有五点：其一，竹子四季常青象征着生机勃勃、青春常在、生命力顽强，"秋风昨夜渡潇湘，触石穿林惯作狂。惟有竹枝浑不怕，挺然相斗一千场"（郑燮《题画竹》）；其二，竹子的空心代表虚怀若谷、谦虚谨慎的品格，"且让青山出一头，疏枝瘦干未能遒。明年百尺龙孙发，多恐青山逊一筹"（郑燮《题画竹》）；其三，其枝弯而不折，代表柔中带刚的处世原则，"咬定青山不放松，立根原在破岩中。千磨万击还坚劲，任尔东西南北风"（郑燮《竹石》；其四，竹子生而有节、竹节毕露，则是高风亮节的象征，"谁种萧萧数百竿，伴吟偏称作闲官。不随夭艳争春色，独守孤贞待岁寒"（王禹偁《官舍竹》）；其五，竹子挺拔洒脱、正直清高、清秀俊逸，有着高尚的人格追求，“一节复一节，千枝攒万叶。我自不开花，免撩蜂与蝶”（郑燮《竹》）。

松、竹经冬不凋，梅则迎寒开花，故称“岁寒三友”。郑燮有诗赞曰：“一竹一兰一石，有节有香有骨，满堂皆君子之风，万古对青苍翠色。有兰有竹有石，有节有香有骨，任他逆风严霜，自有春风消息。”（郑燮《题画》）

160. 孤标傲世

出处：《红楼梦》第三十八回：“孤标傲世偕谁隐，一样花开为底迟？”

解析：形容菊花傲霜独立的形态。比喻人格的傲然不群和不与俗流。

诗化：

菊花

［唐］元稹

秋丛绕舍似陶家，遍绕篱边日渐斜。
不是花中偏爱菊，此花开尽更无花。

诗义：茂盛的菊花丛环绕着房屋，酷似喜爱菊花的陶渊明家。绕着篱笆观赏菊花，不知不觉中太阳已渐渐西落。不是因为百花中我偏爱菊花，而是因为菊花开过后便不能看到更美的花了，因为冬天到了。

简评：这首《菊花》表达元稹爱菊的原因似乎与别人不一样，他仰慕陶渊明的人格，爱“秋丝绕舍似陶家”的情景，珍惜“此花开尽更无花”的秋景，更爱菊花历尽风霜而后凋的孤标傲世的坚贞品格。历代文人也将菊作为比德的审美对象。三国魏人钟会总结菊花有五美：“圆花高悬，准天极也；纯黄不杂，后土色也；早植晚登，君子德也；冒霜吐颖，象劲直也；流中轻体，神仙食也。”（《菊花赋》）

陶渊明对菊花情有独钟，不仅在自家周围大种菊花，还自酿自产菊花酒。菊花成为陶渊明山村生活的重要精神支柱，在他的诗句中有许多关于菊花的佳句：“采菊东篱下，悠然见南山。”（《饮酒》）“我屋南窗下，今生几丛菊。”（《问来使》）“酒能祛百虑，菊解制颓龄。”（《九日闲居》）“秋菊有佳色，裛露掇其英。泛此忘忧物，远我遗世情。”（《饮酒二十首·其七》）“芳菊开林耀，青松冠岩列。怀此贞秀姿，卓为霜下杰。”（《和郭主簿·其二》）诗人褒扬菊花高洁坚贞，表达了对高逸贞洁品格的向往和敬佩。

十七、星辰篇

繁星闪烁着——
深蓝的天空
何曾听得见他们对语？
沉默中
微光里
它们深深的互相颂赞了。
——冰心《繁星·一》

星辰具有日月光华、旭日东升的壮丽、绚丽美质，有月明如水、月白风清的明净、清雅的美质，也有落日余晖的悲壮之美，更有新月如钩、星月皎洁、明星荧荧的幽邃、澹远、明净的美质。

161. 日月光华

出处:《尚书·虞夏传》:“日月光华,旦复旦兮。”

解析: 日月光辉灿烂,永恒照耀人间。

诗化:

日

[唐] 李峤

旦出扶桑路,遥升若木枝。
云间五色满,霞际九光披。
东陆苍龙驾,南郊赤羽驰。
倾心比葵藿,朝夕奉光曦。

诗义: 早上太阳从东方扶桑树上升起,遥遥升到若木的枝头。天空的云朵被太阳照得五光十色,无比绚丽。太阳乘着青龙驾的车子,行至东陆,给人间带来春天;太阳奔到南方,给人间带来夏天。忠心耿耿就像向日葵一样,从早到晚都沐浴太阳的光辉。

简评: 日月是中华传统美学中十分重要的美学意象。中国传统文化中有着对日月的崇拜,体现在崇阳恋阴的审美理念。“日”代表着阳,象征着刚性、旺盛和进取,表示壮美;“月”代表着阴,象征柔性、温和、宽容,表示秀美。崇阳恋阴就是对“日”表示崇敬,对“月”表示爱恋。崇阳恋阴的审美理念对阳与阴的美质都是采取肯定的态度。“大哉乾元,万物资始,乃统天。”(《周易·象传·乾卦》)“至哉坤元,万物资生,乃顺承天。”(《周易·象传·坤卦》)“乾始能以美利利天下,不言所利,大矣哉，大哉乾乎，刚健中正，纯粹精也。六爻发挥，旁通情也，时乘六龙，以御天也。云行雨施，天下平也。”（《文言传》）“君子‘黄’中通理，正位居体，美在其中，而畅于四支，发于事业，美之至也！”（《文言传》）

崇阳恋阴的审美理念也体现在诗词作品之中。在许多传统的艺术作品里，日月意象有着重要的地位。如汉代的乐府诗《长歌行》：“青青园中葵，朝露待日晞。阳春布德泽，万物生光辉。”唐代刘禹锡的《八月十五夜玩月》：“天将今夜月，一遍洗寰瀛。暑退九霄净，秋澄万景清。星辰让光彩，风露发晶英。能变人间世，攸然是玉京。”

162.旭日东升

出处:《诗经》:“缁缁鸣雁,旭日始旦。”

解析: 指早晨太阳从东方升起。也比喻朝气蓬勃的景象。

诗化:

咏初日

[宋] 赵匡胤

太阳初出光赫赫,千山万山如火发。
一轮顷刻上天衢,逐退群星与残月。

诗义: 一轮红日喷薄而出,炎热炽盛,光芒四射,就像很多座火山一齐喷发。太阳瞬间就升到广袤的天空,驱退了星星和残月。

简评: 旭日东升属壮丽、绚丽、盛美、阳刚的美质。东升的旭日如一个朝气蓬勃的生命,流溢着生命的激情,散发着生命的气息,充满了磅礴的气势。宋太祖赵匡胤的《咏初日》风格质朴而又粗犷,境界开阔而又壮观。作者以红日初升自况,以群星、残月比喻当时的各个割据势力,并以红日逐退星月、普照大地,来表达铲平割据、统一天下的雄心壮志。

旭日是历代艺术创作的题材之一。诗歌方面有唐代白居易的《忆江南·江南好》:“江南好,风景旧曾谙。日出江花红胜火,春来江水绿如蓝。能不忆江南?”韩偓的《晓日》:“天际霞光入水中,水中天际一时红。直须日观三更后,首送金乌上碧空。”宋代杨万里的《过扬子江二首·其一》:“只有清霜冻太空,更无半点荻花风。天开云雾东南碧,日射波涛上下红。”

163. 如日中天

出处：《诗经·邶风·简兮》："日之方中，在前上处。"

解析：指中午时候的阳光最强烈、最灿烂。形容事物发展到最兴盛的阶段。

诗化： 夏花明

［唐］韦应物

夏条绿已密，朱萼缀明鲜。
炎炎日正午，灼灼火俱燃。
翻风适自乱，照水复成妍。
归视窗间字，荧煌满眼前。

诗义：夏季绿树茂盛，生机盎然，艳红的花朵点缀在绿丛上显得格外鲜艳。正当中午，炎炎烈日正当空，太阳火辣辣的像火燃烧一样。一阵风吹过，花瓣纷飞凌乱，倒映在水面上显得十分妍丽。回来看到窗前的景象，眼前一片乱红纷飞。

简评：如日中天属大美。《周易》指出："《乾》：元亨利贞。"乾卦取象为天，象征太阳永恒不息，光芒永射。乾卦所提到的"元亨"，意为阳刚、刚健，"利贞"表示劲健、蓬勃的性情。如日中天蕴含着生机勃勃、奋发有为、积极向上的大美。何为大美？大功德、大功业谓大美。"天地有大美而不言。"（《庄子·知北游》）才能品格优秀谓大美。"论大功者不录小过，举大美者不疵细瑕。"（《汉书·陈汤传》）君子自强不息是大美。泽被大地、普照大地的灿烂阳光是大美。

如日中天属阳刚、劲健、蓬勃的美质。阳刚之美是一种雄拔刚健的风格，“其得于阳与刚之美者，则其文如霆，如电，如长风之出谷，如崇山峻崖，如决大川，如奔骐骥；其光也，如杲日，如火，如金镠铁；其于人也，如凭高视远，如君而朝万众，如鼓万勇士而战之”（姚鼐《复鲁絜非书》）。如日中天是典型的阳刚之美。

表现如日中天的大美的古诗词有南北朝鲍照的《学刘公干体诗五首·其五》：“白日正中时，天下共明光。北园有细草，当昼正含霜。”一轮灿烂的太阳悬于中天正午，万物沐浴着这明媚的阳光，生机盎然。还有南北朝谢朓的《和徐都曹出新亭渚诗》：“宛洛佳遨游，春色满皇州。结轸青郊路，迴瞰苍江流。日华川上动，风光草际浮。桃李成蹊径，桑榆荫道周。东都已俶载，言归望绿畴。”

164. 落日余晖

出处：《庐陵王墓作》：“晓月发云阳，落日次朱方。”

解析： 指太阳刚落山时所照射出的阳光。

诗化：

登乐游原

［唐］李商隐

向晚意不适，驱车登古原。
夕阳无限好，只是近黄昏。

诗义： 傍晚心情不快，驾着车登上古原。此刻，夕阳西下，景色迷人，无限美好，但很遗憾已是黄昏。

简评： 落日余晖属悲壮、苍润、绚丽的美质。傍晚是一天中最绚丽的时候，可那短暂的绚丽瞬间，总让人带着主观的情感去描绘它。在中国传统审美中，夕阳是一个比较特别的审美意象。诗人们借夕阳来抒发对世界、对人生的感悟。有人抱着欣赏的态度去赞美它：“落霞与孤鹜齐飞，秋水共长天一色。”（王勃《滕王阁序》）“大漠孤烟直，长河落日圆。”（王维《使至塞上》）“白日依山尽，黄河入海流。欲穷千里目，更上一层楼。”（王之涣《登鹳雀楼》）“紫阁峰西清渭东，野烟深处夕阳中。”（白居易《县西郊秋寄赠马造》）“一道残阳铺水中，半江瑟瑟半江红。”（白居易《暮江吟》）有人怀着悲凉无奈的心情去看它：“夕阳无限好，只是近黄昏。”夕阳虽美，可好景不长。夕阳也让人产生一种悲愁的情怀：“枯藤老树昏鸦，小桥流水人家，古道西风瘦马。

夕阳西下，断肠人在天涯。”（马致远《天净沙·秋思》）就是性格豪放、放荡不羁的诗仙李白，在夕阳之下，也不免产生悲愁的情绪：“黄河走东溟，白日落西海。逝川与流光，飘忽不相待。春容舍我去，秋发已衰改。人生非寒松，年貌岂长在。吾当乘云螭，吸景驻光彩。”（李白《古风·其一》）也有人将夕阳下视线浑浊不清的景象比喻为前景的晦暗，比如杜甫的《同诸公登慈恩寺塔》：“羲和鞭白日，少昊行清秋。秦山忽破碎，泾渭不可求。俯视但一气，焉能辨皇州。回首叫虞舜，苍梧云正愁。”

165. 皓月当空

出处：《偈颂二十一首·其一》："皓月当空，寒江不动。万里清光，曾非别共。"

解析：指明亮圆满的月亮在夜空中照耀着大地。形容月光皎洁，天气晴朗。

诗化： 把酒问月·故人贾淳令予问之

[唐] 李白

青天有月来几时，我今停杯一问之。
人攀明月不可得，月行却与人相随。
皎如飞镜临丹阙，绿烟灭尽清辉发。
但见宵从海上来，宁知晓向云间没。
白兔捣药秋复春，嫦娥孤栖与谁邻。
今人不见古时月，今月曾经照古人。
古人今人若流水，共看明月皆如此。
唯愿当歌对酒时，月光长照金樽里。

诗义：我放下酒杯问，天上明月是何时开始有的。人若想攀上明月永远无法实现，但月亮可以随着人行走。月亮如镜照耀着宫阙，雾霭散去月光洒遍大地。月亮从海上升起，早晨又隐没在云间。秋去春来月亮上白兔辛勤地捣着仙药，孤独的嫦娥与谁为邻？今人见不到古时的月亮，但现在的月亮却曾经照过古人。古人与今人如流水般消逝，共同看到的月亮皆都如此。但愿对酒当歌之时，月光能长久地照在酒杯里。

简评：皓月当空属清雅、圆浑的美质。清雅指清新明洁、秀丽文雅；圆浑有浑厚天然、和合圆满之意。李白创作了大量关于月亮的诗歌，其诗不仅表现了月亮的属性，而且赋予了月亮丰富的思想感情、深邃的象征意义、高度人格化的内涵。

其一，寄托相思之情。如："床前明月光，疑是地上霜。举头望明月，低头思故乡。"（《静夜思》）"月下飞天镜，云生结海楼。仍怜故乡水，万里送行舟。"（《渡荆门送别》）"我寄愁心与明月，随风直到夜郎西。"（《闻王昌龄左迁龙标遥有此寄》）"孤灯不明思欲绝，卷帏望月空长叹。"（《长相思》）"花间一壶酒，独酌无相亲。举杯邀明月，对影成三人。"（《月下独酌》）"天借一明月，飞来碧云端。故乡不可见，肠断正西看。"（《游秋浦白笴陂二首》）

其二，表达人生的理想和追求。如："俱怀逸兴壮思飞，欲上青天揽明月。"（《宣州谢朓楼饯别校书叔云》）"我欲因之梦吴越，一夜飞度镜湖月。"（《梦游天姥吟留别》）

其三，对高洁人品的向往和敬慕。如："了见水中月，青莲出尘埃。"（《陪族叔当涂宰游化城寺升公清风亭》）"天清江月白，心静海鸥知。"（《赠汉阳辅录事·其一》）"云见日月初生时，铸冶火精与水银。"（《上云乐》）"屈平词赋悬日月，楚王台榭空山丘。"（《江上吟》）"卷帘见月清兴来，疑是山阴夜中雪。"（《单父东楼秋夜送族弟沈之秦》）"观心同水月，解领得明珠。"（《赠宣州灵源寺仲浚公》）

166. 月明如水

出处：《峰顶寺》："月明如水山头寺，仰面看天石上行。"

解析：指月光皎洁柔和，宛如闪着光波、缓缓流动的清水。形容月色美好。

诗化：

江楼感旧

［唐］赵嘏

独上江楼思渺然，月光如水水如天。
同来望月人何处？风景依稀似去年。

诗义：我思绪茫然，独自来到这江边的高楼。此时，月色如水而水色又如天。还记得我们曾经一同来望月，而如今你们又在何处？你们知道吗，这月光如水的景色，也和去年一样的幽美轻柔。

简评：月明如水属明净、清新、自然的美质。明净是中华传统美学提倡的审美美质。古人在画风上注重明净的美质，清代黄钺指出："明净：虚亭枕流，荷花当秋。紫花的的，碧潭悠悠。美人明装，载桡兰舟。目送心艳，神留於幽。净与花竞，明争水浮。施朱傅粉，徒招众羞。"（黄钺《二十四画品》）音乐上偏好明洁、清雅的琴音："洁：欲修妙音者，必先修妙指。修指之道，从有而无，因多而寡。一尘不染，一垢弗缁。"（冷谦《琴声十六法》）

历代诗人钟情于明月如水的意境："月明如水山头寺，仰面看天石上行。夜半深廊人语定，一枝松动鹤来声。"（张祜《峰顶寺》）“一叶扁舟晚泊时，羁怀恰与景相宜。月明如水江如镜，何处渔人唱竹枝。”（孙承恩《晚泊》）“芦苇丛中泊钓舟，月明如水满天秋。江湖梦稳渔家乐，不羡人间万户侯。”（张廷寿《题画》）

167. 月白风清

出处：《后赤壁赋》："有客无酒，有酒无肴，月白风清，如此良夜何？"

解析： 形容夜色美好幽静。

诗化： 虞美人・有美堂赠述古

［宋］苏轼

湖山信是东南美，一望弥千里。
使君能得几回来？
便使樽前醉倒更徘徊。
沙河塘里灯初上，水调谁家唱？
夜阑风静欲归时，
惟有一江明月碧琉璃。

诗义： 大自然的湖光山色，要数此地最美。登高远望，无限风光尽收眼底。你这一去，何时才归来？再痛饮几杯吧，但愿醉倒再不离去。沙塘里华灯初上，不知谁人把动人的《水调》弹唱？夜深风静我们扶醉欲归时，在明月的映照下，钱塘江水澄澈得宛若一块翠绿的琉璃。

简评： 月白风清属清雅的美质。月亮是古诗词中使用比较多的意象之一，特别是在苏轼的诗词中，月亮常常带有浪漫的色彩。他的《水调歌头・明月几时有》中的"明月几时有？把酒问青天。不知天上宫阙，今夕是何年。我欲乘风归去，又恐琼楼玉宇，高处不胜寒。起舞弄清影，何似在人间”这几句非常浪漫。而“参横斗转欲三更，苦雨终风也解晴。云散月明谁点缀？天容海色本澄清。空余鲁叟乘桴意，粗识轩辕奏乐声。九死南荒吾不恨，兹游奇绝冠平生”（苏轼《六月二十日夜渡海》）则是一首寄托高洁情怀的作品。苏轼诗词中的月亮也常带有哀愁色彩：“缑山仙子，高清云渺，不学痴牛骙女。凤箫声断月明中，举手谢时人欲去。客槎曾犯，银河波浪，尚带天风海雨。相逢一醉是前缘，风雨散、飘然何处?”（苏轼《鹊桥仙·七夕送陈令举》）苏轼的离别诗豪气纵横，想象驰骋，读时犹如遨游天界银河。

月白风清之夜常常美妙得让人难以入眠：“转缺霜轮出海边，故人千里共婵娟。山阴此夜明如炼，月白风清人未眠。”（林用中《岳后步月》）月白风清之夜也是弹琴听音的好时光：“无人学得广陵散，月白风清试一弹。万籁不鸣群动息，九霄云外舞青鸾。”（董纪《题扇》）

168. 新月如钩

出处：《五洲夜发》：“夜江雾里阔，新月迥中明。”

解析：农历每月初出现的弯钩形的月亮。

诗化：

望江南·咏弦月

［清］纳兰性德

初八月，半镜上青霄。
斜倚画阑娇不语，暗移梅影过红桥，
裙带北风飘。

诗义：初八的月亮，如同悬挂在碧空中的半面镜子。佳人娇媚地斜靠在雕花的栏杆上，静默不语，梅花的影子随着月光悄悄地移过红桥。裙裾随着北风吹拂而飘展。

简评：新月如钩属简洁、自然、清新的美质。中国传统美学比较注重简与繁的拿捏和处理，“繁而不忧乱，变而不忧惑，约以存博，简以济众，其唯《彖》乎”（王弼《周易注》）。王弼认为：“简易者，道也、君也。万物是众，道能生物，君能养民。物虽繁，不忧错乱；爻虽变，不忧迷惑。”南朝梁刘勰指出：“凡精虑造文，各竞新丽，多欲练辞，莫肯研术。落落之玉，或乱乎石；碌碌之石，时似乎玉。精者要约，匮者亦鲜；博者该赡，芜者亦繁；辩者昭晰，浅者亦露；奥者复隐，诡者亦曲。”（刘勰《文心雕龙·总术》）精练的创作必须简明扼要。黄钺认为：“简洁：厚不因多，薄不因少。旨哉斯言，朗若天晓。务简先繁，欲洁去小。

人方辞费，我一笔了。喻妙於微，游物之表。夫谁则之？不鸣之鸟。”（黄钺《二十四画品》）

“初八月，半镜上青霄。”简洁的美质，恰如夜空中的一弯新月，意味深远，韵味无穷。新月永远是诗人心中的小镜子：“三五夜中新月色，二千里外故人心。”（白居易《八月十五日夜禁中独直对月忆元九》）“晚来风定钓丝闲，上下是新月。千里水天一色，看孤鸿明灭。”（朱敦儒《好近事·渔父》）“玉露金风报素秋，穿针楼上独含愁。双星何事今宵会，遗我庭前月一钩。”（德容《七夕二首·其一》）

169. 星月皎洁

出处：《秋声赋》：“星月皎洁，明河在天，四无人声，声在树间。”

解析：指星星和月亮一起照耀，分外明亮。

诗化：

旅夜书怀

［唐］杜甫

细草微风岸，危樯独夜舟。
星垂平野阔，月涌大江流。
名岂文章著，官应老病休。
飘飘何所似，天地一沙鸥。

诗义：轻风吹拂着江岸上的细草，耸立着桅杆的小船在夜里孤零零地停泊着。星星低垂，平野愈显开阔；月光随江波涌动，大江滚滚东流。我岂是因为文章而著名，年老病多也该告老还乡了。独自到处漂泊像什么呢？就像那天地间的一只孤零零的沙鸥。

简评：星月皎洁属明净、简洁、空灵的美质。皎洁是历代诗人和画家比较赞赏的美学境界。皎洁形容明亮洁白，南朝宋谢灵运曰：“浮云褰兮收泛滟，明舒照兮殊皎洁。”（《怨晓月赋》）唐代李端诗云：“婵娟更称凭高望，皎洁能传自古愁。”（《和李舍人直中书对月见寄》）唐代张九龄曰：“兰叶春葳蕤，桂华秋皎洁。欣欣此生意，自尔为佳节。”（《感遇十二首·其一》）宋代范成大有诗：“君游东山东复东，安得奋飞逐西风。愿我如星君如月，夜

夜流光相皎洁。”（《车遥遥篇》）

皎洁还蕴含着清白、廉洁、光明磊落之意，晋代葛洪曰：“玄冰未结，白雪不积，则青松之茂不显；俗化不弊，风教不颓，则皎洁之操不别。”（《抱朴子·广譬》）南朝宋谢灵运诗曰：“美人卧屏席，怀兰秀瑶璠。皎洁秋松气，淑德春景暄。”（《日出东南隅行》）南北朝鲍照云：“兹晨自为美，当避艳阳天。艳阳桃李节，皎洁不成妍。”（《学刘公干体五首·其三》）唐代顾况亦有诗：“新系青丝百尺绳，心在君家辘轳上。我心皎洁君不知，辘轳一转一惆怅。”（《悲歌·其五》）

170. 明星荧荧

出处：《阿房宫赋》："明星荧荧，开妆镜也；绿云扰扰，梳晓鬟也；渭流涨腻，弃脂水也；烟斜雾横，焚椒兰也。"

解析：指夜空中星光璀璨，繁星点点的景象。也形容繁华的景象。

诗化： 一丛花·溪堂玩月作（节选）

［宋］陈亮

冰轮斜辗镜天长，江练隐寒光。
危阑醉倚人如画，隔烟村、何处鸣榔？
乌鹊倦栖，鱼龙惊起，星斗挂垂杨。

诗义：夜空明月西斜，长天明洁如镜，江面清澈如一匹白绢，隐映着一片寒光。我倚在高楼的栏杆边，带着醉意欣赏这如画的风景。隔着烟雾弥漫的渔村，不知从何处传来渔舟捕鱼时木板敲击船舷发出的声音。乌鹊倦栖在林子里，鱼儿从水中惊跃，满天的繁星静悄悄地挂在柳树梢头。

简评：明星荧荧属幽邃、澹远、明净、繁华的美质。"皎皎亮月，丽于中流。明星荧荧，载沉载浮。"（伍瑞隆《舟中》）在浩瀚辽阔的夜空里，明星荧荧，时而给人以幽邃的感觉，时而明净如水。幽邃是艺术的重要意境，体现在艺术创作和审美上对显隐要素的把握，显是指明朗显豁、浅显易懂、一目了然；隐则指幽深隐晦、含蓄蕴藉、隐而不露。在显隐都不可偏发的情况下，把握好显隐结合，显中带隐，就能产生深邃的审美效果。“幽邃：山不在高，惟深则幽。林不在茂，惟健乃修。毋理不足，而境是求。毋貌有余，而笔不遒。息之深深，体之休休。脱有未得，扩之以游。”（黄钺《二十四画品》）

曹操的《观沧海·碣石篇》：“星汉灿烂，若出其里。”秦观的《鹊桥仙·纤云弄巧》：“纤云弄巧，飞星传恨，银汉迢迢暗度。”张孝祥的《临江仙·试问梅花何处好》：“星稀河影转，霜重月华孤。”都给人以深邃之感。

十八、西湖篇

只为等我到此一聚
苏堤打扮了好几百年
于今，水牵我而来
让我坐在
苏东坡横躺过的湖中
只见水面走来
一位打着花布洋伞的女子
他想的是朝云
我想的是水月
我跑到桥上俯首细看
原也是
花暗柳明的另一个陷阱
——洛夫《西湖二堤·苏堤》

西湖是中国最著名的景点，集山水风光、园林建筑、人文历史于一身，西湖十景是西湖最著名的风景点。西湖素有“景在城中立，人在画里游”的美称。

171. 苏堤春晓

出处:《西湖游览志》:“苏公堤，自南新路属之北新路，横截湖中。宋元祐间，苏子瞻守郡，浚湖而筑之，人因名苏公堤。”

解析: 西湖十景之首。苏堤春晓是指寒冬过后，苏堤春天的美妙景色。

诗化:

苏堤春晓

［宋］王洧

孤山落月趁疏钟，画舫参差柳岸风。
莺梦初醒人未起，金鸦飞上五云东。

诗义: 伴随着稀疏的钟声，月儿落到了西边的孤山上，华丽的游船沐浴着柳岸边的春风交错来往。刚刚从美妙的梦中初醒，太阳已经飞上了东边的五云山了。

简评: 杭州之美尽在西湖。西湖之美，当属苏堤，苏堤春晓为西湖十景之首，南起花港观鱼，北接曲院风荷，是一条贯穿西湖南北风景区的林荫大堤，由宋朝苏轼任杭州知府时，疏浚西湖，取湖泥葑草堆筑而成。苏堤两侧遍种花木，垂柳依依，漫步在堤上，新柳如烟，春风骀荡，莺鸟和鸣，意境动人。苏堤望山桥南面的御碑亭里立有康熙题写的“苏堤春晓”碑刻。明代杨周赞苏堤诗曰：“柳暗花明春正好，重湖雾散分林鸟。何处黄鹂破瞑烟，一声啼过苏堤晓。”（杨周《苏堤春晓》）现代著名诗人洛夫也留下了浪漫的诗句：“只为等我到此一聚/苏堤打扮了好几百年/于今，水牵我而来/让我坐在/苏东坡横躺过的湖中/只见水面走来/一位打着花布洋伞的女子/他想的是朝云/我想的是水月/我跑到桥上俯首细看/原也是/花暗柳明的另一个陷阱”（洛夫《西湖二堤·苏堤》）

苏堤春晓属纤秾、艳丽、自然的美质。苏堤春晓让人感受到整个春天的气息，而苏堤不过是一位纤秾艳丽的报春使者。杨柳夹岸，艳桃灼灼，湖光山色，琼塔倩影，风月无边。浓与淡都是让人产生美感的质地，“化工赋物，浓淡相成”。色彩、味觉、嗅觉都有浓淡之分。中华传统美学偏好于淡，也不排斥浓。司空图对浓赞许有加：“采采流水，蓬蓬远春。窈窕深谷，时见美人。碧桃满树，风日水滨。柳阴路曲，流莺比邻。乘之愈往，识之愈真。如将不尽，与古为新。”（司空图《二十四诗品·纤秾》）浓淡相配，相互交映，才能形成佳境。“桃满西园淑景催，几多红艳浅深开。此花不逐溪流出，晋客无因入洞来。”（杜牧《酬王秀才桃花园见寄》）“红白莲花开共塘，两般颜色一船香。恰似汉殿三千女，半是浓妆半淡妆。”（杨万里《莲花》）

172. 曲院风荷

出处:《御制诗集》:“西湖曲院,为宋时酒务地,荷花最多,是有曲院风荷之名。兹处红衣印波,长虹摇影,风景相似,故以其名名之。”

解析: 西湖十景之一,位于西湖西北角,主要是供游人赏夏荷。

诗化:

晓出净慈寺送林子方

[南宋] 杨万里

毕竟西湖六月中,风光不与四时同。
接天莲叶无穷碧,映日荷花别样红。

诗义: 六月里西湖的风光景色到底和其他时节的不一样:那密密层层的荷叶铺展开去,与蓝天相连接,一片无边无际的青翠碧绿;那亭亭玉立的盛开的荷花,在阳光辉映下,显得格外的鲜艳娇红。

简评: 曲院风荷位于西湖北岸的苏堤北端西侧,以夏日观赏荷花为主题,在视觉上呈现出“接天连叶无穷碧,映日荷花别样红”的特色。曲院,原为南宋时期设在洪春桥的酿造官酒的作坊,取金沙涧之水以酿官酒。因该处多荷花,每当夏日荷花盛开时,香风徐来,荷香与酒香四处飘溢,有“但觉花香带酒香”的意境。

夏天赏荷是历代文人的嗜好,也涌现了大量与赏荷有关的诗作,古人高雅的文趣都能体现在诗词文赋里。宋人周敦颐专门著有《爱莲说》："予独爱莲之出淤泥而不染，濯清涟而不妖，中通外直，不蔓不枝，香远益清，亭亭净植，可远观而不可亵玩焉。"唐代杜甫的《狂夫》也提到荷："万里桥西一草堂，百花潭水即沧浪。风含翠筱娟娟净，雨浥红蕖冉冉香。"李商隐写有《赠荷花》："世间花叶不相伦，花入金盆叶作尘。惟有绿荷红菡萏，卷舒开合任天真。此花此叶常相映，翠减红衰愁杀人。"

在众多描写荷花的古诗词中，最绝妙的诗句莫过于宋代杨万里的"接天莲叶无穷碧，映日荷花别样红"（《晓出净慈寺送林子方》），"小荷才露尖尖角，早有蜻蜓立上头"（《小池》）。前一首的诗句描绘了西湖曲院风荷那无边无际的青翠碧绿的荷叶，以及亭亭玉立的盛开的荷花，那荷花在阳光下显得格外的鲜艳娇红。

173. 平湖秋月

出处：《方舆胜览》："西湖十景，首平湖秋月。盖湖际秋而益澄，月至秋而逾洁，合水月以观，而全湖之精神始出也。"

解析：西湖十景之一。平湖秋月位于白堤西端，背倚孤山，面临外湖。唐代建有望湖亭，明代又增龙王祠，清康熙年间定名平湖秋月。也指清洁明净的月夜景色。

诗化：

平湖秋月

［宋］王洧

万顷寒光一夕铺，水轮行处片云无。
鹫峰遥度西风冷，桂子纷纷点玉壶。

诗义：广阔的湖面洒下明洁的月光，皓月当空万里无云。站在飞来峰上极目远眺，那冷冷的西风迎面吹拂，桂花缤纷点缀着玉壶御园。

简评：平湖秋月属自然、清奇、旷达的美质。至若凉秋月夜，皓月当空，湖水粼波，其景其情，可谓难以言表。西湖的平湖秋月位于孤山路之东南侧，这里沿途有一条游览带，在绿化丛中除了东端的平湖秋月外，往西还有八角亭、西泠书画院等。"湖天一碧楼"有联曰：万顷湖平长似镜，四时月好最宜秋。每当秋高气爽，湖面平静如镜，秋月皓洁当空，月光与湖水交相辉映，秋天的月夜是赏湖的最佳时节。

平湖秋月的美景为历代诗人赞美，宋代孙锐有"月浸寒泉凝不流，棹歌何处泛归舟。白苹红蓼西风裹，一色湖光万顷秋”（《四景图·平湖秋月》），宋代赵时远有“楼台两岸枕长流，落日行人竞舣舟。清夜湖光平似镜，冰轮冷浸玉壶秋”（《平湖秋月》），明代徐文长有“平湖一色万顷秋，湖光渺渺水长流。秋月圆圆世间少，月好四时最宜秋”（《平湖秋月》）。

174. 断桥残雪

出处:《西湖游览志》:“断桥,本名宝祐桥,自唐时呼为断桥。”

解析: 西湖十景之一,以冬雪后桥面雪未化完,看起来似断非断而闻名。

诗化:

题杭州孤山寺

[唐] 张祜

楼台耸碧岑,一径入湖心。
不雨山长润,无云水自阴。
断桥荒藓涩,空院落花深。
犹忆西窗月,钟声在北林。

诗义: 楼台耸立在山峰上,一条小路通到湖心中央。不下雨山也是常常湿润的,没有云水面也是一片深蓝。断桥上苔藓斑驳,幽静的院落里积满了落花。回想起西窗上的明月,玉皇山北面的丛林里又传来了悠扬的钟声。

简评: 断桥残雪属高古、沉着、疏野的美质。每当瑞雪初霁,站在宝石山上向南眺望,西湖银装素裹,白堤横亘雪柳霜桃。断桥的石桥拱面无遮无拦,在阳光下冰雪消融,露出了斑驳的桥面,而桥的两端还在皑皑白雪的覆盖下。依稀可辨的石桥身似隐似现,远望去似断非断,故称断桥。伫立桥头,放眼四望,远山近水,尽收眼底。

断桥残雪蕴含着一种特殊的残缺美。中国人对残缺美青睐有加。古代瓷器的冰裂纹，在人们的眼中是一种十分难得的残缺美，工匠们有意识地利用瓷器开裂的规律来制造冰裂纹。诗人们用断、荒、残、昏、枯、斜、衰、故、空、破、冷这些字眼，创作出高古、沉着、疏野、沧桑的意境。唐代白居易的《暮江吟》："一道残阳铺水中，半江瑟瑟半江红。可怜九月初三夜，露似珍珠月似弓。"诗中用一个"残"字表现出傍晚夕阳斜照的苍凉、绚丽的美。宋代陆游的《卜算子·咏梅》："驿外断桥边，寂寞开无主。已是黄昏独自愁，更著风和雨。无意苦争春，一任群芳妒。零落成泥碾作尘，只有香如故。"一个"断"字更体现梅花所处环境的人迹罕至、寂寥荒寒，更加烘托出其"无意苦争春，一任群芳妒"的坚韧品格。古诗词中那些残鸦、残照、残月、残夜、残酒、断弦、断雁、孤灯、蓑草、落花、冷月、枯木等等意象，不仅仅单纯写实，还往往是作者刻意的写虚，是诗词中更高的艺术境界。

175.柳浪闻莺

出处:《西湖志》:“柳浪桥，宋时在清波门外聚景园中，今已无，考其地为灵芝寺、显应观故址。绿堤植柳，北接亭子湾，即古所称‘柳洲’是也。背负雉堞，面临方塘，架石梁于上，柳丝踠地，轻风摇扬如翠浪翻空。春时黄鸟睍睆其间，流连倾听，与画舫笙歌相应答云。”

解析:西湖十景之一，位于西湖东南岸，清波门处的大型园林。其间黄莺飞舞，竞相啼鸣，故称“柳浪闻莺”。

诗化:

柳浪闻莺

［明］赵士麟

柳绿千层浪，莺黄两翅金。

画船箫与鼓，只恐让啼音。

诗义:柳绿成荫形成千层绿波，黄莺展开两只金色的翅膀飞翔。西湖中的游船上的箫鼓声，恐怕也只能输给这嘹亮婉转的莺啼鸟鸣声了。

简评:柳浪闻莺属自然、清新、典雅的美质。历代有不少称颂柳浪闻莺的诗作，如宋代王洧的《湖山十景·柳浪闻莺》:“如簧巧啭最高枝，苑树青归万缕丝。玉辇不来春又老，声声诉与落花知。”宋代王镃的《柳浪闻莺》:“茭风猎猎水烟昏，柳影沉沉到岸根。忽想绿阴谁打弹，啼莺飞过别花园。”明代万达甫的《柳浪闻莺》:“柳阴深霭玉壶清，碧浪摇空舞袖轻。林外莺声啼不尽，画船何处又吹笙。”元代尹廷高的《柳浪闻莺》：“晴波淡淡树冥冥，乱掷金梭万缕青。应怪园林风景别，数声娅姹不堪听。”清代乾隆的《柳浪闻莺》：“南渡宋家忘北金，相于丝管乐春深。新莺百啭非无意，河北由来有故林。”

古人写诗作词，常常将柳与莺联系在一起，如柳亸莺娇、柳莺花燕等，象征生机勃勃的春天和美好的时光。唐代武元衡的《春兴》：“杨柳阴阴细雨晴，残花落尽见流莺。春风一夜吹乡梦，又逐春风到洛城。”描绘了一幅细雨后杨柳苍翠、残花凋落、黄莺在枝头欢快啼鸣的景象。一夜春风吹起了思乡梦，诗人在梦中追逐着春风飞回了洛阳城。莺的意象在古诗词中还代表着浪漫、多情、活泼、欢快。宋代梅尧臣的《莺》：“桑间小妇好声音，映叶穿枝意已深。尽日呼郎郎不应，萧萧风雨到前林。”此处的“莺”隐喻多情的女郎。

176. 花港观鱼

出处：《西湖游览志》："第三桥曰望山，与西岸第四桥斜对。水名花港，所谓'花港观鱼'者是也。"《西湖志》："苏堤第三桥曰望山，与西岸第四桥斜对，水名花港。通花家山，山下有卢园，为宋内侍卢允升别墅。景物奇秀，凿池甃石，引湖水其中，蓄异鱼数十种，称花港观鱼。"

解析：西湖十景之一。地处苏堤南段西侧，介于小南湖与西里湖间，前身系南宋卢园，以赏花、观鱼称胜。

诗化：

花港观鱼

［宋］王镃

桃花落尽杏花嫣，碧港红沉水底天。

山雨忽晴风亦退，钓鱼人在小湖船。

诗义：桃花落尽的时候恰是杏花姹紫嫣红之时，花港中的鱼沉入水底，水面映照着碧蓝的天空。山雨忽然停止，风也退却了，天空变得晴朗。钓鱼的人悠闲自得地坐在小船上垂钓。

简评：据史料记载，南宋时有条小溪从花家山经此流入西湖，这条小溪就叫花溪。当时，内侍官卢允升在花溪侧畔建了一座山野茅舍，称为"卢园"。园内架梁为舍，叠石为山，凿地为池，立埠为港，畜养异色鱼类，广植草木。因景色恬静，游人萃集，雅士题咏，被称为"花港观鱼"。花港观鱼的石碑是乾隆皇帝下江南时所题，其中的"渔"字，繁体写法是四点，代表火，乾隆改为三点，代表水，寓意百姓生活风调雨顺，江山稳固太平。乾隆有“花家山下流花港，花著鱼身鱼嘬花”的题句。

花港观鱼属纤秾、绚丽的美质。绚丽斑斓的锦鲤在中国文化里代表吉祥、幸福、美好。唐朝陆龟蒙的《奉酬袭美苦雨》：“层云愁天低，久雨倚槛冷。丝禽藏荷香，锦鲤绕岛影。”据称是最早描写锦鲤的古诗词，也是现今世界上最早采用锦鲤名称的记录。描写锦鲤的还有宋代白玉蟾的《题余府浮香亭》：“小亭低瞰小池边，日日春风醉管弦。盘礴好穷诗世界，登临疑是水神仙。玉萍掩映壶中月，锦鲤浮沉镜里天。芍药牡丹归去后，花开十丈藕如船。”

177. 雷峰夕照

出处:《西湖游览志》:"雷峰者，南屏之支脉也。穹隆回映，旧名中峰，亦曰回峰，宋有道士徐立之居此，号回峰先生。"

解析: 西湖十景之一，位于西湖湖南、净慈寺前的夕照山上，因晚霞镀塔而闻名。

诗化: 雷峰

［宋］林逋

中峰一径分，盘折上幽云。
夕照前林见，秋涛隔岸闻。
长松标古翠，疏竹动微薰。
自爱苏门啸，怀贤思不群。

诗义: 一条小径将主峰分开，蜿蜒曲折直上云端。夕阳照在前方的茂林，秋天的涛声隔着岸堤传来。高耸的青松披着翠绿古朴的叶子，稀疏的竹子散发着动人的清香。我独自偏爱高雅的情趣，缅怀先贤卓越的德才。

简评: 雷峰夕照是西湖十景之一。"雷峰者，南屏山之支麓也。穹窿回映，旧名中峰，亦名回峰。宋有雷就者居之，故名雷峰。"（张岱《西湖梦寻》）自古赞美雷峰塔景色的古诗词不少，比如明代马洪的《南乡子·雷峰夕照》:"高塔耸层层，斜日明时景倍增。常是游湖船拢岸，寻登，看遍千峰紫翠凝。暮色满觚棱，留照溪边扫叶僧。鸦背分金犹未了，生憎，几处人家又上灯。"清代许承祖的："黄妃古塔势穹窿，苍翠藤萝兀倚空。奇景那知缘劫火，孤峰斜映夕阳红。"

雷峰夕照属绚丽、纤秾、苍劲的美质。比如晋代谢朓的《晚登三山还望京邑》："白日丽飞甍，参差皆可见。余霞散成绮，澄江净如练。"落日余晖铺展开来就像彩锦，澄清的江水平静得如同白练。唐代王绩的《野望》："东皋薄暮望，徙倚欲何依。树树皆秋色，山山唯落晖。"每棵树都染上秋天的色彩，重重山岭都披覆着落日的余光，一幅壮阔绚丽的画卷呈现在眼前。唐代王维的《送邢桂州》："日落江湖白，潮来天地青。明珠归合浦，应逐使臣星。"日落时湖光与落日余辉融成一片耀眼的白色，碧波滚滚而来时，整个天地又仿佛都染成了青色。

178. 双峰插云

出处：《西湖卧游图题跋·两峰罢雾图》："三桥龙王堂望湖西诸山，颇尽其胜。烟林雾嶂，映带层叠，淡描浓抹，顷刻百态，非董、巨妙笔，不足以发其气韵。"

解析：西湖十景之一。天目山东走，其余脉的一支，遇西湖而分驰南山、北山，形成环抱状的景区，两山之巅即南高峰和北高峰。

诗化：

双峰插云

［清］陈璨

南北高峰高持天，两峰相以不相连。

晚来新雨未雨时，四山云雾锁二尖。

诗义：南高峰北高峰高耸插入天空，两座高峰遥相对峙却不相连。傍晚刚刚要下的雨还没有下之前，四面云雾缭绕，盘旋在两峰之下。

简评：双峰插云属雄浑、豪放、自然的美质。双峰插云美在气势。宋代郭熙提出："真山水之川谷，远望之以取其势，近看之以取其质。"（《林泉高致》）远远望去，南高峰与北高峰，高耸入云，云蒸霞蔚，气势磅礴。近处寺庙古木参天，松柏森森，古色古香，庄严肃穆。南高峰、北高峰，是西湖周边群山中的佛教名山，山顶都建有佛寺、佛塔。春秋时节，天高云淡，塔尖时隐时显，在西湖荡舟远观，双峰插云景色别有韵味。

南宋时，双峰插云成为西湖十景之一，尤为宋代诗人们所喜爱。宋代王洧有诗赞曰：“浮图对立晓崔嵬，积翠浮空霁霭迷。试向凤凰山上望，南高天近北烟低。”（《双峰插云》）还有赵时韶的《云峰》：“淡似衡山雾已开，浓如雨意黯阳台。黄昏天际迷归鸟，错认林梢不下来。”陈岩的《云峰》：“有动皆从静处生，岚光正与晶争熏。山灵要眩游人眼，石缝中间旋出云。”

179. 南屏晚钟

出处:《西湖志》:“南屏山在净慈寺右、兴教寺之后,正对苏堤。寺钟初动,山谷皆应,逾时乃息。盖兹山隆起,内多空穴,故传声独远,响入云霄,致足发人深省也。

解析: 西湖十景之一。南屏晚钟与雷峰夕照隔路相对,塔影钟声组成了西湖十景中最迷人的晚景。

诗化:

南屏晚钟

[明] 万达甫

玉屏青嶂暮烟飞,绀殿钟声落翠微。
小径殷殷惊鹤梦,山僧归去扣柴扉。

诗义: 南屏山满目青翠,暮色中云烟翩然,飘渺空灵,若即若离。佛殿的钟声响彻在郁葱的密林之中。小径上殷殷的鸟鸣声惊醒了睡梦中的白鹤,山僧回家扣上了小柴门。

简评: 南屏晚钟古意深远,钟声悠长,钟声与南屏山独特的石灰岩地貌相共鸣震荡,形成了浑厚悠长的钟声,在山麓间久久回荡,经久不息。尤其是净慈寺那口重 10 余吨的巨钟,晚钟敲响,钟声穿穴回荡,传播山谷,远飘大半个杭州古城。清代康熙巡察杭州时,对这特别的钟声感悟有致:“天将破晓,夜气方清,万籁俱寂,钟声乍起,响入云霄,致足发人深省也。”并改称“南屏晚钟”。有关的诗有宋代王洧的《南屏晚钟》:“涑水崖碑半绿苔,春游谁向比山来。晚烟深处蒲牢响,僧自城中应供回。”明代宋林的《南屏晚钟》："缥缈雷峰隔上方，数声风送到幽窗。柳昏花暝游人散，付与山僧带月撞。"

南屏晚钟属高古、旷达、雄浑、超脱的美质。唐代常建的《题破山寺后禅院》："清晨入古寺，初日照高林。曲径通幽处，禅房花木深。山光悦鸟性，潭影空人心。万籁此都寂，但余钟磬音。"万籁俱静，此时钟磬响起，余音缭绕，远远超出了"晨钟暮鼓"报时的意义，将人的心灵带入了纯净怡悦的世界。这钟磬声仿佛就是回荡在心灵深处的天籁之音，悠扬而洪亮，深邃而超脱。唐代张继的《枫桥夜泊》："月落乌啼霜满天，江枫渔火对愁眠。姑苏城外寒山寺，夜半钟声到客船。"姑苏城外那寂寞清静的寒山古寺，半夜里敲钟的声音传到了客船。卧听夜半钟声，这是最鲜明深刻、最具诗意的感觉，就是钟声的美学意境。

180. 三潭印月

出处:《西湖志》:“月光映潭,分塔为三,故有‘三潭印月’之目。”

解析: 西湖十景之一。三潭印月是西湖中最大的岛屿,风景秀丽、景色清幽。

诗化: 三潭印月

［元］尹廷高

波仙鼎立据平湖,天影清涵水墨图。

夜静老龙鳞甲冷,冰壶深处浴明珠。

诗义: 三塔伫立在平静的西湖之中,水天一色宛若一幅水墨画。夜深人静波光粼粼,好像那冰凉的老龙鳞甲,西湖的深处沐浴着夜明珠般的三塔。

简评: 三潭印月岛与湖心亭、阮公墩鼎足而立合称“湖中三岛”,犹如我国古代传说中的蓬莱三岛,故又称小瀛洲。岛南湖中建有三座石塔,塔内镂空,塔体列有五个圆洞,在月明之夜,洞口糊上薄纸,塔中点燃灯光,洞形印入湖面,呈现无数月亮,真假月亮映照在湖面上波光粼粼,十分迷人,故称“三潭印月”。

三潭印月属以大观小的审美视觉。所谓的以大观小,是指观察者不是站在固定的角度透视,而是以在高处俯瞰的移动的视角观看。以大观小是中国山水画的空间建构之法,要求对山水、画面要有整体的把握。“大都山水之法,盖以大观小,如人观假山耳。”（《梦溪笔谈·书画》）历代有许多咏三潭印月的诗词佳作，如宋代王镃的：“草满咸平古屋基，梅花几度换横枝。黄昏若看一潭月，不出林逋两句诗。”（《三潭印月》）宋代王洧的：“塔边分占宿湖船，宝鉴开奁水接天。横玉叫云何处起，波心惊觉老龙眠。”（《湖山十景·三潭印月》）诗人将夜空、西湖、月亮、石塔、灯光、波光等整体的视觉，总结提炼出美感，再揉进老龙、林逋、梅花等人文典故，创作出了较美的诗作。

十九、渔樵篇

隐居者、常绿树
用荫影抚摸羊肠小径。
竹林里的弦丝居然断了
因为我曾经听到你的低语。

不禁想起你在青苔上
踏着雀跃的脚步，
我把身子变成一个圆规
吻着轻快的音符。
——俞铭传《隐居者》

自古以来，渔樵般的幽居生活是文人所向往的。居于深山野林，与山水为伴，避而不仕，躬耕自足，怡然自乐。在长林丰草、竹篱茅舍之中，过着枕山栖谷、林栖谷隐的生活，一身绿蓑衣，悠然于南山，多么惬意，多么潇洒。

181. 渔樵耕读

出处：《前赤壁赋》："况吾与子渔樵于江渚之上，侣鱼虾而友麋鹿。"

解析： 泛指渔夫、樵夫、农夫与书生四种在农耕社会比较重要的职业。也用来形容闲逸的隐居生活。

诗化：

江村夜泊

［唐］项斯

日落江路黑，前村人语稀。
几家深树里，一火夜渔归。

诗义： 太阳已经落下去，江边路上一片漆黑，村前偶有依稀的说话声。树丛深处住着几户人家，一个渔夫举着火把打鱼归来。

简评： 明代任环以渔樵耕读为题，作了四首诗歌："明月扁舟，芦花浅水。鱼无深愁，漫兴而已。""云山砍破，挑此一肩。留彼新松，以待参天。""一犁春雨，万顷秋风。击壤而歌，伊谁之功。""刺股悬梁，囊萤映雪。达之思兼，穷亦归洁。"（任环《渔樵耕读》）高度概括了渔樵耕读的文化特性。

如果说耕读是生存、教育、成长最基本、最重要的手段，渔樵则更加丰富，美化、诗化、神化了生存、生活、磨砺的方式和手段。姜太公钓鱼等典故神话了渔夫的形象，也奠定了"渔"在渔樵耕读中的首要位置。庄子和屈原都曾作过以《渔父》为题的文章。渔樵的寓意更有隐居、避世的意思。"白发渔樵江渚上，惯看秋月春风。一壶浊酒喜相逢。古今多少事，都付笑谈中。”（杨慎《临江仙》）诸葛亮出仕之前躬耕陇亩，隐居隆中。东晋诗人陶渊明辞官归隐，“躬耕自资”，寄意田园，开创了渔樵耕读新的意境。

“耕织传家久，经书济世长。”耕读文化是千百年来中国文化一种弥久珍贵的传统，耕与读成了传统教育最基本、最主要的教育手段。张履祥指出：“读而废耕，饥寒交至；耕而废读，礼仪遂亡。”（《训子语》）耕是农耕社会最基本的生活方式和生存手段，耕可以维持生计，可以体察基层社会，可以磨砺意志品格、修身养性。读书可以进而为仕，可以明诗书礼仪，可以实现“正心、修身、齐家、治国、平天下”的夙愿。

渔樵耕读具有丰富的审美意境，是对山水田园风光和生活的向往，是对淡泊自如的人生境界的追求。

182. 长林丰草

出处：《与山巨源绝交书》："虽饰以金镳，飨以嘉肴，逾思长林而志在丰草也。"

解析：幽深的树林，茂盛的野草。指禽兽栖止的山林草野，旧时常用来比喻隐士隐居的地方。

诗化：

竹里馆

［唐］王维

独坐幽篁里，弹琴复长啸。

深林人不知，明月来相照。

诗义：独自闲坐幽静竹林，时而弹琴时而长啸。没有人知道我在竹林深处，只有一轮明月静静与我相伴。

简评：幽居于深山野林，与山水为伴，避而不仕，躬耕自足，怡然自乐，是古人隐居的普遍方式。其实，这也是儒与道的人生在某种条件下的价值取向。孔子说："笃信好学，守死善道，危邦不入，乱邦不居。天下有道则见，无道则隐。邦有道，贫且贱焉，耻也；邦无道，富且贵焉，耻也。"（《论语·泰伯》）又说："道不行，乘桴浮于海。"（《论语·公冶长》）意思是天下有道就出来做官，天下无道就隐居不出。天下无道，就乘船四海游荡，隐居大海。孟子说："得志，泽加于民；不得志，修身见于世。穷则独善其身，达则兼善天下。"（《孟子·尽心上》）吴敬梓写道："有人辞官归故里，有人星夜赶科场。少年不知愁滋味，老来方知行

路难。”（《儒林外史》）

嵇康是三国魏末晋初的思想家，与阮籍、山涛、向秀、刘伶、王戎及阮咸一起被称为“竹林七贤”。“竹林七贤”主张老庄之学。嵇康的“逾思长林而志在丰草也”，表现了他对田园疏野生活的向往。所谓“世上诗难得，林中酒更高”（姚合《送刘詹事赴寿州》）。不愿同流合污，以长林丰草为伴，却又保持心怀天下、正直善良、忠诚耿直的品格，是渔樵耕读文化的价值核心。正如陶渊明所描述的“种豆南山下，草盛豆苗稀。晨兴理荒秽，带月荷锄归。道狭草木长，夕露沾我衣。衣沾不足惜，但使愿无违”（《归园田居·其三》），披星戴月，长林丰草，纵然豆苗稀少，夜露湿衣，只要不违背归耕田园的愿望就满足了。

183. 枕山栖谷

出处：《后汉书·黄琼传》："诚遂欲枕山栖谷，拟迹巢由，斯则可矣，若当辅政济民，今其时也。"

解析： 指背靠着山居住在山谷，以深山峡谷为伴。犹指过着安逸宁静的隐居生活。

诗化：

华子冈

［唐］裴迪

日落松风起，还家草露晞。
云光侵履迹，山翠拂人衣。

诗义： 夕阳西下，松林之中传来阵阵清风。散步归家，只见青草之上露珠已干。云霞灿烂，余晖秀美掩映走过足迹。山林苍翠，轻轻拂拭人的衣衫。

简评： 中华民族对自然山水有着特殊的情感："知者乐水，仁者乐山；知者动，仁者静；知者乐，仁者寿。"（《论语·雍也》）在追求生存、生活和审美的价值上，以"天人合一"为最高的目标，枕山栖谷就是实现这一目标的途径之一。枕山栖谷是中华传统文化中人生观、审美观的体现，是一种山林者之乐。宋代欧阳修指出："夫穷天下之物无不得其欲者，富贵者之乐也。至于荫长松，藉丰草，听山流之潺湲，饮石泉之滴沥，此山林者之乐也。而山林之士视天下之乐，不一动其心。或有欲于心，顾力不可得而止者，乃能退而获乐于斯。彼富贵者之能致物矣，而其不可兼者，惟山林之乐尔。”（《浮槎山水记》）山林者之乐在于放心于物外，摆脱名利的羁绊，欣赏享受山林泉石之美。

山水是主要的审美源泉，是重要的审美体验和审美情趣，山水美是艺术创作的载体。在枕山栖谷之中，历代诗人有着不同的审美体验，如魏晋的帛道猷的《陵峰采药触兴为诗》：“连峰数千里，修林带平津。云过远山翳，风至梗荒榛。”唐代常建的《宿王昌龄隐居》：“清溪深不测，隐处唯孤云。松际露微月，清光犹为君。茅亭宿花影，药院滋苔纹。余亦谢时去，西山鸾鹤群。”孟浩然的《夜归鹿门歌》：“鹿门月照开烟树，忽到庞公栖隐处。岩扉松径长寂寥，惟有幽人自来去。”

184. 林栖谷隐

出处:《唐摭言·慈恩寺题名游赏赋咏杂记》:“迩来林栖谷隐,栉比鳞差。”

解析: 指居住在风光旖旎的深山峡谷之中。也比喻隐居的状况。

诗化: 山下泉

[唐] 皇甫曾

漾漾带山光,澄澄倒林影。

那知石上喧,却忆山中静。

诗义: 荡漾澄澈的清波映照着秀美的山色,倒映着婆娑的树影。哪知这山涧流水的喧闹声,却更使人感到山林的幽静。

简评: 在传统的渔樵耕读文化中,如果说耕读是在勤勉之中磨砺、修炼的一种状态,那么,渔樵则是游历、栖息在山水之间的一种状态,这种状态是诗性的、审美的、哲理性的,是一种“自适之适”的恬淡状态。“流磻平皋,垂纶长川。目送归鸿,手挥五弦。俯仰自得,游心太玄。嘉彼钓叟,得鱼忘筌。”(嵇康《赠秀才入军·其十四》)目送着南归的鸿雁,信手挥弹五弦琴。一举一动都悠然自得,对大自然的奥妙之道能够心领神会,十分快乐!不禁赞赏《庄子》中那位渔翁捕到了鱼,忘掉了筌(捕鱼工具)的风神。这是“自适之适”的最好诠释。

林栖谷隐是一种诗性的人生审美状态,陶渊明追随道家崇尚自然的哲学观，在《形影神》中阐明了顺应自然、达观等闲的人生态度。“天地长不没，山川无改时。草木得常理，霜露荣悴之。谓人最灵智，独复不如兹。适见在世中，奄去靡归期。奚觉无一人，亲识岂相思。但余平生物，举目情凄洏。我无腾化术，必尔不复疑。愿君取吾言，得酒莫苟辞。”（陶渊明《形赠影》）诗中感慨，人是所谓的万物的灵长，在生命这个话题上，却反而不能像那些植物一样得到永恒。适才还在世间相见，可转眼就去了另一个世界，永无归期。

“三皇大圣人，今复在何处？彭祖爱永年，欲留不得住。老少同一死，贤愚无复数。日醉或能忘，将非促龄具？立善常所欣，谁当为汝誉？甚念伤吾生，正宜委运去。纵浪大化中，不喜亦不惧。应尽便须尽，无复独多虑。”（陶渊明《神释》）人固有一死，上古时代的三皇，今天又在哪里？彭祖传说活了八百岁，可是他的生命也会终结，再想留在人间实在不可能了。无论是老人还是小孩，是贤人还是小人，都难逃一死，死后没有区别。他认为应顺应天命，放浪于造化之间，听从天的安排，顺其自然，不因长生而喜，也不因短寿而悲。待到老天安排的人生到了尽头，那就到了，不要为这些多虑。

185. 竹篱茅舍

出处：《卖花声·悟世》："尘风薄雪，残杯冷炙，掩青灯我竹篱茅舍。"

解析：指乡村中因陋就简的屋舍，或田园风光。形容文人雅士简朴的田园农家生活。

诗化：

书湖阴先生壁

［宋］王安石

茅檐长扫静无苔，花木成畦手自栽。
一水护田将绿绕，两山排闼送青来。

诗义：茅草房庭院因经常清扫，干净整洁得没有一丝青苔。主人亲手栽种的花草树木成行排列。院庭外一条小河环绕着绿油油的田地，两行青山像要推开门送来满目的青翠。

简评：耕读文化在我国的隋唐、两宋时期得到了飞速的发展，其中最重要的原因是科举制度的实施，寒门子弟只要刻苦攻读，通过考核便可以改变整个人生。正如宋代宋真宗赵恒所指出的："富家不用买良田，书中自有千钟粟。安居不用架高堂，书中自有黄金屋。出门莫恨无人随，书中车马多如簇。娶妻莫恨无良媒，书中自有颜如玉。男儿若遂平生志，六经勤向窗前读。"（赵恒《劝学诗》）宋代名相王安石正生活在这样的背景下，他自幼勤奋好学，博览群书，二十二岁中进士而步入仕途。宋神宗时期，他曾出任宰相，大力推行变法，史称"王安石变法"。同时，王安石也是历史上著名的文学家，在诗、文、词方面都有杰出的成就。

据史料记载，王安石祖辈都是勤勉耕读的读书人。他自幼受耕读文化的影响，养成了体恤民情的好习惯，一生向往竹篱茅舍的田园生活，这些都可从他的诗词作品中感受到。比如“柳叶鸣蜩绿暗，荷花落日红酣。三十六陂春水，白头想见江南。”（王安石《题西太一宫壁·其一》）改革失败，人生遭受重大挫折，竹篱茅舍的田园生活又成了他最后的归宿。“石梁茅屋有弯碕，流水溅溅度两陂。晴日暖风生麦气，绿阴幽草胜花时。”（王安石《初夏即事》）

186.海怀霞想

出处:《秋夕书怀》:“海怀结沧洲，霞想游赤城。”

解析: 指远游山川大海。后多指远游旅行，含有隐居避世的意思。

诗化: 秋夕书怀

［唐］李白

北风吹海雁，南渡落寒声。
感此潇湘客，凄其流浪情。
海怀结沧洲，霞想游赤城。
始探蓬壶事，旋觉天地轻。
澹然吟高秋，闲卧瞻太清。
萝月掩空幕，松霜结前楹。
灭见息群动，猎微穷至精。
桃花有源水，可以保吾生。

诗义: 北风吹起，南飞的海雁发出哀鸣声。游历潇湘大地，对这萧瑟的秋景感叹不已，那流浪凄凉的心情与飞雁共鸣。心中思念着胜境沧洲，幻想着如飞霞游赤城。开始探究蓬壶的仙境，顿觉天地无足轻重。在这秋高气爽之时澹然吟咏，闲来无事正好卧看长空。天幕中明月在藤萝间忽现忽隐，青松在前楹闪耀着霜光。心念寂灭，万物归元，微妙至精自显。桃花源流水潺潺，可以在那里悠闲度过一生。

简评：李白是一位海怀霞想、云游四方的唐朝诗仙，一生踏遍祖国的好河山，“五岳寻仙不辞远，一生好入名山游”，创作了大量异彩纷呈的山水诗作，刻画了祖国雄奇秀丽的山水风光。后人评价李白的山水诗为“半亭清风山与水，一船明月酒和诗”。李白山水诗的特点是“明朗清新，意境开阔”。比如：“犬吠水声中，桃花带露浓。树深时见鹿，溪午不闻钟。野竹分清霭，飞泉挂碧峰。无人知所去，愁倚两三松。”（《访戴天山道士不遇》）“渡远荆门外，来从楚国游。山随平野尽，江入大荒流。月下飞天境，云生结海楼。仍怜故乡水，万里送行舟。”（《渡荆门送别》）

中国传统审美观特别强调美在自然，写作的风格极力提倡质朴清纯。无论是诗文，还是绘画的创作，都十分强调意境。而现实里的景和作品中传达的情就构成了意境。所谓触景生情，景是具象的，情是抽象的。意境就是抽象和具象的统一。“我见青山多妩媚，料青山见我应如是。情与貌，略相似。”（辛弃疾《贺新郎》）我国幅员辽阔，江山秀美，风光无限，三山五岳险峻雄奇，大江大河雄伟壮阔，江南水乡清秀典雅，历史人文底蕴深厚，这些都给历代文人墨客提供了丰富的具象。无论是在远游名山大川的旅途上，还是在海怀霞想的岁月里；无论是在塞外边关，还是在田园水乡；无论是在名刹古寺，还是都会小镇：他们丰富的情感与具体的形象结合，产生了大量沈博绝丽、凌云健笔的优秀作品。同样的一座山、一条河、一座城，不同的作者有着不同的写法，可谓“江山留胜迹，我辈复登临”。

187. 岩居川观

出处：《史记·范雎蔡泽列传》："君何不以此时归相印，让贤者而授之，退而岩居川观。"

解析：指居住在山崖岩穴，观赏川流瀑布。形容隐居生活悠闲自适，超然世外。

诗化：

雪晴晚望

［唐］贾岛

倚杖望晴雪，溪云几万重。
樵人归白屋，寒日下危峰。
野火烧冈草，断烟生石松。
却回山寺路，闻打暮天钟。

诗义：独倚竹杖眺望雪霁天晴，只见溪水上的白云叠叠重重。樵夫正走回那白雪覆盖的茅舍，闪着冷光的夕阳步下危峰。野火烧着山上的蔓草，烟烽断续地缭绕着山石中的古松。我走在返回山寺的道路上，远远地听见了悠扬的暮钟。

简评：除了田园村落，山崖岩穴也是隐者选择的一个好去处。贾岛就是这样一位岩居川观的诗人。贾岛过着半俗半僧的生活，他在诗词创作上精益求精，被称为苦吟诗人。他的苦吟，其实就是在炼意、炼句、炼字等方面都要下一番苦工夫，所谓"二句三年得，一吟双泪流"（《题诗后》），"一日不作诗，心源如废井。笔砚为辘轳，吟咏作縻绠。朝来重汲引，依旧得清冷。书赠同怀人，词中多苦辛”（《戏赠友人》）。

贾岛喜欢栖息在名川大山里，与生活在深山峡谷的贤者高僧交往，这可以从他的诗歌作品中感受到。“松下问童子，言师采药去。只在此山中，云深不知处。”（《寻隐者不遇》）“中秋期夕望，虚室省相容。北斗生清漏，南山出碧重。露寒鸠宿竹，鸿过月圆钟。此夜情应切，衡阳旧住峰。”（《寄慈恩寺郁上人》）“十里寻幽寺，寒流数派分。僧同雪夜坐，雁向草堂闻。静语终灯焰，馀生许峤云。由来多抱疾，声不达明君。”（《就可公宿》）“已知归白阁，山远晚晴看。石室人心静，冰潭月影残。微云分片灭，古木落薪干。后夜谁闻磬，西峰绝顶寒。”（《寄白阁默公》）这些诗作具有明显的美学特点：在具象描写方面自然朴实、素淡白描、色彩平淡，如青山白云，山崖奇川，明月青松；在意象方面体现了云山深处隐者的身份，从而产生了恬淡、宁静、与世无争的隐者意境。

188. 樵山渔海

出处：《留别马倩若兼订毗陵之游》："渔海樵山过此生，向平儿女未忘情。"

解析： 指下海打鱼、上山砍柴的普通生活。形容淡泊宁静、悠闲惬意的幽居生活。

诗化：

黄子陂

［唐］司空曙

岸芳春色晓，水影夕阳微。

寂寂深烟里，渔舟夜不归。

诗义： 清晨岸堤春色如茵，百花盛开；傍晚夕阳霞隐，余晖洒入水面。夜幕深沉，烟雾弥漫，渔舟还没归来。

简评： 渔父樵叟，并称"渔樵"。在中华传统文化里，"渔樵"是文人乐此不疲创作描摹的主题。诗词文赋、书画琴乐都有大量关于"渔樵"的作品。其中，渔父的角色在中国古代文化思想中有着不同的表现，题材十分丰富。"不饵而钓，仰咏俛吟"的姜太公是一位博学多闻、足智多谋的角色；庄子笔下的渔父是一位持守其真、还归自然、率性直爽的人物；屈原笔下的渔父是一位高蹈遁世、吟啸烟霞的隐者。渔父在美学追求之中，成了或儒或道的论辩人物。"有人辞官归故里，有人星夜赶科场。少年不知愁滋味，老来方知行路难。"（吴敬梓《儒林外史》）在大多数作品里，渔父的角色是一位避于乱世、不求功名、置身田园、游荡山水、快意余生，不再争论儒道释的逍遥隐者。渔父成为了自由、出世、隐逸的艺术符号，表达着一种情怀、操守、希冀和理想。有人称昔日姜太公垂竿，为入世之渔父；严子陵坐钓，乃出世之渔父；沧浪翁放歌，是出入混沌间之渔父。

古代诗人创作了大量关于渔父的诗歌，如唐代杜牧的“白发沧浪上，全忘是与非。秋潭垂钓去，夜月叩船归。烟影侵芦岸，潮痕在竹扉。终年狎鸥鸟，来去且无机”（《渔父》），柳宗元的“渔翁夜傍西岩宿，晓汲清湘燃楚竹。烟销日出不见人，欸乃一声山水绿”（《渔翁》），齐已的“夜钓洞庭月，朝醉巴陵市。却归君山下，鱼龙窟边睡。生涯在何处，白浪千万里。曾笑楚臣迷，苍黄汨罗水”（《渔父》），宋代苏轼的“渔父醉，蓑衣舞。醉里却寻归路。轻舟短棹任斜横，醒后不知何处”（《渔父》），唐代船子和尚的“千尺丝纶直下垂，一波才动万波随。夜静水寒鱼不食，满船空载月明归”。这些诗歌都体现了唐代李欣所说的“清池皓月照禅心”的意境。

渔父也是中国古代绘画的题材之一，宋代李唐的《清溪渔隐图》，宋马远的《秋江渔隐图》，元代吴镇的《渔父图》，还有其他归棹图、闲钓图、渔浦图、渔村图，等等，都表现了渔父那“一叶随风万里身”的隐逸情思、自得其乐的人生境界。

189. 绿蓑青笠

出处：《渔父歌》："西塞山前白鹭飞，桃花流水鳜鱼肥。青箬笠，绿蓑衣，斜风细雨不须归。"

解析：指绿草编织的蓑衣，青竹芒草编的斗笠。指渔父、樵夫的装扮，常用来形容隐士。

诗化：

牧竖

［唐］崔道融

牧竖持蓑笠，逢人气傲然。
卧牛吹短笛，耕却傍溪田。

诗义：牧童穿着蓑衣、戴着斗笠，遇到人故意装成一副很神气、心高气傲的样子。放牧时，他趴在牛背上吹着短笛；牛在耕田时，他就倚在溪田边悠闲玩耍。

简评：牧童在传统的渔樵耕读文化里是一位诗意化、寓情化的人物，寄托着人们对悠闲自得、无拘无束、无忧无虑的理想人生的向往。在古诗词和绘画艺术作品中，牧童、老牛、短笛构成了一幅逍遥悠闲的画面。牧童代表着纯真无瑕的美质，老牛代表憨厚、淳朴的美质，短笛代表着乐观、逍遥的美质。

历代诗人创作了很多与牧童相关的脍炙人口的诗词。如唐代杜牧的"清明时节雨纷纷，路上行人欲断魂。借问酒家何处有？牧童遥指杏花村"（《清明》），卢肇的"谁人得似牧童心，牛上横眠秋听深。时复往来吹一曲，何愁南北不知音"（《牧童》），栖蟾的“牛得自由骑，春风细雨飞。青山青草里，一笛一蓑衣。日出唱歌去，月明抚掌归。何人得似尔，无是亦无非”（《牧童》）。宋代黄庭坚的“骑牛远远过前村，吹笛风斜隔岸闻。多少长安名利客，机关用尽不如君”（《牧童》），邵雍的“随行笠与簑，未始散天和。暖戏荒城侧，寒偎古冢阿。数声牛背笛，一曲陇头歌。应是无心问，朝廷事若何”（《牧童》），雷震的“草满池塘水满陂，山衔落日浸寒漪。牧童归去横牛背，短笛无腔信口吹”（《村晚》），释正觉的“水牯老行步稳，蓑郎痴歌笑繁。物外初无尘滓，胸中别有丘园”（《牧童》）。

而清代袁枚的“牧童骑黄牛，歌声振林樾。意欲捕鸣蝉，忽然闭口立”（《所见》）更是将一位活泼可爱，天真顽皮的牧童描绘得活灵活现。诗中描述一个牧童悠闲地骑着牛，唱着歌儿，歌声在林中缭绕。忽然，他止住了歌唱，静悄悄地停在那里。哦，原来他是想捉那树上鸣叫的蝉呢。

190. 悠然南山

出处:《饮酒·其五》:“采菊东篱下，悠然见南山。山气日夕佳，飞鸟相与还。”

解析: 指怡然自得，与大自然融为一体的超凡脱俗的心境和生活。

诗化:

饮酒·其五

［东晋］陶渊明

结庐在人境，而无车马喧。
问君何能尔？心远地自偏。
采菊东篱下，悠然见南山。
山气日夕佳，飞鸟相与还。
此中有真意，欲辨已忘言。

诗义: 将房屋建造在人来人往的地方，却不会受到世俗交往的打扰。问我为什么能这样，只要内心能远远地摆脱世俗的束缚，自然就会觉得所处的地方僻静了。在东篱之下采摘菊花，悠然间，那远处的南山映入眼帘。傍晚时分南山景致甚佳，雾气峰间缭绕，飞鸟结伴而还。这里面蕴含着人生的真正意义，想要辨识，却不知怎样表达。

简评: 悠然南山代表一种独立、洒脱、超然的心态和处世观念。庄子说:“出入六合，游乎九州，独往独来，是谓独有。独有之人，是之谓至贵。”(《庄子·在宥》)独立自在，自我和谐，自我完善，懂得如何与自己相处，使个体处于积极、和谐的状态，这就是“至贵”之人。庄子还指出：“独与天地精神往来，而不敖倪于万物。不谴是非，以与世俗处。”（《庄子·天下》）独自与天地精神往来而不傲视万物，不拘泥于是非，能与世俗相处，这样独立之人才能过着悠然南山的生活。

悠然南山代表着一种自然、平淡、朴素的美质。《饮酒·其五》是体现陶渊明淡泊渺远、恬静自然心境的代表作，这首诗体现了他人生境界的巅峰状态，也囊括了陶诗的美质特征。这些美质特征有：其一，自然朴素。“俯拾即是，不取诸邻。俱道适往，著手成春。”（司空图《二十四诗品》）自然朴素是陶渊明诗歌审美的主要特征，也是他人生追求的志趣。他的诗歌语言白描朴素，真诚直率，润物无声。在生活中到处能发现诗，不需要挖空心思追寻，顺应情理写作，就能著手成春。陶诗所描绘的景象，大多数是为人们熟悉的“青松”“秋菊”“孤云”“飞鸟”，这些既是客观物象，也是诗人主观情感的载体。其二，疏野绮丽。“惟性所宅，真取不羁。控物自富，与率为期。”万象在胸就会取材丰富，率真描绘才能运笔自如。（司空图《二十四诗品》）陶诗根据性情充分发挥，真实显现不受拘束。其三，超诣洗练。超诣是超迈不俗、超乎常流的诗品境界。杜甫评论陶诗曰：“陶谢不枝梧，风骚共推激。紫燕自超诣，翠驳谁剪剔。”（《夜听许十损诵诗爱而有作》）苏轼说：“至于诗亦然，苏李之天成，曹刘之自得，陶谢之超然，盖亦至矣。”（《书黄子思诗集后》）

二十、禅意篇

晚钟
是游客下山的小路
羊齿植物
沿着白色的石阶
一路嚼了下去

如果此处降雪

而只见
一只惊起的灰蝉
把山中的灯火
一盏盏地
点燃
——洛夫《金龙禅寺》

禅意美在智慧、幽默、雅趣、顿悟的妙禅以趣；美在修禅所获得的禅悦清安、参禅悟理、清妙高峙；美在那高古、洗练、沉着的林泉之心；美在一朝风月，万古长空。

191. 妙禅以趣

出处:《列仙传·关令尹赞》:“俱济流沙,同归妙趣。”

解析: 指通过禅悟、禅趣获得美妙的感悟和意境。

诗化:

庐山烟雨浙江潮

［宋］苏轼

庐山烟雨浙江潮,未到千般恨不消。
到得还来别无事,庐山烟雨浙江潮。

诗义: 庐山神话般的烟雨,钱塘江雄伟壮观的潮汐,很值得去观赏。没有机会去观赏是终身的憾事。可亲临庐山、浙江,观赏到了朦胧的烟雨、澎湃的潮水,却发现过去的冲动妄念不过如此,只觉庐山烟雨和浙江潮水并无惊奇。

简评: 妙禅以趣是通过修禅道所获得的趣味,属于智慧、雅趣、顿悟的美质。佛教传入中国后,逐渐与中国传统的儒家、道家等文化相结合,兼收并蓄各家的精华,形成了具有中国特色的禅文化。禅文化兴起于唐朝,鼎盛于宋朝。禅宗美学有自身独特的特点。其一,强调“自性”“心”可包万物、生万境。与艺术创作强调的想象作用原理相通。如唐代画家张璪“外师造化,中得心源”的思想,就是受到禅宗哲学的影响。其二,主张“心”本身无形。认为感性和理性交融统一,不可分割。其三,禅宗比较偏好所谓孤寂清凄的“禅境”。强调深沉自觉的自我独立意识。这与儒家提倡的积极入世,具有“天降大任于斯人”的抱负和“舍我其谁”“杀身成仁”的豪气恰好相反。

192. 禅悦清安

出处:《四月戊申赋盐万岁山中仰怀外舅谢师厚》:“禅悦称性深,语端入理近。”

解析: 通过身心的修炼达到较高的境界,使人心神安定、怡悦。

诗化: 赠惠山僧惠表

[宋] 苏轼

行遍天涯意未阑,将心到处遣人安。
山中老宿依然在,案上楞严已不看。
欹枕落花余几片,闭门新竹自千竿。
客来茶罢空无有,卢橘杨梅尚带酸。

诗义: 行遍了海角天涯、万水千山仍意犹未尽,到处使用安心法使人心安。山中的老衲依然健在,案上的《楞严经》已经不再翻看。倚着枕头望见窗外片片落花,关上屋门自对室外千竿新竹。客人来后除饮茶之外无物相待,卢橘杨梅还没有成熟,味道酸涩。

简评:“行遍天涯意未阑,将心到处遣人安。”修禅可以得到愉悦,愉悦之源就是清安。禅境之美,美到窒息。苏轼体验到人生无常,悟出心安便是归处。“万里归来颜愈少,微笑,笑时犹带岭梅香。试问岭南应不好,却道,此心安处是吾乡。”(《定风波·南海归赠王定国侍人寓娘》)万里归来依旧是少年,心安之处便是故乡。心安最重要的是能够做到与天乐，与人乐。“夫明白于天地之德者，此之谓大本大宗，与天和者也。所以均调天下，与人和者也。与人和者，谓之人乐；与天和者，谓之天乐。”（《庄子·天道》）漂泊异乡，客落异土，若能做到与自然相和谐，与社会相和谐，与人相处和睦，哪有心不安之说？心安便美，美即故乡！

人生之路并非只有坦途，也有不少崎岖与坎坷，甚至会有一时难以跨越的沟坎。宁静的心，质朴无瑕，回归本真，这便是参透人生，便是禅。修炼的境界要高，不是一般的物象之境，不是看山是山的境界，而是洞穿天地之境，是唐代司空图所说的“思与境偕”“境与意会”“意境融彻”（《二十四诗品》）。“行遍天涯意未阑，将心到处遣人安。”唐代王昌龄说“诗境有三境，即物境、情境、意境”（《诗格》），修禅达到一定的境界，心就会豁然明净，皎洁定心，心乐美妙，不可为喻。关于修禅的效果，唐代黄檗希运有诗曰：“心如大海无边际，广植净莲养身心。自有一双无事手，为作世间慈悲人。”（《心如广大》）

193.参禅悟理

出处：《授吴升太子左赞善大夫制》："朝议文夫前守陕王府咨议参军上柱国吴升，悟理明达，用心微妙，博以才艺，精於谈吐。"

解析：指通过个人静修，感悟哲理，达到淡漠名利、超然世外的境界。

诗化： 插秧诗

［五代］契此

手把青秧插满田，低头便见水中天。

心地清净方为道，退步原来是向前。

诗义：手中拿着秧苗一棵棵地把水田插满，低头便看到水面上映照蓝天。心地清净、一尘不染就是佛道，退却一步其实就是在进步。

简评：感悟是人们对客观世界的认知和对主观世界尤其是人生的认识、体验。悟理是把对事物的直觉认识、感性认识上升到理性的思考，参禅悟理就是通过修炼达到较高的人生境界，这种悟境，有人说是诗性的或哲性的。"心地清净方为道，退步原来是向前。"农夫插秧，一面插，一面往后退，直到田边，一畦秧苗才插好。表面上是往后退，其实是不断地进步。"退步原来是向前"颇有哲理意味，发人深省。

194. 清妙高峙

出处：《郭有道碑文》："委辞召贡，保此清妙。"《闲居赋》："浮梁黝以径度，灵台杰其高峙。"

解析： 指通过修行达到较高的精神境界。

诗化：

赠质上人

［唐］杜荀鹤

枿坐云游出世尘，兼无瓶钵可随身。

逢人不说人间事，便是人间无事人。

诗义： 高僧时而打坐，静如枯木；时而出游，飘若浮云，心无所系，随性而行，超世脱俗。其他僧人云游，还带着喝水的瓶子和饭钵，而他出门什么也不带，了无牵挂。遇到人不会去聊日常的琐事，仿佛是一个置身世外的人。

简评： 清妙高峙属冲淡、自然、清奇的美质。在中华传统审美观念之中，人心思"清"，追求为人清正、为政清廉、为文清雅。"神者智之渊也，神清则智明；智者心之府也，智公则心平。人莫鉴于流潦而鉴于澄水，以其清且静也，故神清意平乃能形物之情，故用之者必假于不用也。夫鉴明者则尘垢不污也，神清者嗜欲不误也。"（《文子·守清篇》）"清"体现为澄澈明洁，所谓"沧浪之水清兮，可以濯吾缨。沧浪之水浊兮，可以濯吾足"（《孺子歌》）。

清与恭、宽、信、敏、惠等都属古代审美范畴。"野有蔓草，零露漙兮。有美一人，清扬婉兮。”（《诗经·郑风·野有蔓草》）人以眉清目秀、柔婉为美。“清奇：娟娟群松，下有漪流。晴雪满汀，隔溪渔舟。可人如玉，步屧寻幽。载瞻载止，空碧悠悠，神出古异，淡不可收。如月之曙，如气之秋。”（司空图《二十四诗品》）诗歌像黎明前的月光那样明净，像初秋时的天气那样清秀唯美。“清旷：皓月高台，清光大来。眠琴在膝，飞香满怀。冲霄之鹤，映水之梅。”（黄钺《二十四画品》）绘画以清旷为美。

思想上的澄澈明洁、心灵上的清妙淡逸能使自己的心境步入高峙的境界。“水清澄澄莹，彻底自然见；心中无一事，水清众兽现。心若不妄起，永劫无改变；若能如是知，是知无背面。”（寒山《寒山诗》）这个境界是“心空静寂，其乐无喻”。苏轼的“万里归来颜愈少，微笑，笑时犹带岭梅香。试问岭南应不好，却道，此心安处是吾乡”（《定风波·南海归赠王定国侍人寓娘》）正是清妙高峙境界的内心写照。

195. 林泉之心

出处：《上兖州张司马启》："虽则放旷林泉，颇得闲居之趣。"

解析： 指摆脱了世俗功利观念，以闲逸恬淡的心境来看待人生和事物，陶醉于山水间的心境。

诗化：

杳杳寒山道

［唐］寒山

杳杳寒山道，落落冷涧滨。
啾啾常有鸟，寂寂更无人。
淅淅风吹面，纷纷雪积身。
朝朝不见日，岁岁不知春。

诗义： 寒山道上寂静幽远，冷寂的涧溪幽僻寥落。时有鸟儿啾啾地啼叫，更显得寂静无人。寒风吹打在我的脸上，纷纷扬扬的雪花洒落在我的身上。身处山中天天见不到阳光，也不知道何时是春天。

简评： 林泉之心属高古、洗练、沉着的美质。中国的审美哲学具有根深蒂固的山水情怀。"知者乐水，仁者乐山；知者动，仁者静；知者乐，仁者寿。"（《论语·雍也》）"山林与，皋壤与？使我欣欣然而乐与！"（《庄子·知北游》）"山林皋壤，实文思之奥府。"（刘勰《文心雕龙·物色第四十六》）这种情怀是一种亲近自然、趋向山水的情怀。优美、壮阔、无穷的山水，成为历代诗人和艺术家们身的住所、心的寄托、灵感的源泉、讴歌的对象，养育着他们的林泉之心。

郭熙对所谓的“林泉美学”作了精辟的阐析：“君子之所以爱夫山水者，其旨安在……林泉之志，烟霞之侣……坐穷泉壑……斯岂不快人意，实获我心哉？看山水亦有体：以林泉之心临之则价高，以骄侈之目临之则价低……”（《林泉高致·山水训》）君子之所以热爱山水美景，是因为山水可以寄托人的精神追求，使人获得愉悦和满足。具有林泉之心的人，才能真正体验到自然山水的审美价值，才能在虚静的心灵中，形成艺术之山水，进而升华为心中的山水。

196. 烟霞气象

出处：《锦带书十二月启·夹钟二月》："敬想足下，优游泉石，放旷烟霞。"

解析：指云烟弥漫、氤氲缥缈的山林景象和风光。

诗化：

过香积寺

［唐］王维

不知香积寺，数里入云峰。
古木无人径，深山何处钟。
泉声咽危石，日色冷青松。
薄暮空潭曲，安禅制毒龙。

诗义：不知道香积寺在什么地方，走了好几里的路进入了云雾缭绕的山峰。四周古木参天但没有人行的路径，深山里不知何处传来了古寺鸣钟声。湍急的溪泉撞击在奇石上，发出呜咽的响声，松林里的阳光也显得格外的寒冷。黄昏时分独处空寂的潭水边，心神安然澄澈。

简评：烟霞气象属自然、缥缈的美质。王维这首《过香积寺》前面描写了氤氲山水的美景，而最终的诗眼在"薄暮空潭曲，安禅制毒龙"这一句上。诗人在夕阳中面对"空"潭，在宁静的心境中观照"空潭曲"，通过修行来摆脱欲望，得到身心的空灵与自在。王维的山水诗含有禅理禅趣，诗人以虚静的心境观照山林时所获得的那种澄明宁静、静谧空灵的心理体验，创造出"诗中有禅”的空灵的意境。

烟霞气象是中华传统美学追求的意境之一。明代画家董其昌指出：“画家之妙，全在烟云变灭中。”（董其昌《画诀》）主要体现在两个方面：其一，云霞缥缈。“从风疑细雨，映日似游尘。乍若飞烟散，时如佳气新。”（梁萧泽《咏雾》）“日照香炉生紫烟，遥看瀑布挂前川。飞流直下三千尺，疑是银河落九天。”（李白《望庐山瀑布》）“云是昔人藏书处，磊落万卷今生尘。江边日出红雾散，绮窗画阁青氛氲。”（苏轼《犍为王氏书楼》）其二，烟雾缭绕。“雨余花滴满红桥，柳絮沾泥夜不消。晓雾忽无还忽有，春山如近复如遥。”（葛长庚《晓行》）“淡处还浓绿处青，江风吹作雨毛猩。起从水面萦层嶂，犹似帘中见画屏。”（葛长庚《水村雾》）

197. 明月入怀

出处：《代淮南王》："朱城九门门九闺，愿逐明月入君怀。"

解析： 指人心胸宽广，善于宽恕、包容他人。

诗化：

野居偶作

［唐］贯休

高淡清虚即是家，何须须占好烟霞。
无心于道道自得，有意向人人转赊。
风触好花文锦落，砌横流水玉琴斜。
但令如此还如此，谁羡前程未可涯。

诗义： 高淡清虚是心灵的家园，无须占据着名山大川。无心求道便是得道，有意结交人却疏离远去。风过繁花盛似织锦，阶前流水清似琴声。我愿永远保持这般心境，不慕他人辉煌前程。

简评： 宽恕包容是禅的一种至高的境界，也是修禅的目的之一。包容是一种品格，也是一种修炼。"高淡清虚即是家，何须须占好烟霞。"禅宗认为，世界上是不存在对立的，所谓对立，不过是观念上存在偏颇罢了。自己喜欢的，就要坚持不懈；自己憎恶的，就避而不见；高兴的事，就想要天天发生；痛苦的事，就希望永远不要出现——现实中这是不可能实现的，禅的智慧就是让人丢弃这样的偏见。

禅诗中有不少体现"明月入怀"境界的作品，比如唐代寒山的《吾心似秋月》："吾心似秋月，碧潭清皎洁。无物堪比伦，教我如何说。”宋代释石屋的《山居诗》：“过去事已过去了，未来不必预思量。只今便道即今句，梅子熟时栀子香。”过去的事就让它随风而去，将来的事也不要过早地考虑，谁知道将来会怎样。还是立足当下，梅子熟了就品尝，栀子花开了就闻香。

198. 落叶空山

出处：《山中》："结茅临水石，淡寂益闲吟。久雨寒蝉少，空山落叶深。危楼乘月上，远寺听钟寻。昨得江僧信，期来此息心。"

解析： 形容在幽静美丽的山里进行修炼的意境。

诗化： 寄全椒山中道士

［唐］韦应物

今朝郡斋冷，忽念山中客。
涧底束荆薪，归来煮白石。
欲持一瓢酒，远慰风雨夕。
落叶满空山，何处寻行迹。

诗义： 今天早上郡斋里十分寒冷，我忽然想念起山中隐居的友人。你现在一定在涧谷处打柴，回来以后煮些清素的饭菜。我想带着一瓢酒去看望你，让你在风雨夜里得到些许安慰。可秋叶落满空山，何处才能寻觅你的踪影？

简评： 落叶空山属空灵、超旨、含蓄、淡雅的美质。秋风萧瑟，落叶空山，万籁俱寂，让人产生空灵、淡泊、超脱的境界。清代张问陶对空灵的美质和意境都情有独钟，堪称性灵派独具特色的诗人和诗论家。"想到空灵笔有神，每从游戏得天真。笑他正色谈风雅，戎服朝冠对美人。"（张问陶《论诗十二绝句》）他认为空灵是超凡的艺术境界。"一片神光动魂魄，空灵不是小聪明。"（张问陶《题屠琴坞论诗图》）"人能脱略方交古，诗到空灵艺始成。”（张问陶《孟县客夜寄答陈理堂燮时客武陟》）“寒花护月色，坠叶占风音。”（皎然《五言夜集联句》）空灵的境界内涵深邃广阔，不仅体现在诗歌绘画等的艺术意象上，而且反映在诗人和艺术家意境深、韵味长的精神境界里。宋代俞紫芝的《宿蒋山栖霞寺》：“独坐清谈久亦劳，碧松燃火暖衾袍。夜深童子唤不起，猛虎一声山月高。”这样的诗句即便是描写深夜，也让人心生向往！

199. 一朝风月

出处:《五灯会元》卷二:“师曰:‘万古长空,一朝风月。’”

解析: 指修禅领悟是每个人自己的事,从一点一滴、一朝一夕做起,应该着眼自身,着眼现实,才能达到“万古长空”的境界。

诗化: 烟寺晚钟

［元］陈孚

山深不见寺,藤阴锁修竹。
忽闻疏钟声,白云满空谷。
老僧汲水归,松露堕衣绿。
钟残寺门掩,山鸟自争宿。

诗义: 寺院隐藏在山林的深处,到处是茂盛的藤蔓和长长的竹子。忽然远处传来稀疏的钟声,片片白云弥漫着整个山谷。年迈的僧人从山涧中汲水回来,松叶上的露水沾湿了他的衲衣。钟声将尽,寺门掩闭,山鸟叽叽喳喳正争着归宿。

简评:“万古长空,一朝风月”是修禅的最高境界。“一朝风月”是“万古长空”的一点一段,若要达到“万古长空”,必须从一点一滴做起,在心上用功。《华严经》说:“一微尘映世界,一瞬间含永远。”一微尘与整个世界同性,对永恒之体悟须在当下实现。其实,这与道家的“合抱之木,生于毫末;九层之台,起于垒土;千里之行,始于足下”(老子《道德经》)的思想有异曲同工的感觉。

禅是一门洞察人生命本性的艺术。据称中国的禅宗改变了印度禅单一的晏坐冥想的修禅方式，将禅与日常生活结合。“平常心即是道心。”“挑水劈柴，无非妙道。”修禅的基本方法是从日常生活中的小事做起，修炼克制、忍耐的意志，抵抗世俗的诱惑；结合坐禅静虑，使身心迈入沉稳、安定、包容、宽厚的境界。“老僧汲水归，松露堕衣绿。”其实，僧人每天从山涧中汲水也是一朝风月的修炼。唐代秦系的《秋日送僧志幽归山寺》：“禅室绳床在翠微，松间荷笠一僧归。磬声寂历宜秋夜，手冷灯前自衲衣。”诗中描写一位禅僧在万籁俱静的秋夜，于寒灯下安静地缝补着自己的衣服。

200. 枯木寒林

出处：《神灭论》："如因荣木变为枯木，枯木之质，宁是荣木之体！"《叹逝赋》："步寒林以凄恻，玩春翘而有思。"

解析： 指荒郊野岭枯木丛生的景象。形容久经磨砺的修炼，心无旁骛，固守本心，不为环境变化和名利所动。

诗化：

山居（节选）

［唐］大梅法常禅师

摧残枯木倚寒林，几度逢春不变心。
樵客遇之犹不顾，郢人那得苦追寻？

诗义： 像那寒林中被摧残的枯木，多少回逢春也不会变心。砍柴的樵夫见之根本不屑一顾，知己的高人何必再苦苦追寻呢？

简评： 枯木寒林属苍古、残美、悲壮、深沉的美质。寒林历经了风风雨雨，褪尽繁华，已经枯槁，安知不是一种美？这是一种枯槁之美。枯木寒林是中华传统审美的一个特殊视觉追求。

诗人们有着非凡的目光。如唐代徐凝的《古树》："古树欹斜临古道，枝不生花腹生草。行人不见树少时，树见行人几番老。"唐代张籍的《古树》："古树枝柯少，枯来复几春。露根堪系马，空腹定藏人。蠹节莓苔老，烧痕霹雳新。若当江浦上，行客祭为神。"唐代崔道融的《古树》："古树春风入，阳和力太迟。莫言生意尽，更引万年枝。"宋代杨万里的《晚风寒林》："已是霜林叶烂红，那禁动地晚来风。寒鸦可是矜渠黠，踏折枯梢不堕空。"宋代沈说的《古树》：“古树被青藓，蟠溪作卧龙。穷冬不蔽日，入夏却生风。枝少禽难托，根空蚁聚封。幸为斤斧弃，得老雪霜中。”元代马致远的《天净沙·秋思》：“枯藤老树昏鸦，小桥流水人家，古道西风瘦马。夕阳西下，断肠人在天涯。”

枯木寒林是绘画艺术的重要题材之一。董其昌的创作感悟是：“枯树最不可少，时于茂林中间出，乃见苍古。”（《画诀》）宋代苏轼的画作《枯木怪石图》，作品是一株状如鹿角的枯木，一具形如蜗牛的怪石，怪石后伸出星点矮竹。该画行笔的轻重缓急，盘根错节，流露出很深的艺术功底。黄庭坚题诗点评这幅画：“折冲儒墨阵堂堂，书入颜扬鸿雁行。胸中元自有丘壑，故作老木蟠风霜。”（《题子瞻枯木》）著名的古画还有五代南唐董源的《寒林重汀图》，描绘溪渚小丘，溪水蜿蜒，沙汀辽阔。洲渚间，依小丘筑有一间间的屋舍，林木环绕，时值深秋初冬，大部分树木凋零，仅余枯枝，一派江南清旷而萧瑟的景色。宋代李成的《寒林骑驴图》，画上古松有凌云之势，间有枯树寒溪，意趣十足。

参考文献

[1] 金炳华. 哲学大辞典 [M]. 上海：上海辞书出版社，2007.

[2] 张岱年. 中国哲学大辞典 [M]. 上海：上海辞书出版社，2014.

[3] 朱立元. 美学大辞典 [M]. 上海：上海辞书出版社，2014.

[4] 林同华主编. 中华美学大词典 [M]. 安徽：安徽教育出版社，2000.

[5] 张法主编. 中国美学经典 [M]. 北京：北京师范大学出版社，2017.

[6] 张家翼. 中国园林大辞典 [M]. 山西：山西教育出版社，1997.

[7] 陈望衡. 中国古典美学史 [M]. 武汉：武汉大学出版社，2007.

[8] 叶朗主编. 中国美学通史 [M]. 南京：江苏人民出版社，2014.

[9] 章培恒，骆玉明. 中国文学史 [M]. 上海：复旦大学出版社，1996

[10] 毛万宝. 书法美学概论 [M]. 安徽：安徽教育出版社，2011.

[11] 邓牛顿. 中华美学感悟录 [M]. 北京：社会科学文献出版社，1996.

[12] 鉴晔，华欣. 中国古代诗词分类大典 [M]. 北京：华文出版社，1998.

[13] 黄鸣. 中华诗词名句鉴赏辞典 [M]. 武汉：崇文书局，2016.

[14] 郭熙. 林泉高致 [M]. 郑州：中州古籍出版社，2013.

[15] 计成. 园冶 [M]. 重庆：重庆出版社，2017.

跋

“爱美是人类的天性，美术是人类文化的结晶。”（梁启超《书法指导》）美是由人们发现、感悟和创造的，是反映人的内在力量、能令人愉悦的事物形象。追求美、发现美和创造美是不同时代、不同民族、不同国家都在孜孜追求的目标。而追求真善美的完美统一正是中华传统美学精神的重要特征和理想境界。中华传统美学讲究以真为美、以善为美、以美为美。

中华传统美学有着极其丰富的思想内涵和体系，有着独特的审美特征和美学偏好，对美的理解有美德、美化、美丽、美质等多种含义。孔子把“中和”作为美的最好境界，主张“尽善尽美”的美与善相统一。孟子提出真善美相统一，“充实之为美”。老子提出“道法自然”“大象无形”“致虚守静”等哲学思想，对中华传统美的“妙”“味”“虚”等审美主张产生了重大影响。庄子提出“天地有大美”“美者自美”，主张顺应自然，崇尚朴素之美。中华传统美学体现在文辞诗词、书画工艺、音乐舞蹈、建筑园林以及自然山水等方面，在各个方面都有独特而且比较成熟和完整的美学理论体现。

“君子博学于文，约之以礼。”（孔子《论语·雍也》）美育是教育的重要组成部分。坚持以美育人、以文化人，提高人们的审美和人文素养，对于民族的进步、国家的发展具有积极的意义。《诗化美质》是通过诗词与美学的结合，用诗化的形式，介绍和传播中华传统美学，对促进美学教育有着积极的意义。这也是富有创造性转化与创新性发展的尝试，有助于传承中华优秀传统文化，继承中华传统美学的精髓。在完成了这本书的书稿之后，我对中华传统美学的绚丽多姿、博大精深，对先贤们精辟的美学思想心悦诚服：

我愿回到唐朝
与诗仙对饮
拜青莲为师
不是学诗
而是习剑
修一身侠骨香

我愿回到唐朝
做那松下的童子
拜摩诘为师
也不是学诗
而是学画
描一幅诗中的画

“碧水苍山俱过化，光风霁月自传神。”（王守仁《萍乡道中谒濂溪祠》）碧水苍山会因四时而变化、依岁月而荒老，而光风霁月的中华传统美学精神和思想则出神入化、风月无边、万古长青。

陈立基

2020 年 4 月